PLATÓN
EN BÚSQUEDA DE LA SABIDURÍA SECRETA

GIOVANNI REALE

PLATÓN

·

En búsqueda
de la sabiduría secreta

Traducción: ROBERTO HERALDO BERNET

Herder

Versión castellana de Roberto Heraldo Bernet, de la obra de
Giovanni Reale, *Platone. Alla ricerca della sapienza segreta*, Rizzoli, Milán ³1998

Diseño de la cubierta: Claudio Bado y Mónica Bazán

Imprenta: Liberdúplex, S.L.
Depósito legal: B-29.089-2001
Printed in Spain

ISBN: 84-254-2175-6   **Herder**   Código catálogo: FIL2175

Provenza, 388. 08025 Barcelona - Teléfono 93 476 26 26 - Fax 93 207 34 48
E-mail:editorialherder@herder-sa.com - **http: // www.herder-sa.com**

«Platón nació el día séptimo del mes de Targelión, el mismo día en el cual se afirma que nació Apolo».

«Se cuenta que Sócrates había soñado tener sobre sus rodillas un pequeño cisne que, abriendo súbitamente las alas, levantó vuelo cantando dulcemente; y que, al día siguiente, se presentó ante él Platón, a lo que él dijo que este mismo era aquel ave».

DIÓGENES LAERCIO,
Vidas de los filósofos ilustres, III 2; III 5

«También yo me considero compañero de los cisnes en su servicio y consagración al mismo dios, Apolo, y considero haber recibido del dios el don de la adivinación en no menor medida que aquellos».

PLATÓN, *Fedón* 85b

ÍNDICE

INDICACIONES PARA LA LECTURA
[Nota del editor]

Traducción de los textos clásicos

En la traducción al español de los *textos clásicos* citados se han tomado como base ediciones de referencia de los textos originales en griego, sin dejar de tener en cuenta, además, las opciones interpretativas que se reflejan en las traducciones al italiano realizadas o utilizadas por G. Reale. Las ediciones en griego tomadas como base se mencionan en las notas al pie de página, agregando, para información del lector, los datos de reconocidas ediciones de las respectivas obras en español. En el caso de las obras de Platón y de Aristóteles, ambas referencias no figuran en las notas al pie, sino que se consignan en conjunto aquí mismo, más abajo, en los puntos 1.3 y 1.4.

Los nombres de los autores y títulos de las obras clásicas se han colocado en la forma usual en que se los suele indicar en lengua española. No obstante, en algunos casos en que las publicaciones referidas en las notas los utilizan de forma diferente, se ha consignado esta última entre corchetes, a continuación de la forma española. En ciertos casos, y para mayor claridad e información, se consignaron los títulos originales en griego, transliterados y entre corchetes, por ejemplo: 'Jenofonte, *Recuerdos de Sócrates [Apomnemonéumaton]*'.

En lo que respecta particularmente a las obras de Platón, se ha tomado como base de referencia y consulta la edición del texto griego de John Burnet, *Platonis Opera*, 5 vols., Oxford 1899-1906 (con varias reimpresiones), utilizando como guía de traducción la versión italiana presentada por G. Reale, ya que esta última es, en muchos casos, de su propia autoría, y refleja sus opciones de interpretación, coherentes con el resto del contenido de su libro. Las publicaciones de donde el autor toma tales versiones son, según él mismo informa, las siguientes: la edición y traducción del *Fedro* realizada por él mismo y publicada en Milano en 1998 (Fondazione Lorenzo Valla: Mondadori); los pasajes platónicos que, en traducción propia, aparecen en su obra *Per una nuova interpretazione di Platone*, Firenze [20]1997; y las versiones contenidas en la edición, que también él dirigiera, de todos los escritos de Platón: Platone, *Tutti gli scritti*, con prefacio, introducción y notas de G. Reale, y traducciones de G. Reale, M. L. Gatti, C. Mazzarelli, M. Migliori, M. T. Liminta y R. Radice, Milano 1991, [6]1997.

Para información del lector, remitimos también aquí a versiones en español de las obras de Platón citadas o referidas en este volumen.

Véase la edición de los Diálogos y Cartas de Platón publicados en la Biblioteca Clásica Gredos, de la editorial homónima: vol. I: *Apología. Critón. Eutifrón. Ion. Lisis. Cármides. Hipias menor. Hipias mayor. Laques. Protágoras.* Traducción y notas de J. Calonge, E. Lledó y C. García Gual. Introducción general de E. Lledó. Revisión: C. García Gual y P. Bádenas de la Peña (= *Biblioteca Clásica Gredos* 37), Madrid 1981.

Vol. II: *Gorgias. Menéxeno. Eutidemo. Menón. Crátilo.* Introducción, traducción y notas de J. Calonge, E. Acosta Méndez, F. J. Olivieri y J. L. Calvo Martínez. Revisión: J. L. Navarro González y C. García Gual (= *Biblioteca Clásica Gredos* 61), Madrid 1983.

Vol. III: *Fedón. Banquete. Fedro.* Introducción, traducción y notas de C. García Gual, M. Martínez Hernández y E. Lledó. Revisión: L. A. de Cuenca, J. L. Navarro González y C. García Gual (*Biblioteca Clásica Gredos* 93), Madrid 1986.

Vol. IV: *República.* Introducción, traducción y notas de C. Eggers Lan. Revisión: A. del Pozo Ortiz (= *Biblioteca Clásica Gredos* 94), Madrid 1986.

Vol. V: *Parménides. Teeteto. Sofista. Político.*Introducción, traducción y notas de María I. Santa Cruz de Prunes, Á. Vallejo Campos y N. L. Cordero. Revisión: C. García Gual y F. García Romero (= *Biblioteca Clásica Gredos* 117), Madrid 1988.

Vol. VI: *Filebo. Timeo. Critias.* Introducción, traducción y notas de María Á. Durán y F. Lisi. Revisión: M. López Salvá (= *Biblioteca Clásica Gredos* 160), Madrid 1992.

Vol. VII: *Dudosos. Apócrifos. Cartas.* Introducción, traducción y notas de J. Zaragoza Botella y P. Gómez Cardó. Revisión: J. Curbera (= *Biblioteca Clásica Gredos* 162), Madrid 1992.

Vols. VIII-IX: *Leyes* (Libros I-VI; VII-XII). Introducción, traducción y notas de Francisco Lisi, 2 vols. (= *Biblioteca Clásica Gredos* 265-266), Madrid 1999.

Merecen mencionarse también las siguientes ediciones bilingües griego/español publicadas por el Instituto de Estudios Políticos (actualmente: Centro de Estudios Políticos y Constitucionales), de Madrid, dentro de la colección *Clásicos Políticos*:

Gorgias, establecimiento del texto griego, traducción y notas de Julio Calonge Ruiz, Madrid 1951.

Cartas, edición bilingüe y prólogo por Margarita Toranzo; revisado por José Manuel Pabón y Suárez de Urbina, 1954, reimpr. 1970.

El Sofista, edición del texto con aparato crítico, traducción, prólogo y notas por Antonio Tovar, Madrid 1959.

Fedro, edición bilingüe, traducción, notas y estudio preliminar por Luis Gil Fernández, 1957, reimpr. 1970.

El Político. Critón. Menón, introducción, traducción y notas de A. González Laso, María Rico Gómez y A. Ruiz de Elvira, Madrid 1994.

La República, edición bilingüe, traducción, notas y estudio preliminar de Jose Manuel Pabón y Manuel Fernández Galiano, Madrid ⁴1997.

Las leyes, edición bilingüe, traducción, notas y estudio preliminar de José Ramón Pabón y Manuel Fernández Galiano, Madrid 1999.

Para las obras de Aristóteles se han tomado como texto base las ediciones a cargo de W. D. Ross. A continuación se listan las ediciones de Ross de las obras de Aristóteles mencionadas en este libro, agregándose en cada caso referencias a traducciones al español.

Metafísica

Aristotle's Metaphysics = Aristotélous tà metà tà fusiká, a revised text with introduction and commentary by W. D. Ross, 2 vols., Oxford 1997.

Metafísica de Aristóteles – Aristotélous tà meta tà fusiká – Aristotelis metaphysica, edición trilingüe por Valentín García Yebra, 2 vols., Madrid: Gredos, 1970.

Política

Aristotelis Politica recognovit brevique adnotatione critica instruxit W. D. Ross, Oxford 1957.

Política, edición bilingüe griego/español, traducción por Julián Marías y María Araujo; introducción y notas de Julián Marías, Madrid: Instituto de Estudios Políticos (actualmente: Centro de Estudios Políticos y Constitucionales), ⁵1977.

Primeros analíticos

Aristotelis analytica priora et posteriora, recensuit brevique adnotatione critica instruxit W. D. Ross; prefatione et appendice auxit L. Minio-Paluello, Oxford 1964.

Tratados de lógica (Órganon), (2 vols.) vol. II: *Sobre la interpretación: Analíticos primeros. Analíticos segundos*, introducción, traducción y notas Miguel Candel Sanmartín (= *Biblioteca Clásica Gredos* 115), Madrid: Gredos 1988.

Protréptico, Eudemo, Político (fragmentos)

Fragmenta selecta recognovit brevique adnotatione instruxit W. D. Ross, Oxford 1963. No existe edición en español de los fragmentos.

Modo de citado

A fin de evitar repeticiones innecesarias en las notas al pie de página, las obras citadas en reiteradas oportunidades se indican con todos sus datos bibliográficos solamente en la primera referencia. En las subsiguientes, se consignan autor y título en forma abreviada y se remite entre paréntesis a la primera referencia, indicando el respectivo número de nota, precedida, en caso necesario, de la indicación del capítulo correspondiente, p. ej.: 'nota I, 16' (= nota 16 en el capítulo I).

Los títulos de libros y de publicaciones periódicas se han escrito en letra cursiva. Los títulos de artículos o de capítulos se han colocado entre comillas dobles altas. Los números en voladita, colocados delante del año de edición, indican la edición a la que se está remitiendo; colocados después de un número de página, señalan el número de nota en la página indicada.

En cuanto a las referencias a las ediciones originales y a las versiones en español de las *obras modernas* que se citan o a las que se remite, se ha procedido de acuerdo a las siguientes pautas:

Siempre que resultó posible y conveniente, se han utilizado las ediciones en español. No obstante, a fin de posibilitar al lector el acceso a las obras en su idioma original, se han indicado los datos bibliográficos de las mismas y, cuando fue posible, el lugar exacto de la cita o referencia en tal publicación, consignando esta información en la nota correspondiente, entre paréntesis y precedida del signo <.

En los casos en que, aun existiendo una edición en español, no resultó posible o conveniente aplicar el procedimiento expuesto en el punto precedente, se ha procedido a una traducción *ad hoc*, advirtiendo, no obstante, acerca de la existencia de una edición en español, y consignando sus datos en la misma nota, entre paréntesis y precedidos del símbolo à.

Abreviaturas utilizadas

Abreviaturas generales

AA.VV.	autores varios
comp.	compilado/a, compilador/es
fragm./s.	fragmento/s
intr.	introducción
pág./s.	página/s, refiriéndose en todos los casos a las páginas de esta obra
p. ej.	por ejemplo
reimpr.	reimpreso/a, reimpresión
rev.	evisor/revisión
s	siguiente
ss	siguientes
t.	tomo/s
trad.	traducción, traducido, traductor/es
vol./vols.	volumen/es
v./vv.	verso/s

Abreviaturas de obras de referencia

Bréhier Plotino [Plotinus], *Ennéades*, texto establecido y traducido al francés por E. Bréhier, Paris 1924-1938, con varias reimpresiones.

Caizzi *Antisthenis fragmenta,* collegit Fernanda Decleva Caizzi, Milano 1966.

Diels H. Diels (comp.), *Poetarum philosophorum fragmenta,* Berlin 1901.

Diels-Kranz H. Diels / W. Kranz (comp.), *Die Fragmente der Vorsokratiker,* 3 vols., Zürich etc., vol. I [19]1992 (= [6]1951), vol. II [18]1996 (= [6]1952), vol. III [6]1952 (10ª reimpr. 1994).

Giannantoni *Socratis et Socraticorum reliquiae, collegit, disposuit, apparatibus notisque instruxit Gabriele Giannantoni,* 4 vols., Napoli 1990.

Kassel-Austin *Poetæ comici Græci ediderunt R. Kassel et C. Austin,* 8 vols. en 9 tomos, Berlin 1983ss.

Kock T. Kock (comp.), *Comicorum atticorum fragmenta,* Utrecht 1976 (reimpresión de la edición original, Leipzig, 1880-1888).

Müller I. von Müller (comp.), *Claudii Galeni De placitis Hippocratis et Platonis libri novem,* Amsterdam 1975 (reimpresión de la edición original, Leipzig 1878).

Nauck *Tragicorum græcorum fragmenta recensuit Augustus Nauck. Supplementum continens nova fragmenta Euripidea et adespota apud scriptores veteres reperta adiecit Bruno Snell,* Hildesheim, 1964 (reimpr. de la 2ª edición de Nauck, Leipzig 1889, con el "Supplementum" de Snell. [1ª edición de Nauck: Leipzig 1865]).

Ross (Véase más arriba, en las obras de Aristóteles, 1.4.4).

von Arnim *Stoicorum veterum fragmenta collegit: Ioannes Ab Arnim,* 4 vols., Stuttgart 1978.

West M. L. West (comp.), *Delectus ex iambis et elegis græcis,* Oxford 1980.

GIOVANNI REALE

PLATÓN
EN BÚSQUEDA DE LA SABIDURÍA SECRETA

PREFACIO

Este nuevo libro sobre Platón de mi autoría no solamente constituye la *suma*, sino, desde cierto punto de vista, el complemento de todos mis trabajos precedentes, con algunas novedades que considero de cierta importancia.

Recuerdo haber tenido ya a mi cargo la publicación de unas sesenta obras sobre la historia del platonismo (también del neoplatonismo pagano y del cristiano de la antigüedad tardía), presentando en italiano una serie de notables trabajos a nivel internacional, algunos de los cuales fueron escritos por sus autores a raíz de una invitación de mi parte, habiéndolos traducido e introducido yo personalmente. Los resultados de mis investigaciones personales que precedieron a este trabajo se encuentran contenidos sobre todo en la obra *Per una nuova interpretazione di Platone*, que ha llegado ya a su vigésima y definitiva edición (publicada por la editorial Vita e Pensiero, traducida ya al alemán, inglés y portugués, estando en curso la traducción a otras lenguas), como así también en el volumen en el que presento todos los escritos de Platón (*Tutti gli scritti*, publicado por la editorial Rusconi Libri, Milano ⁶1997) y en el comentario al *Fedro* (publicado en la Fundación Lorenzo Valla-Mondadori, Milano 1998). Las novedades que presento en este nuevo libro, incluidas las menciones sintéticas de las adquisiciones precedentes, giran sustancialmente en torno a una idea central que he venido meditando desde hace mucho pero que he madurado sólo en los últimos tiempos, después de una serie de investigaciones y verificaciones que he llevado a cabo a diferentes niveles.

Desde hace cierto tiempo, algunos estudiosos han observado con razón que Platón se sitúa en un momento histórico del todo excepcional, en el cual llega a plenitud un desarrollo cultural de alcance verdaderamente revolucionario. Fue en particular Havelock, en su libro *Prefacio a Platón*, quien puso esta cuestión en primer plano y procuró ilustrar el papel determinante que le cupo a Platón en esta revolución. Havelock formuló y desarrolló esta su tesis principal con gran habilidad y con un estilo comunicativo de gran eficacia. En otros aspectos, además, su libro hizo época en el ámbito de las investigaciones sobre la tecnología de la comunicación.

La tesis principal de Havelock, que concierne justamente a la tecnología de la comunicación poético-mimética (o sea, a la tecnología de la comunicación de los poemas homéricos y de las obras de Hesíodo), es, como veremos, muy fecunda, y se impone, de hecho y de derecho, como una adquisición irreversible; sin embargo, el estudioso une a tal tesis algunas otras que resultan, por el contrario, históricamente infundadas, con toda una serie de consecuencias desencaminadas y que inducen a error. Particularmente por el modo en que Havelock presenta la tesis principal de su libro parecería que la misma estuviese en neto contraste con la interpretación de Platón propuesta por la escuela de Tübingen y Milano, es decir, en neto contraste con la interpretación de Platón a la luz de las así llamadas «doctrinas no escritas». En realidad, como veremos, para sostener propiamente algunos de los corolarios de su tesis, Havelock debió silenciar los «testimonios sobre sí mismo» presentados por Platón en el *Fedro* y en la *Carta VII*, que constituyen la base de la nueva interpretación de Platón sostenida por la escuela de Tübingen y Milano, y que redimensionan en gran medida lo que él sostiene.

Pero justamente ese choque de las dos interpretaciones, por ciertos aspectos de las mismas que se encuentran en claro contraste, se revela como muy estimulante y ayuda a llegar al núcleo de la cuestión con criterios innovadores, mediante una consciencia hermenéutica cada vez más madura. En efecto: la gran idea central del libro de Havelock permite comprender por primera vez de manera casi perfecta las razones del choque frontal de Platón con la poesía tradicional y, en particular, con Homero. Al mismo tiempo, la tesis de Havelock permite comprender los motivos por los cuales los proyectos culturales innovadores propuestos por la Academia platónica no habrían podido ser puestos en práctica sino mediante una superación sistemática y total de la poesía homérica y de la tecnología de la comunicación relacionada con ella, que durante siglos habían sido las bases de la formación espiritual de los griegos.

[La tesis según la cual la obra maestra de Platón, o sea, la *República*, mucho más que un escrito político, es una obra que apunta todo su interés hacia la cuestión de la educación de los hombres, ha sido sostenida por primera vez en realidad incluso por Jean-Jacques Rousseau, que consideraba este escrito la más grande obra maestra de pedagogía de todos los tiempos. Esta interpretación fue retomada y desarrollada más tarde, en el siglo XX, por Werner Jaeger. También las tesis que afirmaban que los poemas homéricos eran la fuente de los conocimientos históricos, morales y jurídicos de los griegos, que el verso con el cual estaban compuestos tenía una precisa función mnemónica, que en su creación había desempeñado un papel esencial la imitación, y, por fin, que habían constituido, en la forma y en los contenidos, el modo mismo de pensar de los hombres de aquellos tiempos, tienen un conspicuo precedente. Efectivamente: en algunas memorables «Degnità», Vico las había anticipado ya mediante geniales intuiciones en su *Ciencia Nueva*, en función de su filosofía de la historia.

Pero el método de la técnica de la comunicación fundado en la psicología, la sociología y la ciencia con el cual Havelock demostró estas tesis les da una relevancia e importancia en cierto sentido totalmente nueva.]

En efecto, las tomas de posición de Platón respecto de la poesía tradicional y sus radicales innovaciones pedagógicas sólo pueden entenderse a fondo comprendiendo de manera conveniente, en la forma y en los contenidos, aquella cultura que Platón mismo intentaba superar.

Pues bien: ¿cuáles son las tesis de Havelock que, basándose en los textos platónicos, no solamente quedan superadas sino hasta incluso invertidas, manteniéndose, empero, la validez de su tesis central?

En primer lugar, Havelock sostiene que la superación de la cultura poética fundada sobre la oralidad mimética llegó a ser posible solamente a raíz del desarrollo de la alfabetización y de la cultura de la escritura, que eliminaba del juego a la cultura de la oralidad, y afirma que Platón mismo fue el «profeta» de tal revolución. En realidad, sin embargo, Platón criticó la escritura; además, defendió firmemente la oralidad, colocándola claramente por encima de la misma escritura en virtud de su valor y de su capacidad comunicativa.

Ahora bien, Havelock calla incluso estos notables «hechos contrarios», del modo y por las razones que veremos. Otros estudiosos cercanos a Havelock piensan que Platón se colocó aquí en una posición de retaguardia. Sin embargo, por precisos motivos metodológicos, es obvio que carece de sentido no tomar en consideración datos fácticos de semejante importancia, tal como lo hace Havelock; por otra parte, si se atribuye a Platón una posición de retaguardia en este punto, se lo pone en clara contradicción con una serie de otras posiciones suyas.

Existe, en realidad, una solución al problema: la anticipo aquí en forma sumaria, mientras que procuraré demostrarla detalladamente a lo largo de este volumen.

En primer lugar, Platón defendió, por un lado, la escritura, y se presentó incluso como el verdadero maestro del correcto arte de escribir; sin embargo (y aunque sea cayendo en cierto exceso de crítica), comprendió al mismo tiempo las razones por las cuales la escritura puede fallar en la comunicación de sus mensajes, en particular cuando se trata de mensajes últimos de la filosofía. Él negó la «autarquía» de los escritos e individualizó las «ayudas» que necesita la escritura, anticipando de manera sorprendente, por intuición, algunos conceptos que sólo la hermenéutica de nuestros tiempos ha puesto en primer plano.

¿Cómo explicar, empero, el hecho de que, por un lado, Platón hiciera la guerra a la oralidad poética, y, al mismo tiempo, declarara que la oralidad se encuentra por encima de la escritura?

La solución del problema, que procuraré demostrar en detalle, es la siguiente: la oralidad que Platón defiende es totalmente distinta de la poético-mimética que combate. En efecto: junto a la oralidad poético-mimética había nacido y se había desarrollado, sobre todo en las obras de los filósofos desde Tales en adelante, la «oralidad dialéctica», que alcanzó su cumbre con Sócrates, del cual puede muy bien decirse que encarnó esta forma de oralidad de manera verdaderamente emblemática.

Pero aún hay más.

Por razones que veremos, Platón polemiza contra la poesía de Homero y de Hesíodo, contra la tragedia y la comedia. Al mismo tiempo, sin embargo, no solamente defiende cierta forma de poesía, sino que hasta se presenta a sí mismo como creador de una nueva forma de poesía, la filosófica, mediante una forma de dramaturgia dialéctica, como hemos de ver detalladamente.

Análogamente, Platón polemiza ásperamente contra los «mitos», en particular contra los de Homero y Hesíodo, y en general contra los que podríamos llamar mitos «pre-filosóficos»; pero, al mismo tiempo, recupera el mito mismo, refundándolo en un plano nuevo, en sinergia dinámica con el *logos*. Veremos, además, cómo, justamente en sinergia con el *logos*, el mito tiene en Platón una importancia verdaderamente extraordinaria. Él considera incluso su obra maestra, la *República*, y, en general, la totalidad de sus escritos en cierto sentido como un «mito», y lo dice con una claridad inequívoca, contrariamente a lo que muchos continúan creyendo.

Además, para explicar la revolución realizada por Platón, Havelock puntualizó sobre el concepto de «abstracción» que Platón habría contrapuesto al «representar imágenes y mitos» de la cultura tradicional, fundada en la mimesis poética, el «pensar conceptos», fundado precisamente en la actividad abstractiva de la mente humana.

Pero, como veremos, para Platón y para los pensadores antiguos, «abstracción» tiene un significado completamente distinto del que este término ha adquirido a partir de la edad moderna, como lo piensa a su vez Havelock.

En efecto: en toda la segunda mitad de su libro, Havelock termina siendo víctima (y no pocos estudiosos lo son junto a él) de prejuicios que son propios de cierta forma de mentalidad «cientificista» moderna, ya obsoleta. Y a tales prejuicios se conectó toda una serie de presuposiciones históricamente ya insostenibles, tal como se verá.

Sin embargo, como decía más arriba, la tesis de fondo del libro de Havelock torna posible, finalmente, la comprensión exacta de las razones por las cuales Platón, en el momento culminante de una revolución cultural que marcó una época, consideró necesario terminar definitivamente con la cultura poético-mimética, como lo era por excelencia la homérica, para imponer la nueva forma de cultura «filosófica».

Sólo que el *novum* revolucionario que Platón propone resulta ser bastante más complejo y rico de cuanto dejan entrever los criterios inspirados en la cultura reduccionista en sentido «cientificista», tal como los siguen Havelock y otros. Por lo tanto, he insistido mucho sobre la consistencia e importancia de las novedades introducidas por Platón, fundamentando mis afirmaciones con una detallada documentación. En consecuencia, debemos mantener con exactitud la tesis de fondo de Havelock: debemos procurar comprender de manera adecuada aquel particular momento histórico revolucionario en el cual se sitúa Platón, si es que queremos comprender sus complejos mensajes; pero, además, es preciso darse cuenta de que, en esta revolución, tal como decía, Platón ha desempeñado un papel de importancia extraordinaria.

En efecto, la revolución cultural en la cual la escritura obtiene la victoria definitiva sobre la civilización de la oralidad se desarrolla, en sus momentos más significativos, en los últimos decenios del siglo V y, en particular, en la primera mitad del siglo IV a.C. Y Platón nació en el año 427 y murió en el año 347 a.C. Por tanto, el arco cronológico de la vida de Platón coincide exactamente con el arco de tiempo en el cual se desarrolló y concluyó aquella mutación radical de la tecnología de la comunicación.

No obstante, de acuerdo a mi juicio, los parámetros a los que hay que referirse para comprender aquella revolución cultural, como también la estatura y el papel de Platón como uno de los principales protagonistas de la misma, no coinciden sino en parte con los parámetros que Havelock ha individualizado.

El objetivo principal de este mi libro, fruto ahora de cuatro décadas de estudios platónicos, quiere consistir en hacer algunas contribuciones para la rectificación de aquellos parámetros y en reconstruir los rasgos de Platón como «escritor», como «poeta» y como «mitólogo», a diferencia de como «pensador». Se trata de rasgos mucho más ricos y complejos de lo que muchos piensan, y que no tienen parangón. En efecto: soy de la firme convicción de que, como afirma Reinach, Platón es, «sin más, el mayor de los filósofos» que ha aparecido hasta hoy sobre la tierra, y de que la tarea de quien lo quiera comprenderlo y hacer comprender a otros, aun acercándose progresivamente a la Verdad, no puede terminar jamás.

I

ALGUNAS OBSERVACIONES DE CARÁCTER INTRODUCTORIO. UNA REVOLUCIÓN DE TRASCENDENCIA HISTÓRICA EN LA CIVILIZACIÓN GRIEGA

PLATÓN EN EL MOMENTO FINAL DEL CHOQUE DE LA NUEVA CIVILIZACIÓN DE LA ESCRITURA CON LA CULTURA TRADICIONAL DE LA ORALIDAD

El predominio de la oralidad en la cultura griega hasta el siglo V y el cambio decisivo de la técnica de la comunicación en la primera mitad del siglo IV

La cultura griega, en sus distintas expresiones, con la poesía a la cabeza, se fundamentó, como es sabido, desde la edad homérica hasta el siglo V a.C., de manera predominante en la oralidad, tanto en lo concerniente a la presentación del mensaje al público cuanto a su transmisión y, con ello, a su conservación.

La introducción de la escritura alfabética y su utilización por parte de los griegos aparece en el siglo VIII a.C. Al comienzo, sin embargo, la escritura fue utilizada casi en forma exclusiva para objetivos de índole práctica, para textos de leyes y decretos, para catalogaciones, para las indicaciones sobre las tumbas y para datos grabados sobre los sepulcros, como también para disposiciones testamentarias. Sólo en un segundo momento la escritura se concretizó en forma de libro.

De una cultura analfabeta no se pasó a una cultura alfabetizada sino en forma lenta y muy compleja: en primer lugar, aprendieron a escribir y a leer sólo pocas personas en razón de su profesión, teniéndose, así, lo que bien puede considerarse una forma de alfabetismo de corporación. Después, comenzaron a aprender a escribir y a leer algunas de las personas más cultas, creándose así una situación de semialfabetismo. Finalmente, a partir del último tercio del siglo V y sobre todo con la primera mitad del siglo IV a.C., se puede afirmar que la cultura griega se encontraba ya alfabetizada en gran medida.

Los primeros textos puestos por escrito fueron los poéticos, comenzando por los de Homero, tal vez entre el año 700 y el 650 a.C. Pero, al principio, estos textos escritos eran soportes de la oralidad, es decir, instrumentos de los cuales se servían los rapsodas para aprenderlos de memoria y luego recitarlos, estando así bien lejos de tener un público de lectores.

Las opiniones de los estudiosos están algo divididas, tanto respecto de los tiempos cuanto de los modos según los cuales la cultura de la escritura logró sus victorias decisivas. En efecto, como con razón se ha advertido, el estudioso de hoy difícilmente sabe valorar la consistencia y trascendencia de ciertos documentos y testimonios, en cuanto los juzga con una mentalidad nacida y crecida en la cultura de la escritura, estando, entonces, inclinado a atribuir al descubrimiento de documentos escritos o de instrumentos para escribir no ya el peso que podían tener solamente en una cultura en la que todavía predominaba la oralidad, sino el peso y la relevancia que pueden tener en una cultura de la escritura ya adquirida y bien consolidada. Havelock ha precisado, con razón: «La clave del problema no radica en el empleo de caracteres escritos ni en el de objetos para la escritura –que es lo que suele atraer la atención de los estudiosos–, sino en la disponibilidad de lectores; y ésta depende de la universalización de las letras. El trauma de la lectura –por emplear un término moderno– ha de imponerse en el nivel primario de escolarización, y no en el secundario. Hasta época tan tardía como la primera mitad del siglo V, las pruebas, a nuestro entender, parecen demostrar que los atenienses, si es que aprendían a leer, lo hacían en la adolescencia. Este nuevo conocimiento se superponía a una formación previa de tipo oral –y lo más probable es que no se aprendiera mucho más que a escribir el propio nombre (lo primero que apetece escribir), y que la ortografía fuese muy vacilante. En *Las nubes*, que data de 423 o algo después, hay una escena en que se describe una escuela de chicos encabezada por el arpista. En el pasaje no hay referencia alguna a las letras, destacándose la recitación. Está escrito en vena nostálgica y, puesto en relación con la afirmación del *Protágoras*, en el sentido de que los niños aprendían a leer en la escuela, cabe deducir de él que en las escuelas áticas la implantación generalizada de las letras en el primer nivel se produjo a principios del último tercio del siglo V. Esta conclusión está en línea con el hecho de que la alfabetización general se consiguiera al final de la guerra, como señala *Las ranas* en 405. De hecho, esta última pieza de convicción debería servir para recordarnos que la Comedia antigua, cuando introduce el empleo de documentos escritos en alguna situación teatral, lo hace para darles la consideración de novedad, ya cómica, ya sospechosa, y hay pasajes en la tragedia en que se captan las mismas insinuaciones».[1]

A no pocos de estos documentos deberemos retornar más adelante, en la medida en que Platón, como veremos, hace referencias precisas a los mismos. Nos apremia particularmente poner de relieve en forma preliminar la tesis que ya hemos señalado y que habremos de replicar paso a paso, a saber, que *precisamente en la época de Platón estaba concluyendo aquella transformación cultural que cambió la historia de occidente y que hay que comprender correctamente si se quiere comprender al mismo Platón.*

No pocos estudiosos tenderán, por lo menos desde un cierto punto de vista, a datar con anterioridad tal revolución; pero, como ya he manifestado, ellos valoran ciertos elementos desde una óptica incorrecta y, en particular, no tienen en cuenta el hecho, muy importante, de que, por un cierto período de tiempo, las dos culturas se entrelazaron de varias maneras, y de que la mentalidad oral continuó sobreviviendo y superponiéndose por largo tiempo con la cultura de la escritura. Oddone Longo subraya con acierto lo que sigue: «Aun admitiendo, como hacen algunos, un nivel más bien elevado de alfa-

---

1. E. A. Havelock, *Prefacio a Platón*, traducción de Ramón Buenaventura, Madrid: Visor, 1994, 52 (< *Preface to Plato*, Cambridge 1963). Los pasajes de Aristófanes a los que se hace referencia son *Las nubes*, 961ss y *Las ranas*, 1114; el pasaje del *Protágoras* citado es 325e ss. Para los pasajes de los cómicos y de los trágicos véase Havelock, op. cit., 65, notas 14 y 15.

betización, sobre todo en ciertas áreas urbanas, sigue estando firme que para cada comunicación escrita se requiere, por un lado, de un emisor equipado con la suficiente capacidad de escritura y, por el otro, de un destinatario en condiciones de leer sin excesivas dificultades: una coincidencia que en modo alguno se habrá verificado en la mayoría de los casos. Convendrá admitir, por tanto, junto a un circuito restringido de comunicación escrita que funcionaba solamente en áreas sociales y geográficas limitadas, la supervivencia y la reproducción de las técnicas de transmisión propias de la oralidad, con el efecto de una verdadera estratificación. Y, al mismo tiempo, habrá que admitir una producción de ideología que, en su carácter interiormente problemático y contradictorio, es síntoma notorio de un desarrollo social y cultural totalmente desigual. El ateniense medio, escasamente familiarizado con el uso de la escritura, continuará reconociendo por largo tiempo en la memoria oral su propio instrumento de conocimiento y de comunicación. Esto mismo es lo que aparece, de manera muy eficaz, en un fragmento del *Cratilo* (122k): "No, por Zeus, no conozco las letras y no sé escribir; te lo diré en forma oral, porque lo tengo bien en la memoria". La condición que se realiza en un complejo cultural como el griego es, pues, la de una convivencia de las dos técnicas, que a veces entran en competencia y a veces operan en colaboración. La transmisión de noticias a través de mensajes escritos puede sustituirse por la transmisión oral, pero puede también asociarse a ella; no es extraño que, para mayor seguridad, la transmisión se opere simultáneamente a través de ambos canales. La convivencia o colaboración de las dos tecnologías es uno de los resultados posibles de la confrontación que se establece entre ellas; en este caso, hay una relación de subsidiariedad de una técnica respecto de la otra (y podemos tener tanto una escritura subsidiaria de la oralidad, cuanto una oralidad complementaria de la escritura)».[2]

Recordemos que sólo hacia la mitad del siglo V a.C. se introdujo en Atenas el libro científico-filosófico en prosa de Anaxágoras, y

2. O. Longo, *Tecniche della comunicazione nella Grecia antica*, Napoli 1981, 59-60.

que precisamente ese libro abrió la historia del mercado librero de textos filosóficos: Platón nos da testimonio de que el mismo podía adquirirse en el mercado incluso a un muy módico precio.[3]

Fueron sobre todo los sofistas y los oradores los que difundieron la práctica de la publicación de sus escritos, con Protágoras y sobre todo de manera definitiva con Isócrates. Turner escribe: «Muy probablemente Isócrates siguió el ejemplo de Protágoras y utilizaba la voz de un discípulo, dado que, como repite a menudo, carecía de requisitos esenciales como energía y el saber impostar la voz. Pero estos *lògoi* se ponen también en circulación en varias copias a partir de una lista de distribución: *diadidònai* es la palabra usada por Isócrates. De su discurso *Contra los sofistas*, que es citado en la *Antidosis*, dice "una vez escrito, lo puse en circulación". La formulación más completa aparece más de una vez en otro lugar: "distribuir entre los interesados". El procedimiento tiene alguna semejanza con el de un estudioso moderno que envía separatas de sus libros; ni siquiera la motivación es diferente. Isócrates, a propósito de la publicación original de sus obras, dice: "cuando estas obras fueron escritas y puestas en circulación, conseguí una amplia reputación y atraje muchos discípulos". En otra parte se dice que algunas de sus obras eran leídas en Esparta».[4]

Téngase presente, en todo caso, que la cultura oral, con su respectiva técnica fundada sobre todo en la memoria, no fue superada sino lentamente; muchos padres, en efecto, continuaron imponien-

3. *Apología de Sócrates*, 26d-e.
4. E. G. Turner, "Los libros en la Atenas de los siglos V y IV a. C.", en: G. Cavallo, *Libros, editores y público en el Mundo Antiguo* (= Alianza Universidad 815), traducción de Juan Signes Codoñer, Madrid: Alianza, 1995, 40 (< E. G. Turner, "I libri nell'Atene del V e del IV secolo a. C.", en: G. Cavallo, *Libri, editori e pubblico nel mondo antico. Guida storica e critica*, Roma-Bari 1975, reeditado en la colección Biblioteca Universale Laterza en 1989; [2]1992, 20). De Isócrates véanse *Antidosis [Perí antidóseos]*, 87 y *Panatenaico [Panathenaikós]*, del 200 hasta el final. Las obras de Isócrates en su original griego pueden consultarse en el vol. II de *Isocrates in three volumes*, con traducción al inglés de George Norlin (t. I-II) y La Rue Van Hook (t. III) (= *The Loeb classical Library* 209, 229 y 373), Harvard-London 1928-1945 (varias reimpresiones). Para una versión en español puede verse el vol. II de *Isócrates, Discursos*, 2 vols., introducción, traducción y notas de Juan Manuel Guzmán Hermida, Madrid: Gredos, 1979-1980.

do a sus hijos la obligación de aprender de memoria los poemas de Homero, como muy bien lo permite comprender el siguiente pasaje de Jenofonte:

> —Y tú, Nicerato, ¿de qué ciencia te sientes orgulloso?
> —Mi padre —respondió—, que se preocupa de hacer de mí un hombre de bien, me ha constreñido a aprender de memoria todos los versos de Homero; y aun ahora podría yo recitar de memoria *La Ilíada* y *La Odisea* por entero.
> —Pero olvidas —dijo Antístenes— que también todos los rapsodas saben estos versos de memoria.
> —¿Y cómo no habría de recordarlo, si voy casi cada día a escucharlos?
> —¿Y conoces una raza más necia que la de los rapsodas?
> —Por cierto que no —respondió Nicerato—, no creo que yo la conozca.
> —Es evidente —observó Sócrates—: porque no comprenden el significado de las cosas que recitan. Tú, en cambio, has entregado mucho dinero a Stesimbroto, a Anaximandro y a muchos otros, a fin de que no se te escapara nada de lo valioso de esos poemas.[5]

Sólo teniendo esto bien presente se podrán comprender diálogos como el *Ion*, y particularmente muchas partes de la *República*, así como la vehemente polémica de Platón respecto de Homero y de los modos como se comunicaba su poesía. Se trata, pues, de tomas de posición que, como veremos, resultan desconcertantes para el hombre de hoy.

5. Jenofonte, *Banquete [Symposion]* III, 5-6. Traducción según el texto griego de *Xenofontis Opera Omnia recognovit brevique adnotatione critica instruxit E. C. Marchant*, tomo II, Oxford 21990 (15ª reimpr.). Para una versión en español puede verse Jenofonte, *Recuerdos de Sócrates, Económico, Banquete, Apología de Sócrates*, introducción, traducciones y notas de Juan Zaragoza, Madrid: Gredos, 1993.

La posición de Platón en el momento del pasaje definitivo
de la cultura de la oralidad a la cultura de la escritura

El punto clave que es preciso adquirir para una relectura correcta de Platón se encuentra justamente, como decía, en la comprensión adecuada de las implicancias y consecuencias de la revolución cultural que estaba en curso, particularmente en su momento final. *En aquel momento, se estaba pasando a modos de pensar y de expresarse completamente distintos de los del pasado, a una relación diferente con los hombres y las cosas.*

Pero lo que resulta particularmente difícil de comprender, al menos en un primer intento, es la posición particular asumida por Platón, la que resulta aparentemente contradictoria. Por un lado, él demostró la necesidad de abandonar la cultura oral poético-mimética; por el otro, defendió la oralidad, poniéndola axiológicamente por encima de la escritura y afirmando incluso la tesis de que el filósofo debe reservar para la oralidad las cosas que para él son de mayor valor. Además, por un lado, criticó firmemente la escritura, por los motivos que veremos, pero, por el otro, se expresó como un artista de la escritura, y de entre los más grandes –y no sólo en el ámbito de la cultura griega–, y el *corpus* de escritos que ha dejado tuvo una historia de influencias que, desde ciertos puntos de vista, no tiene parangón.

El problema que emerge de todo esto, por lo tanto, se plantea como verdaderamente notable.

No pocos estudiosos lo han entendido mal; y también algunos estudiosos recientes, entre los más agudos y preparados en la investigación sobre la técnica de la comunicación, lo han resuelto en forma errónea. Turner, por ejemplo, no dudaba en afirmar que, en la crítica a la escritura, Platón estaba librando en aquel momento «una batalla de retaguardia»;[6] y muchos han compartido este juicio.

En este libro procuraré no solamente criticar, sino también invertir este juicio: más allá de ciertas afirmaciones que pueden sonar, sin duda, como defensa de un pasado que ya no podía retornar, Pla-

6. Turner, op. cit., 44 (< 24).

tón, con una sensibilidad finísima, agudizada precisamente por el momento culminante de la revolución cultural, ha madurado extraordinarios conceptos de avanzada, con intuiciones geniales que llevan en germen algunas verdades que sólo maduraron, como veremos, en el siglo XX, a través de la hermenéutica.

Para pensar de manera dialéctica esta tesis mía considero particularmente útil instaurar un diálogo denso con Havelock, por las razones que precisaré enseguida.

Un giro importante, aunque muy parcial, operado por Havelock en los estudios platónicos

En 1963, Havelock publicó su libro más exigente, que ha ejercido una gran influencia y que, en su género, ha hecho época, con seguidores fervientes de la tesis que presentaba y con no menos fervientes críticos.

Ya el título que dio al libro, *Preface to Plato*, ha traído consigo discusión, porque resulta ser inadecuado: en efecto, el libro contiene *mucho más* y, al mismo tiempo, *mucho menos* de lo que promete.

Contiene más, por el hecho de que presenta con agudeza y eficacia las características estructurales de la cultura griega arcaica fundada en la oralidad y particularmente en la oralidad poético-mimética, o sea, que ilustra aquella forma de cultura contra la cual Platón inicia una verdadera batalla. Pues la férrea condena platónica de la poesía, y particularmente de la de Homero, tal como está contenida en la *República*, no se comprende correctamente sino en la óptica en la que la presenta Havelock.

Contiene menos, en cuanto presenta a Platón mucho más que *dimidiatus*, en función de una serie de presupuestos teóricos que no fundamenta en absoluto, y que resultan verdaderamente inadecuados y, sobre todo, históricamente infundados.[7]

---

7. Cabe señalar que la edición italiana lleva con justa razón el título *Cultura orale e civiltà della scrittura da Omero a Platone*, Roma-Bari 1973, ²1995 (con introducción de B. Gentili y traducción de M. Carpitella).

El autor es un experto en la tecnología de la comunicación en el mundo antiguo y utiliza con seguridad y elegancia métodos tomados de las ciencias psicológicas, antropológicas y sociológicas, estableciendo y desarrollando, así, toda una serie de problemas que filólogos e historiadores de la cultura clásica han ignorado casi por entero en el pasado y que continúan ignorando aún.

La tesis de Havelock es la siguiente: no se puede comprender a Platón si no se lo coloca de manera precisa en el particular momento histórico-cultural en que vivió, o sea, en aquel momento en que la cultura de la escritura lograba el predominio sobre la cultura de la oralidad poético-mimética. Más aún: según Havelock, Platón fue incluso un «profeta» de la nueva cultura: según él, su método dialéctico y la problemática conexa de las ideas resultan depender propiamente casi *in toto* de la cultura de la escritura. El ataque y el vaciamiento que Platón lleva a cabo respecto de la estructura y de los fundamentos de la cultura de la oralidad poético-mimética, y la consecuente introducción de las nuevas estructuras y de los nuevos fundamentos del pensar, habrían sido imposibles sobre una plataforma diferente que la que se había logrado con la cultura de la escritura.

Cito algunos pasajes que ilustran bien esta tesis y ayudan a comprender las posiciones que asumiré, ya en sentido positivo, ya en negativo.

Justamente en el prólogo del libro se afirma claramente: «Los resultados de la alfabetización no se manifestaron plenamente en Grecia hasta el advenimiento del período helenístico, cuando –por así decirlo– adquirió fluidez el pensamiento conceptual y su vocabulario alcanzó cierto grado de normalización. Platón, que vivió en pleno centro de esta revolución, fue su heraldo y se trocó en su profeta».[8]

¿Cuál fue, entonces, la causa del despertar de los griegos de aquella forma de *trance* hipnótico conectada con la oralidad poético-mimética, y cuál la causa del nacimiento de la auto-consciencia y del nuevo modo de pensar? Havelock escribe: «La respuesta fundamental *debemos buscarla en los cambios experimentados por la tecnología de la*

---

8. Havelock, *Prefacio*, 11.

comunicación. Los signos escritos, viniendo en ayuda de la memoria, permitían que el lector se desentendiera en buena medida de toda la carga emocional inherente al proceso de identificación —único capaz de garantizar el recuerdo dentro de los límites del registro acústico—. Con ello quedaba disponible cierta cantidad de energía psíquica, que ahora podía consagrarse a la revisión y reorganización de lo escrito; lo cual no se percibía ya sólo como algo escuchado y sentido, sino como algo susceptible de convertirse en objeto. Se hizo posible, por así decirlo, volver a mirar, echar un segundo vistazo. Y esta separación del yo y la palabra recordada puede a su vez explicar el creciente uso, en el siglo V, de un mecanismo que suele considerarse característico de Sócrates, pero que puede haber sido de uso general como defensa contra la identificación poética y como contribución a que todo el mundo rompiera con ella. Me refiero al método dialéctico [...]».[9]

La teoría de las ideas se torna, consecuentemente, en una «necesidad histórica»[10] mediante la cual, el «representar imágenes» propio de la cultura de la oralidad poético-mimética era sustituido por un «pensar conceptos» que no podía fundarse sino en la nueva forma de cultura creada por la alfabetización. *Fue, pues, la evolución general de la civilización griega, conectada con el pasaje de la oralidad a la escritura, la que «hizo inevitable el advenimiento del platonismo».*[11]

En suma: se pasaba del lenguaje de la oralidad poético-mimética, fundado por la memorización de los expedientes y las fórmulas y basado en las imágenes, en los eventos y las situaciones, en las cuales el acontecimiento real predomina estructuralmente sobre el concepto, al nuevo lenguaje que sustituía la sintaxis de las imágenes por la de los conceptos. Y, según Havelock, semejante histórico pasaje habría sido hecho posible solamente por la tecnología de la alfabetización.[12]

9. Op. cit., 196. Cursiva nuestra.
10. Op. cit., 246.
11. Op. cit., 261. Cursiva nuestra.
12. Véase op. cit, 180, 269.

Los grandes méritos del libro de Havelock
y sus límites estructurales

El mérito principal del libro de Havelock consiste propiamente en haber puesto en perfecta evidencia el problema fundado en la necesidad de *leer Platón en el ámbito de aquella revolución cultural de trascendencia histórica*, aun si las soluciones que propone para este problema han sido ampliamente redimensionadas y corregidas.

Como ya he dicho otras veces –y como asimismo otros estudiosos han puesto bien de relieve–, el hombre contemporáneo puede darse cuenta, probablemente más de lo que ha sido posible en el pasado, de qué es lo que podía estar aconteciendo en aquellos tiempos, *en analogía con lo que está sucediendo hoy en día.*

En aquel entonces, la escritura triunfaba sobre la oralidad; hoy, en cambio, es justamente la misma escritura la que está siendo derrotada por una forma diferente de cultura, fundada particularmente en la imagen, en la tecnología de la computación y en un nuevo tipo de oralidad, muy distinto del antiguo, y que bien puede denominarse la «oralidad de masas», «oralidad de los *mass-media*».

Bruno Gentili escribe con razón: «También nosotros vivimos en una época de crisis cultural provocada por el advenimiento de nuevos instrumentos y nuevas técnicas de la comunicación; y precisamente en virtud de esta nueva situación se ha impuesto la exigencia de profundizar teóricamente sus aspectos formales y sus inevitables consecuencias en el plano antropológico y social. La relación ambigua de Platón con la escritura parece revivir hoy, de manera casi idéntica, a propósito de la computación y de los medios electrónicos: les tenemos aversión pero, al mismo tiempo, los utilizamos como instrumentos útiles, más aún, indispensables, tanto para la composición cuanto para la conservación y difusión del saber, al punto de que quien no esté en condiciones de utilizar un procesador electrónico se arriesga a transformarse a su vez en un analfabeto tecnológico». Gentili concluye citando una poesía del *Diario póstumo* de Eugenio Montale intitulada *En el año Dos Mil (Nel Duemila)*, que expresa perfectamente el sentido de amenaza provocado por las innovaciones tecnológicas para la libertad del hombre:

Estábamos indecisos entre
la exultación y el temor
ante la noticia de que el ordenador
iba a reemplazar la pluma del poeta.
En mi caso, no sabiéndolo
usar, recurriré a fichas
que recojan los recuerdos,
para después juntarlas al azar.
Y ahora qué me importa
si la inspiración se apaga:
conmigo está acabando una era.[13]

El libro de Havelock, que centra de lleno la cuestión de fondo para entender a Platón, tiene su principal defecto en el método que utiliza, de carácter fuertemente «reduccionista»: *hace depender el nacimiento y la evolución de las formas de pensamiento de las tecnologías de la publicación, de la comunicación y de la conservación.* Las tecnologías y los instrumentos materiales condicionarían estructuralmente y de manera global el espíritu humano. Se trata de un reduccionismo que bien podríamos llamar «cientificista-tecnológico».

El problema que se plantea es el siguiente: ¿ha sido realmente así que «la creciente alfabetización abrió camino a la experimentación en el terreno de lo abstracto»,[14] o el proceso se dio, en cambio, como resultado del nacimiento de necesidades espirituales en el sentido abstractivo y dialéctico, las que requirieron la aplicación y la difusión de la escritura?[15] O, de todas maneras, ¿no ha habido acaso un dinamismo de carácter sinergético entre la alfabetización y los experimentos de abstracción?

Veremos que los hechos demuestran justamente esto, ignorando a Havelock.

13. B. Gentili, "Prefazione" al volumen de G. Cerri, *Platone sociologo della communicazione*, Milano 1991; nueva edición actualizada y ampliada, Lecce 1996, 8-9. La versión en español de la poesía de Montale fue tomada de: E. Montale, *Diario póstumo: 66 poemas y otros*, ed. bilingüe con traducción de María Ángeles Cabré, Barcelona: Ediciones de la Rosa Cúbica, 1999, 61.

14. Havelock, op. cit., 180.

15. Véase G. Cerri, "Il passaggio dalla cultura orale alla cultura di communicazione scritta nell'età di Platone", en: *Quaderni Urbinati* 8 (1969), 131.

La crítica platónica de la escritura, que Havelock descuida totalmente

Havelock no solamente sostiene la tesis de que fue propiamente la escritura la que tornó *posible* y hasta *necesario* el platonismo, sino incluso que el *corpus* de los escritos platónicos constituye *la divisoria de aguas del pensamiento griego* y, en su género, un *primum* en la historia de la especie humana. En una obra publicada en forma póstuma, Havelock escribe: «La gran divisoria de aguas en la historia del pensamiento teórico griego, sea que se considere la naturaleza o el hombre, coincide no ya con el período de la actividad socrática (esta sería una hipótesis absurda en el plano histórico), sino con la primera mitad del siglo IV a.C., cuando un hombre oriundo de Atenas, combinando el arte literario nacido en su ciudad, es decir, el arte dramático, con la empresa iniciada intelectualmente en Jonia y recibida por Sócrates, introdujo en el mundo griego, como también en el de sus herederos culturales, un consistente *corpus* de escritos destinados a lectores, el primero en su género en la historia de nuestra especie».[16]

Pero entonces, ¿cómo puede un hombre que, con sus escritos, ha cambiado la historia de la cultura griega y la de sus herederos culturales, someter justamente los escritos a una fogosa crítica? En el *Fedro* y en el *excursus* de la *Carta VII*, Platón afirma incluso, como veremos, que acerca de ciertas cosas (aquellas que eran para él de mayor valor, o sea, los fundamentos de su sistema) no solamente no existía hasta ese momento un escrito suyo, sino que tampoco habría de haberlo en el futuro.[17]

Havelock debería haber analizado estos textos con gran atención y haber brindado una interpretación de los mismos en conexión con su tesis de fondo. Pero, por el contrario, los descuida *in toto*.

---

16. E. A. Havelock, *Alle origini della filosofia greca. Una revisione storica*, introducción con revisión y notas a cargo de T. Cole, prefacio de B. Gentili, traducción de L. Lormiento, Roma-Bari 1966, 20 (< *The Preplatonic Thinkers of Greece. A Revisionist History*).

17. Véase *Fedro*, 274b – 278e; *Carta VII*, 340b – 345c (particularmente 341c).

Podemos dar una explicación de este hecho haciendo uso de ciertos criterios y de algunas metáforas de carácter epistemológico. La crítica que hace Platón de la escritura constituye un verdadero «hecho contrario» que no se adecua al cuadro categorial del paradigma hermenéutico de Havelock. Para hacer que los «hechos contrarios» puedan entrar en un determinado cuadro categorial no hay otra posibilidad que la de alisarlos cuanto sea necesario: en tal caso, los hechos resultan «arti-ficiados», «re-hechos» mediante convenientes reconstrucciones conceptuales. Como veremos, Havelock se comporta exactamente de esta manera; pero, en este caso, el estudioso se ha comportado en forma extrema: podríamos decir que ha «des-hecho» el hecho, es decir, que lo ha eliminado drásticamente, considerándolo como inexistente.

Pero, por el contrario, veremos que Platón, justamente en cuanto es un gran escritor, no solamente fue consciente de ser el más grande escritor de su época, dando pruebas de ello en los hechos y en la teoría, sino que, precisamente en aquella fase de pasaje de una cultura a otra, descubrió que el nuevo gran instrumento de comunicación mediante la escritura, *junto a sus ventajas, implicaba también desventajas*, en cuanto *introducía algunos elementos que podían tornar ineficaz y hasta dañina la comunicación*. En particular, comprendió en qué sentido y en qué medida el escrito no es «autárquico» en absoluto, por qué tiene necesidad de «ayuda» para una recepción adecuada y completa de sus mensajes.

Pero sobre esto deberemos extendernos ampliamente.

Havelock no explica por qué Platón desmantela la oralidad poético-mimética afirmando al mismo tiempo que la oralidad está axiológicamente por encima de la escritura

En conexión con la crítica de la escritura, Platón presenta una sistemática *defensa de la oralidad*, que considera esencial para la comunicación de los mensajes filosóficos, por las razones que veremos. Por otra parte, considera la escritura como una forma de «juego» muy bella, pero, con todo, siempre un juego, en oposición a la «seriedad» que caracteriza, en cambio, a la oralidad dialéctica.

Más que nunca, en el contexto del discurso de Havelock se imponía la explicación de este hecho, en conexión con una interpretación adecuada de la crítica de la escritura.

En efecto: el problema se presenta muy complejo. No he tratado la solución del mismo en anteriores obras, sino que la presento aquí por vez primera.

La oralidad tiene *formas diferentes*, que no pueden reducirse por entero, como lo hace Havelock, a la «poético-mimética», aun si ésta resulta ser la más difundida. En efecto, en el ámbito de la oralidad será preciso distinguir: *a) la oralidad poético-mimética*, que es la forma más antigua y también la más difundida; *b) la oralidad que llamaremos dialéctica*, que nació y se afirmó con el surgimiento de las investigaciones filosóficas y científicas; *c)* por fin, *la oralidad que podríamos definir como retórica*, en cuanto fue defendida e impuesta por los oradores, o sea, por los maestros de la elocuencia pública.

Platón polemizó de manera muy fuerte contra la primera forma de oralidad, la «poético-mimética», pero bajó al campo de batalla también contra la tercera forma de oralidad, propia de los oradores, que se asociaba a la enseñanza de los sofistas (Protágoras y Gorgias), y puso en la mira a retóricos como Lisias y al mismo Isócrates.[18]

La oralidad que Platón creyó capaz de comunicar los más grandes mensajes, en particular los filosóficos, fue la «oralidad dialéctica», que Sócrates había puesto en primer plano y que él hizo suya, estableciendo sus propios escritos sobre la base de ese mismo método.

Por lo tanto, no se puede afirmar, con Gentili, que Platón «no se daba cuenta de que la cultura cuestionada por él iba íntimamente ligada a la tecnología de la comunicación oral. El hecho de que Platón proclamara explícitamente su preferencia por el discurso oral significa sólo, en realidad, que él no podía comprender todas las implicaciones históricas de la diferencia entre las dos tecnologías de la comunicación oral y escrita, en un momento en que estaba tenien-

---

18. Además de los diálogos *Protágoras* y *Gorgias*, véase *Fedro*, pássim.

do lugar el paso de una a otra. De ahí su contradictoria posición de retaguardia en defensa de la oralidad y contra el uso de la escritura, a la cual sin embargo confiaba él la transmisión de su pensamiento dialéctico».[19]

En efecto: Platón no apuntó ya hacia la «oralidad poético-mimética», sino hacia la «oralidad dialéctica», y *consideró que justamente esta forma de oralidad se escapaba por entero tanto de los peligros en los que incurría la oralidad poético-mimética (y la retórica), cuanto también de los peligros en los que incurría la escritura, que, a raíz de sus características específicas, podía conducir también a que fallara totalmente la comunicación de sus mensajes, particularmente si se trataba de los mensajes últimos de la filosofía.*

Si no se pone bien en claro esta distinción entre las distintas formas de oralidad, en particular entre la «poético-mimética» y la «dialéctica», se presenta una realidad por la mitad, con todas las consecuencias que ello implica.

Por lo tanto, dedicaré los próximos dos capítulos a estas formas de oralidad, a fin de mostrar *cómo el nacimiento y el desarrollo de la filosofía no se explican sino en función de la oralidad dialéctica*, que no partió de la escritura sino que, más bien, llegó ella.

La problemática de la poesía y de la mitología

Naturalmente, el planteo metodológico de Havelock traía consigo una identificación total de la poesía y del mito con la cultura de la oralidad poético-mimética, y, consecuentemente, la negación de que en Platón, que invirtió los métodos y contenidos de aquella cultura, la poesía y el mito pudieran tener aún importancia alguna.

Sin embargo, como veremos, Platón se presenta como *autor de una nueva forma de poesía*, como el nuevo poeta que supera y une, en una síntesis superior, la comedia y la tragedia. Además, *recupera el*

---

19. B. Gentili, *Poesía y público en la Grecia antigua*, traducción de Xavier Riu, introducción de Carles Miralles, Barcelona: Quaderns Crema, 1996, 88 (< *Poesia e pubblico nella Grecia antica*, Roma-Bari 1984, 54).

mito, justamente en el nuevo nivel de las conquistas filosóficas, y lo presenta como un «pensar mediante imágenes», en sinergia con el logos.

Afortunadamente, algunos estudiosos que acogieron la tesis de fondo de Havelock, desarrollándola particularmente en el ámbito de la literatura, han advertido ya el error del estudioso en este punto y lo han corregido.

Gentili, por ejemplo, subraya con justa razón que Platón rechaza categóricamente los mitos que eran objeto de la epopeya y de la tragedia, porque tienen una fuerza de corrupción intelectual y moral; no obstante, según Gentili, Platón individualiza en el mito una capacidad comunicativa y una fuerza persuasiva y seductora que puede asociarse bien, haciendo oportunas correcciones de contenido, con el discurso racional. Naturalmente, se trata de una nueva forma de mito, y precisamente, se trata de «un mito depurado de las invenciones efímeras y falaces de los antiguos y tornado en continente de los nuevos valores del estado: por tanto, mito como metalenguaje apropiado para un contenido nuevo, como ropaje seductor de la reflexión filosófica».[20]

Cerri, por su parte, precisa lo siguiente: «Platón condena el mito y la poesía de la tradición de Homero y Hesíodo, no el mito y la poesía en cuanto tales; antes bien, el presupuesto y corolario del razonamiento entero es propiamente que el mito y la poesía que lo narra son la única vía practicable para la formación de base del ciudadano. La verdad dialéctica interviene sólo en un segundo momento, representa el grado superior y subsiguiente del aprendizaje educativo, reservado, por lo demás, solamente a aquella *élite* de personas que han mostrado disposición para recibirla».[21]

Otro límite de la tesis de Havelock consiste en haber considerado como material de base de la cultura oral poético-mimética prácticamente sólo el *epos* (y la tragedia), y en haber conectado la poesía lírica no tanto con la oralidad cuanto con la escritura. Sin embargo, también la poesía lírica se ajustaba a la misma dinámica de la tecnología de la oralidad poético-mimética, como lo ha demostrado muy

20. Gentili, "Prefazione", 15s.
21. Cerri, *Platone sociologo*, 22-23.

bien Gentili. En efecto, la diferencia reside solamente en lo siguiente: «En la dimensión de la correspondencia poeta-público emerge para la poesía lírica, a diferencia de la épica, el problema de la especificidad del auditorio, que ha de identificarse cada vez en determinados grupos sociales: en un *thíasos* de muchachas (Safo) o en una hetería de nobles (Alceo) o en una formación de guerreros comprometidos en la defensa de su ciudad (Tirteo) o en el ambiente de los simposios y de los *kômoi* (Anacreonte). Para la lírica coral se plantea, junto al del auditorio, el problema de la persona del patrono y de los eventuales condicionamientos que pudiera ejercer sobre el poeta».[22]

En especial, el método reduccionista en sentido «cientificista-tecnológico» utilizado por Havelock no le permitió individualizar el valor «cognoscitivo» del mito, que hoy está siendo descubierto por muchos, por otros caminos. Havelock no comprendió particularmente la presencia de ese «universal fantástico», o sea, de ese «universal» que se encuentra estructuralmente incluido propiamente en la imagen poética, y que se esconde y al mismo tiempo se revela en diferentes medidas en las peculiares situaciones, en los eventos dispersos en el tiempo y en los personajes emblemáticos de la poesía y del mito.

Y es precisamente esto lo que, como veremos, Platón coloca en primer plano con su nueva forma de poesía y con los nuevos mitos que crea.

Havelock redujo fuertemente o hasta eliminó todos los elementos conectados con la problemática metafísica, con la religiosa y con la erótica

Como decía más arriba, contrariamente a lo que sugiere el título que da a su libro, Havelock hace comprender muy bien a Homero y la cultura oral poético-mimética, y, por tanto, también las razones por las cuales Platón las combate, pero hace comprender muy

22. Gentili, *Poesía y público*, 124s (< 75s).

poco de la filosofía de Platón. Y toda la segunda parte del libro, que se intitula «Necesidad del platonismo», es la más débil y en mayor medida inconsistente, en cuanto los «hechos» resultan «re-hechos», «arti-ficiados» y a menudo «des-hechos» de una manera sorprendente.

En primer lugar, Havelock nuestra no conocer de manera adecuada la compleja problemática metafísica y su desarrollo en el mundo antiguo, e ignorar que el mismo Platón, con su «segunda navegación» (*déuteros ploûs*) construyó la metafísica occidental, colocando aquellos fundamentos que se han impuesto como punto de referencia irreversible. Pero los mismos presocráticos (a partir de Tales), hicieron un discurso filosófico que bien puede denominarse «metafísico» si se da al término un sentido griego y no moderno, pues se plantearon el problema del «todo», es decir, de la razón de ser de «todas las cosas», con la búsqueda del «principio» o de los «principios» que la explican.[23]

Además, se observa que Havelock no solamente niega de modo categórico que los presocráticos hablaran de metafísica y silencia la «segunda navegación» de Platón, sino que evita explicar qué entiende él en forma precisa y puntual con el término «metafísica».

Y en la medida en que, con la cuestión de la metafísica, se toca propiamente uno de los puntos más delicados y difíciles en la exégesis del pensamiento antiguo, pero al mismo tiempo el más conspicuo, considero oportuno recordar algunas observaciones verdaderamente iluminadoras hechas por Heidegger, sobre las que ya he llamado la atención en varias oportunidades, pero que es preciso reafirmar en este punto.

Heidegger escribe: «La palabra [metafísica] y su surgimiento son muy singulares, su historia lo es más aún. Y sin embargo, del poder y del predominio de esta palabra y de su historia depende, en una porción esencial, la configuración del mundo espiritual de occidente, y con ello del mundo en general. En la historia, las palabras son con frecuencia más poderosas que las cosas y los hechos. La circunstancia de que en el fondo sepamos tan poco sobre el poder de esta

---

23. Véase más adelante, capítulo III, pág. 82ss.

palabra "metafísica" y sobre la historia del despliegue de su poder permite reconocer cuán pobre y extrínseco sigue siendo nuestro saber acerca de la historia de la filosofía, cuán poco armados estamos para una confrontación con ella, con sus posiciones fundamentales y con sus fuerzas unitarias y determinantes».[24]

Justamente por no haber enfrentado de modo correcto esta cuestión, Havelock no comprendió la problemática platónica del «ser» y redujo las ideas a meras «abstracciones» (a conceptos y categorías), mientras que, para Platón, ellas son, en realidad, algo muy distinto.

Antes bien, Havelock tomó justamente el concepto de «abstracción» como punto de apoyo para hacer comprender la «revolución» llevada a cabo por Platón; pero entendió por «abstracción» aquello que se había entendido de Locke en adelante, mientras que el pensamiento antiguo entendía por «abstracción» algo muy diferente, como veremos en su momento.

Análogamente, no entendió el sentido de la «contemplación» para los griegos, y en particular su significado en dimensión ontológica. Y, en relación con esto, no entendió el sentido de la «imitación», que, muy lejos de operar solamente en la dimensión de la *doxa*, tiene, como veremos, valores de extraordinaria importancia también en dimensión *axiológica* y *ontológica*.

En el libro póstumo, pero implícitamente también en este, Havelock niega que los griegos hayan tenido una «consciencia religiosa». Toda divinidad «simbolizaba el laicismo del estilo de vida griego».[25] En realidad, Havelock descuida por entero el sentido del fenómeno de la religiosidad entendido en general como relación con lo divino, considera por «religión» sólo la que nace en el ámbito de la cultura judeocristiana y transforma la evidente «diferencia» de contenido y de forma de la religiosidad griega respecto de la judeocristiana en una *negación de la existencia de la primera* (en la convicción reduccionista de que no puede existir un fenómeno religioso sino en la for-

---

24. M. Heidegger, *Nietzsche*, trad. de J. L. Vermal, 2 vols., Barcelona: Destino, 2000, tomo I, 362 (< *Nietzsche I* = *Gesamtausgabe* 6.1, Frankfurt 1996, 403s).

25. Havelock, *Alle origini* (nota 16), 137 (véase también en su integridad el capítulo VII, intitulado "Illusioni di una coscienza religiosa greca", 121-149).

ma y en el sentido que este fenómeno ha asumido precisamente en la cultura hebraico-cristiana), es decir, aplica la técnica de la *negación del hecho* a todo aquello que asume la posición de un «hecho contrario» en el ámbito categorial de su tesis. Pero sin la dimensión de lo religioso, Platón pierde muchísimo.

Por último, Havelock descuida la problemática del erotismo, que, como veremos, no es más que la otra cara de la *dialéctica*, y que en Platón es esencial, al punto de que *«Eros»* es por excelencia «filósofo».

Por qué el libro de Havelock sigue siendo, a pesar de todo,
un punto de referencia irrenunciable para entender a Platón

Ya en otros casos y para otros libros he tenido oportunidad de expresar mi firme convicción de que ciertas obras planteadas y llevadas con notable ingenio y preparación, aun si caen en toda una serie de errores, y de manera notable, en cuanto absolutizan una verdad que descubren, se imponen, sin embargo, como un punto de referencia no solamente para aquella verdad, sino también para la serie de errores que la absolutización de la misma conlleva. Pues, según mi parecer, también el error llevado con una extraordinaria lucidez, si se lo toma como polo de una intensa discusión dialéctica, resulta iluminador. Bacon decía, con justa razón, *citius emergit veritas ex errore quam ex confusione – Con mayor celeridad emerge la verdad del error que de la confusión.* ¡Y son verdaderamente tantos los libros que, llenos de confusión, se han escrito sobre el pensamiento antiguo!

En efecto, más que cualquier otro estudioso, Havelock ha llamado la atención sobre el hecho de que, para entender a Platón, *es necesario colocarlo en el momento histórico en el cual vivió, y, en particular, darse cuenta de la importancia de la revolución cultural que se estaba dando, comprendiendo el papel preciso que le tocó desempeñar en esta revolución.* Desde cierto punto de vista, Platón fue incluso un «protagonista», si no hasta el principal protagonista, consolidando de manera definitiva una innovación radical en el modo de pensar y de expresarse mediante el *logos*.

En conclusión, se confirma que no se entiende la oposición frontal que Platón realiza contra la poesía si no se reconstruye, como ha hecho Havelock, la función que había tenido la poesía hasta su tiempo, partiendo de las obras de Homero y de Hesíodo, en el contexto de un *verdadero monopolio educativo exclusivo, en conexión con la técnica de la oralidad,* y en particular con la técnica de la *mimesis,* sea en la composición, sea en la comunicación, sea en la transmisión de mensajes, con todas las implicancias y con todas las consecuencias que esta acarrea consigo, de las cuales hablaremos ampliamente en lo que sigue.

Pero las grandes adquisiciones de Havelock están en peligro de desperdiciarse si no se recupera todo lo que el método cientificista-reduccionista que él siguió le impedía comprender: y, tal como procuraré demostrar progresivamente, son en verdad muchas las cosas que ese método impide comprender, en particular justamente en Platón.

II

LA ORALIDAD POÉTICO-MIMÉTICA, EJE DE LA CULTURA Y DE LA FORMACIÓN ESPIRITUAL DE LOS GRIEGOS, Y EL CHOQUE FRONTAL DE PLATÓN CON ELLA

LA POESÍA CARECE DE VALOR COGNOSCITIVO Y DE CAPACIDAD EDUCATIVA PORQUE SE FUNDA EN LA IMITACIÓN, EN LA ESFERA DE LA PURA OPINIÓN

La República *como manifiesto programático de un nuevo
y revolucionario tipo de educación espiritual que Platón
proponía a los griegos*

La observación con la cual Havelock da comienzo a su tratamiento es la siguiente: el título *República* dado por Platón a su obra maestra no refleja con exactitud su contenido. Pero sucede que el título de un libro ejerce un verdadero «control intelectual» sobre el lector, que espera del libro exactamente lo que su título promete. Cuando el contenido, empero, va en una dirección diferente de la que promete el título, el lector reabsorbe, re-plasmándolos, aquellos contenidos que no corresponden al título y, en consecuencia, no comprende el escrito de manera adecuada. Justamente esto es lo que acontece con la *República* de Platón: si no fuese por el título, que condiciona *a priori* al lector, deberíamos darnos cuenta de que sólo aproximadamente un tercio de la obra trata de cuestiones de carácter político, mientras cerca de dos tercios tratan de cuestiones que se refieren a la «condición humana», invocando toda una serie de argumentos que, en un tratado moderno de política, no cabrían en modo alguno.

La *República* de Platón, mucho más que la política, tiene por tema la *educación* y los problemas relacionados con ella.

Havelock escribe: «Lo que se está juzgando es la tradición griega y su sistema educativo. Las principales autoridades que se citan en apoyo de este tipo de moral entre dos luces son los poetas. Sale a relucir el nombre de Homero y el de Hesíodo, y se citan párrafos de ambos; también de otros. Podría parecer que la *República* se plantea un problema que no es filosófico en el sentido especializado del término, sino más bien social y cultural. *Lo que pone en cuestión es la tradición griega en sí, sin olvidar los cimientos sobre los que se levanta.* Para esta tradición es fundamental la condición y calidad de la enseñanza griega. Sea cual sea, el proceso por el que se forman las mentes y actitudes de los jóvenes constituye el intríngulis del problema platónico. Y en alguna parte de este punto central se halla, a su vez, la presencia de los poetas. Los cuales son consubstanciales al problema. Surgen de inmediato, ya al principio del tratado, como "enemigos", y en calidad de tales se les obliga a desempeñar su papel del libro X. *Tan pronto como comprendemos que la* República *constituye un ataque contra el sistema educativo griego, la lógica de su organización total se nos manifiesta claramente. Luego, las sucesivas críticas a la poesía empiezan a encajar a la perfección, cuando nos percatamos de que los poetas son fundamentales dentro del sistema educativo.* La parte de la argumentación que se ocupa directamente de la teoría política no abarca más que un tercio [...], y cada vez que surge es para ir dando lugar a sucesivas lucubraciones sobre teoría de la enseñanza. El marco político puede antojársenos utópico; pero en modo alguno lo son los objetivos educacionales».[1]

Esta tesis es exacta, por cierto. Pero ya Jaeger la había evidenciado muy bien, y es preciso reconocerlo por razones de corrección histórica, justamente porque Havelock silencia el asunto.

He aquí las precisas observaciones de Jaeger: «En última instancia, el estado de Platón versa sobre el alma del hombre. Lo que nos dice acerca del estado como tal y de su estructura, la llamada con-

---

1. Havelock, Prefacio, 26s. Cursiva nuestra.

cepción orgánica del estado, en la que muchos ven la verdadera médula de la *República* platónica, no tiene más función que presentarnos "la imagen refleja ampliada" del alma y de su estructura. Y frente al problema del alma Platón no se sitúa tampoco en una actitud primariamente teórica, sino en una actitud práctica: en la actitud del *modelador de almas*. La formación del alma es la palanca por medio de la cual hace que su Sócrates mueva todo el estado. El sentido del estado, tal como lo revela Platón en su obra fundamental, no es otro que el que podíamos esperar después de los diálogos que la preceden, el *Protágoras* y el *Gorgias*. Es, si nos fijamos en su superior esencia, educación. [...] *En la comunidad estado, Platón esclarece filosóficamente una de las premisas permanentes que condicionan la existencia de la paideia griega*».[2]

Theodor Gomperz, en su célebre obra *Pensadores griegos*, condicionado por la óptica positivista desde la cual enfrentaba la lectura de la *República*, se lamentaba precisamente por el hecho de que en ella se hablaba demasiado de la educación. Y Jaeger responde a ello de la siguiente manera: «Es algo así como si se dijese que la Biblia es un libro muy espiritual, pero que en él se habla demasiado de Dios».[3]

Pero esta incomprensión del mensaje de la *República* no es para nada infrecuente en la edad moderna, a partir del siglo XIX. En efec-

2. W. Jaeger, *Paideia. Los ideales de la cultura griega* (ed. en un tomo), traducción de Joaquín Xirau (libros I-II) y Wenceslao Roces (libros III-IV), México D.F.-Madrid-Buenos Aires: Fondo de Cultura Económica [2]1962, 9ª reimpr. en España, Madrid 2000, 590s (< *Paideia. Die Formung des griechischen Menschen*, 3 vols.: vol. I, Berlin 1933, [4]1959; vol. II, Berlin 1944, [3]1959; vol. III, Berlin 1947, [3]1959). El resaltado en cursiva de la última frase es nuestro.

3. Op. cit., 591. Las afirmaciones de Gomperz a las que se refiere Jaeger se encuentran en id., *Griechische Denker. Eine Geschichte der antiken Philosophie*, 3 vols., Leipzig 1896-1909, Berlin [4]1922-1931 (edición, esta última, definitiva del autor, reimpresa en Berlin 1973 y Frankfurt 1996), 372 (> *Pensadores griegos. Una historia de la filosofía de la Antigüedad*, edición dirigida por Jordi Cortés y Antoni Martínez Riu, con traducción de Carlos G. Körner, J. R. Bumantel, Pedro von Haselberg y Eduardo Prieto, 3 vols., Barcelona: Herder, 2000 [reedición corregida –y aumentada en un capítulo– de la realizada originalmente en Asunción del Paraguay, en 1952, sobre la base de la 3ª edición de los tomos I y II, Leipzig 1910-1912, y sobre la 1ª/2ª edición del tomo III, Leipzig 1909]).

to, Jaeger precisa: «La ciencia [...] no sabía enfrentarse con el problema de la educación del hombre –que en la época de Lessing y de Goethe representaba todavía una meta suprema–, enfocándolo en su dimensión antigua y platónica, como la última síntesis de todo lo espiritual y como fuente del sentido más profundo de la existencia humana. Un siglo antes, Juan Jacobo Rousseau había sabido acercarse mucho más al estado platónico cuando declaró que la *República* no era, como pensaban quienes sólo juzgaban los libros por sus títulos, una teoría del estado, sino el más hermoso estudio sobre educación que jamás se hubiese escrito».[4]

Como es evidente, la tesis de Havelock ya había sido formulada. Pero mientras Jaeger se había unido al así llamado «tercer humanismo», posición hace tiempo ya obsoleta, el tratamiento de Havelock, llevado a cabo con modernísimos métodos de ciencias de la comunicación, de psicología y sociología, dice mucho más al hombre de hoy, aun teniendo límites iguales y contrarios a los de Jaeger.

La *República*, entonces, fue en su tiempo un libro totalmente revolucionario: proponía una nueva forma de educación, la filosófica, en reemplazo de la tradicional, fundada en la poesía.

Pero lo novedoso de Havelock consiste propiamente en haber hecho entender a) *las razones histórico-culturales por las cuales la poesía había tenido un monopolio casi absoluto hasta la época de Platón*; b) *los fundamentos culturales y antropológicos, relacionados con la tecnología de la comunicación mediante la oralidad, sobre los que se apoyaba tal monopolio*; c) *las innovaciones revolucionarias que proponía Platón y sus fundamentos*.

En consecuencia, la demostración de la «necesidad del platonismo» se impone como verdad histórica, y justamente sobre esto debemos discutir de manera detallada.

4. Op. cit., 592.

*En los griegos, la poesía comunicada mediante la oralidad
era la fuente de los conocimientos históricos, políticos,
morales y tecnológicos de la comunidad*

Uno de los principales problemas que debe afrontar el hombre de hoy para comprender a Platón y el alcance revolucionario de sus propuestas respecto de la cultura helénica tradicional consiste en darse debida cuenta de que, *para los griegos, la poesía era algo totalmente distinto de lo que ella es para el hombre moderno y contemporáneo.* Se trata, en efecto, de un fenómeno espiritual estrechamente relacionado con situaciones históricas particulares e irrepetibles.

Havelock escribe: «[...] los poetas en general y Homero en particular eran tenidos por fuente de instrucción en lo tocante a la ética y a los conocimientos administrativos, y eran, por consiguiente, auténticas instituciones en el seno de la sociedad griega. Condición que, por así decirlo, recibía respaldo del Estado, *porque de los poetas se obtenía una formación con la que contaban los mecanismos sociales y políticos para su más eficaz funcionamiento.* [...] Platón adopta, entre sus contemporáneos, una visión del poeta y de su poesía que resulta totalmente ajena a nuestro modo de pensar. Nosotros partimos del supuesto de que el poeta es un artista y de que sus productos son obras de arte. Platón, en ciertos momentos, parece pensar lo mismo, como cuando compara al poeta con el artista visual, el pintor. Pero esta comparación no la plantea en el ámbito estético. De hecho, no exageraremos mucho si afirmamos que la noción de la estética en cuanto sistema de valores eventualmente aplicables a la literatura o a la composición artística jamás se toma en consideración. Platón escribe como si nunca hubiera oído hablar de la estética –o del arte–, empeñándose en tratar de los poetas *como si la función de éstos estribara en proporcionar enciclopedias métricas al público. El poeta es fuente, por un lado, de información esencial, y, por otro, de formación moral, también esencial.* Históricamente hablando, su predicamento se extiende incluso a la transmisión de enseñanzas técnicas. Es como si Platón esperase que la poesía desempeñara todas las funciones que nosotros dejamos, por una parte, para la enseñanza religiosa o la formación moral, y, por otra parte, para los libros de texto, los manuales y las historias, las enciclopedias y las obras de referencia. Trátase de un modo de concebir la poesía que, en efecto, ni siguiera da lugar a plantearla tal como nosotros la entendemos. Ni por un momento se tiene en cuenta la posibilidad de que la poesía sea un arte sometido a sus propias reglas, y no una fuente de información ni un sistema de adoctrinamiento».[5]

Por tanto, *la poesía antigua era el único vehículo importante de comunicación de conocimientos históricos, políticos, morales y también tecnológicos, es decir, una especie de «enciclopedia social» que contenía todo el saber formativo del hombre*: «De ahí que se apelara a ella para memorizar y preservar el aparato social, el mecanismo de gobierno y la educación de los futuros líderes y gestores sociales, por decirlo en términos platónicos. [...] El verso también era esencial para el sistema educativo del que dependían la continuidad y coherencia de la sociedad entera. Todo lo público dependía del verso, todas las transacciones que se atenían a las normas generales. Dentro de la sociedad, el poeta era, ante todo y sobre todo, escriba, experto y jurista; su condición de artista y hombre de espectáculo quedaba muy en segundo plano».[6]

También esta tesis de Havelock ha sido anticipada particularmente nada menos que por Vico, a quien el autor ignora por completo, pero a quien conviene traer a colación, porque se trata de anticipaciones verdaderamente notables. Vico escribe: «Si los poemas de Homero son historias civiles de las antiguas costumbres griegas, ellos serán dos grandes tesoros del derecho natural de las gentes de Grecia».[7] Y además: «Los poemas de Homero encierran dos grandes tesoros del derecho natural de las gentes de Grecia. Pero, sobre todo, por este descubrimiento, se le añade una alabanza brillantísima: la de haber sido Homero el primer historiador que nos ha llegado de todo el mundo gentil; por lo que ahora, sus dos poemas deberán elevarse

---

5. Havelock, op. cit., 42s. Cursiva nuestra.
6. Op. cit., 98. Cursiva nuestra.
7. G. B. Vico, *Ciencia nueva*, introducción, traducción y notas de Rocío de la Villa, Madrid: Tecnos, 1995 (< *Princìpi di scienza nuova [1744]*, edición a cargo de F. Nicolini, Milano-Napoli 1953, reeditado en Milano 1992). Se cita remitiendo a la numeración de párrafos, común a la edición española e italiana). El pasaje citado es XX [156].

al alto rango de ser dos grandes tesoros de las costumbres de la antigua Grecia»[8].

Una vez más es preciso decir, sin embargo, que, más allá de las geniales intuiciones de Vico, esta tesis se impone en el plano histórico y científico sólo mediante la técnica y la pericia metodológica con la cual la presenta Havelock. Y exactamente en este punto radica su gran mérito.

La memoria como eje de sustentación para la comunicación y conservación de la poesía en la cultura de la oralidad

Hasta el siglo V (y, en gran medida, también en el IV) se publicaba, transmitía y conservaba la poesía, en general, mediante la *memoria*. De aquí surge la gran importancia que tenía *Mnemosyne*, diosa de la memoria, madre de las musas. Y se recordará, como bien se ha observado ya desde hace tiempo, que el concepto antiguo de «memoria» cubría un área semántica muy amplia, o sea, el aprender de memoria, el conservar de memoria, el traer a la memoria, el documentar y probar mediante la memoria. La memoria era el verdadero *eje de sustentación de la cultura de la oralidad poética*. La enunciación poética en la antigua Grecia se proyectaba, comunicaba y mantenía en función de la diosa *Mnemosyne*.

Havelock explica con eficacia: «¿Cómo se conserva esta expresión en las sociedades prealfabéticas? No cabe eludir la respuesta: en la memoria viva de los hombres, que primero son jóvenes, y luego viejos, y luego mueren. De un modo u otro, la memoria social colectiva –persistente y fiable– constituye un requisito previo absoluto, en el plano social, para que una civilización mantenga en funcionamiento su maquinaria. Pero ¿cómo hará la memoria viva para retener una expresión lingüística tan elaborada sin resignarse a que ésta vaya cambiando en las sucesivas transmisiones de generación en generación, perdiendo así fijeza y autoridad? Aún hoy, nos bastará con hacer

8. Vico, op. cit., XXV-XXVI [902-904].

circular un simple mensaje por una cadena de personas para comprender que la tarea de preservación nunca pudo corresponder a la prosa. *La única tecnología verbal capaz de garantizar la conservación y la estabilidad de lo transmitido consistía en la palabra rítmica hábilmente organizada según modelos métricos y verbales lo suficientemente únicos como para retener la forma.* Tal es la génesis histórica, la *fons et origo*, la causa originaria del fenómeno que aún hoy denominamos "poesía". Si tenemos en cuenta lo radicalmente que ha cambiado la función de la poesía –y no sólo ella, sino también la situación cultural–, nos será posible comprender que Platón, cuanto se refiere a la poesía, no está hablando de lo que nosotros entendemos por tal. [...] Platón trataba la poesía *como si ésta fuese una especie de biblioteca referencial, o un enorme tratado de ética, política y estrategia militar, porque tenía en mente su función inmemorial en las culturas orales, dando así testimonio de que ésta seguía siendo la función de la poesía dentro de la sociedad griega de su tiempo.* Por encima de cualquier otra cosa, la poesía es una herramienta didáctica que sirve para transmitir la tradición».[9]

Y he aquí de qué manera esta tradición era apoyada por la memoria: «La memorización de la tradición poética siempre *dependerá de la recitación constante y reiterada.* No cabe acudir a ningún libro, ni memorizar a partir de ningún libro. *De modo que la poesía sólo existe y sólo alcanza efectividad en cuanto herramienta educativa cuando se interpreta.* La interpretación del arpista en beneficio del discípulo no constituye más que una parte del procedimiento. El discípulo puede olvidar con el tiempo. Su memoria viva tiene que se reforzada a cada momento por la presión social. Dado un contexto adulto, esto se cumple en la representación privada, cuando la tradición poética

---

9. Havelock, op. cit, 54. Cursiva nuestra. Como se ha visto, Havelock asume y desarrolla la tesis de Milman Parry (presentada entre 1928 y 1935) acerca de la estructura formularia del verso homérico, de acuerdo a la cual el verso homérico estaba compuesto según un esquema métrico que hacía posible formular versos sucesivos con secciones métricas intercambiables y con todo un repertorio de combinaciones variables, estructuradas siempre según partes métricas intercambiables. Véase A. Parry (comp.), *The Making of Homeric Verse. The Collected Papers of Milman Parry*, New York-Oxford 1987 (publicación original: Oxford 1971).

se repite a la hora de comer, en los campamentos militares, en los banquetes y en el ritual familiar; pero también en las representaciones públicas, en el teatro y en el mercado. Las recitaciones de padres y personas mayores, de niños y de adolescentes, se suman a las recitaciones profesionales dadas por los poetas, los rapsodas y los actores. La comunidad tiene que conspirar consigo misma, de modo inconsciente, para mantener viva la tradición, para fortalecerla en la memoria colectiva de una sociedad donde esta memoria no es sino la suma de las memorias individuales –que han de cargarse y volverse a cargar continuamente–, en todos los niveles de edad».[10]

Una vez más, el mismo Vico anticipó y formuló correctamente este nexo entre poesía y memoria. Leamos en secuencia algunos trozos de algunas *Degnità* muy significativas: «Que los caracteres poéticos, en los cuales consiste la esencia de las fábulas, nacieron por necesidad natural, incapaz como era de abstraer las formas y las propiedades de los sujetos; y, en consecuencia, éste debió de ser el modo de pensar de pueblos enteros [...]». «Habiendo sido tales los caracteres poéticos, sus alegorías poéticas [...] necesariamente deben contener sólo significados históricos de los primeros tiempos de Grecia». «Tales historias debieron conservarse de modo natural en la memoria de los pueblos [...]: pues, como niños de las naciones, debieron tener una memoria asombrosa». «Que por necesidad natural [...], las primeras naciones hablaron en verso heroico. En lo que hay que admirar también a la providencia, que, en el tiempo en el que aún no se habían descubierto los caracteres de la escritura vulgar, las naciones entre tanto hablaban en verso, el cual, gracias a metros y ritmos, agilizaba su memoria para conservar más fácilmente sus historias familiares y civiles».[11]

10. Havelock, op. cit., 55. Cursiva nuestra.
11. Vico, op. cit., VI [816], VIII [818], IX [819], XXIII [833]. Véase respecto de este punto el ensayo de G. Cerri, "G. B. Vico e l'interpretazione oralista di Omero", en: AA. VV., *Oralità. Cultura, letteratura, discorso. Atti del Convegno Internazionale* (Urbino, 21-25 de julio de 1980), Roma 1985, 233-252.

La «mimesis» como fundamento de la creación y comunicación de los enunciados poéticos en el ámbito de la oralidad

En esta técnica comunicativa, la memoria necesita de un soporte ulterior, a saber, del de la «mimesis» o «imitación», que Havelock explicó de manera verdaderamente convincente, aun cuando más tarde terminó siendo víctima de su mismo descubrimiento.

En particular, Havelock comprendió muy bien que la «imitación», por lo que concierne al enunciado poético, entra en juego *en cuatro planos* de modos muy complejos, verdaderamente sorprendentes para el hombre moderno. En realidad, para nosotros, sólo uno de estos planos conserva significado y validez.

Pensaremos, en efecto, que la obra de «imitación» puede tener un sentido preciso en el caso del actor, que debe introducirse en el ropaje del personaje que interpreta, tornarse semejante a él, a fin de representarlo y expresarlo de manera adecuada. Pero, en realidad, según Platón, también *el poeta, en el acto mismo de crear el personaje,* actúa por «imitación» suya. En la actualidad, esto podrá parecernos verdaderamente muy extraño. Sin embargo, en sus análisis, nuestro filósofo hace referencia a una determinada situación histórica.

La teoría que Aristófanes pone en labios del poeta trágico Agatón, teoría que refleja el sentido originario del concepto de «imitación», es una bella confirmación de esta tesis:

> Llevo las vestimentas según los pensamientos:
> pues un poeta debe caracterizarse
> según los dramas que escribe:
> y si en sus dramas pone personajes femeninos,
> debe vestir su cuerpo con tales ropajes.[12]

---

12. Aristófanes, *Las Tesmoforias [Thesmoforiazousai]*, vv. 148-152 (traducción en base al texto griego publicado en *Aristophanis Comoediae recognoverunt brevique adnotatione critica instruxerunt F. W. Hall, W .M. Geldart*, Oxford ²1990 [17ª reimpr.]; para una versión en español de esta obra puede verse *Tres comedias de Aristófanes*, edición de Luis M. Macía Aparicio y Jesús de la Villa Polo, Madrid: Ediciones de la Universidad Autónoma de Madrid, 1987).

También *el auditorio*, aunque no solo, *entra en el complejo juego de una participación intensa, que implica una verdadera «identificación emotiva» con lo que está narrando* el poeta y recitando el rapsoda.

Y esta «identificación emotiva» con los contenidos de los mensajes poéticos por parte de los oyentes tiene lugar de dos modos diferentes o, mejor dicho, en dos diferentes planos: en primer lugar, *en el plano del aprendizaje* por parte del joven que está siendo educado en el ámbito de aquella cultura; en segundo lugar, *en el plano de la recreación y de la diversión* del adulto, en diferentes momentos, que van desde el simposio en los espectáculos ofrecidos por los rapsodas hasta la participación en la ejecución de las tragedias.

El mensaje poético, por tanto, era realizado en todos los niveles como «un estado de total compromiso personal y, por consiguiente, de *completa identificación emotiva con la substancia de la expresión poetizada cuya memorización se requiere del individuo.* [...] Hay que ponerse en la situación de Aquiles, hay que identificarse con su ofensa y con su cólera. Quien escucha tiene que transformarse en Aquiles, y lo mismo hace quien recita. Treinta años más tarde, el escucha era capaz de repetir automáticamente lo dicho por Aquiles y lo que el poeta comentaba al respecto. Tan enorme capacidad de memorización poética sólo podía adquirirse a cambio de una pérdida total de la objetividad... *Los ataques platónicos iban en verdad dirigidos contra todo un procedimiento educacional, contra toda una manera de vivir».*[13]

Una vez más, con intuición genial, Vico captó también este punto. Para él, los pueblos eran al principio como niños. Y «en los niños la memoria es muy vigorosa; de ahí que su fantasía sea vívida en exceso, pues ésta no es sino memoria dilatada o compuesta». Y he aquí el punto clave: «Los niños tienen una gran facilidad para imitar, y así observamos cuánto se divierten al imitar lo que son capaces de aprender». Y la conclusión es la siguiente: «Esta dignidad demuestra que en su infancia el mundo era de naciones poéticas, *pues la poesía no es sino imitación».*[14]

13. Havelock, op. cit., 56. Cursiva nuestra.
14. Vico, op. cit., L [211], LII [215s]. Cursiva nuestra.

Por tanto, la poesía (y, en particular, el *epos* homérico) es sustancialmente «imitación». Y aquí llegamos al corazón del problema que Platón enfrenta frontalmente.

La crítica radical de Platón a la oralidad poética fundada en la «mimesis» de la forma

El ataque frontal de Platón a la poesía se articula sobre todo en la primera parte del libro tercero y es retomado y profundizado más tarde en el libro décimo de la *República*. Las críticas presentadas en el libro tercero se concentran sobre todo en la forma de la enunciación poética, mientras en el libro décimo contemplan directamente los contenidos mismos.

Por lo que concierne a la forma, Platón divide los enunciados poéticos en tres grupos: *a)* los del relato indirecto, *b)* los del relato directo hecho por vía de imitación, *c)* los que conjugan los dos tipos de relato, procediendo en parte de manera indirecta y en parte directa.

Al segundo grupo pertenecen todas las composiciones teatrales, trágicas y cómicas. El ejemplo típico del tercer grupo lo constituyen los poemas homéricos, en los cuales la imitación prevalece en gran medida por sobre la narración. Platón considera incluso que justamente Homero ha sido «el primer maestro y el jefe de escuela de todos nuestros buenos poetas trágicos».[15]

El relato directo, y en gran medida también el mixto, justamente en razón de la «imitación» en la forma y en el contenido, provocan graves daños, tanto intelectuales como morales.

¿Por qué motivo?

Porque la «imitación» lleva exactamente a la «identificación emotiva» y, en consecuencia, también *a la asimilación a los modos de ser y de pensar de los personajes con los cuales poco a poco se nos identifica*, asimilación sobre cuyos resultados hablaremos.

He aquí lo que puntualiza Platón por lo que concierne a la forma:

---

15. *República*, X 595d.

–Cuando uno habla vistiendo las ropas de otro, ¿no diremos acaso que procurará adaptar, tanto cuanto pueda, su modo de expresarse al personaje que anuncia como interlocutor del discurso?

–Lo diremos, ciertamente.

–Y entonces, adaptarse a otro en el timbre de voz o en el aspecto, ¿no es acaso imitar a aquel cuyas ropas se está vistiendo?

–¿Y con esto?

–Por lo que parece, al hacer esto, Homero mismo y todos los otros poetas construyen su narración sobre la base de la imitación.[16]

Como es evidente, Platón destaca aquí exactamente lo que Aristófanes pone en labios del poeta trágico Agatón en *Las Tesmoforias*, pero con un juicio valorativo inverso.

En efecto, según Platón, los mensaje poéticos del *epos* y de la tragedia implican la presentación y, por tanto, la consiguiente imitación de una gran cantidad de modelos, que comprometen la *unidad* de la personalidad y la dispersan en una *multiplicidad* desordenada y contradictoria que corrompe las costumbres.

Él dice, explícitamente:

¿O no has advertido acaso que la imitación, cuando se la prosigue mucho más allá de la edad de juventud, se consolida en forma de costumbre y de naturaleza, tanto por lo que respecta al cuerpo, cuanto a la voz, cuanto al modo de pensar?[17]

Ciertamente, la imitación podría tener también efectos positivos, pero sólo cuando la identificación emotiva que ella provoca acontece en el encuentro con personajes valiosos, que obran de manera virtuosa, con coraje y sabiduría. Pero es justamente esto lo que el *epos* y la tragedia no están en condiciones de hacer de manera adecuada, en cuanto personajes de este tipo presentan *una única forma de armonía, con pocas variaciones*. En cambio, la imitación que presentan el *epos* y la tragedia provoca identificaciones emotivas de un género totalmente distinto. De hecho, por su propia naturaleza, este tipo de poe-

16. *República*, III 393c.
17. *República*, III 395d.

sía requiere, «si pretende ser bien realizada, contrastes fuertes, todos los tipos de armonía, todos los ritmos y, justamente para ello, tener la gama entera de las variaciones».[18] Y es exactamente este tipo de poesía la que resulta ser la más atractiva y fascinante para los jóvenes, los maestros y la masa de la gente.

Pero precisamente en esta capacidad de la poesía de crear hombres «bivalentes» e incluso «polivalentes»[19] con la *mimesis*, sobre la base de los criterios tradicionales de la educación espiritual de los griegos que se funda en ella, reside la fuente de los males que hay que eliminar.

Los motivos de la negatividad de la mimesis sobre los que se basan los contenidos de los enunciados poéticos, más allá de su forma

Por lo que concierne, después, a las razones de la negatividad de la mimesis no solamente en la *forma*, sino también en los *contenidos* de los enunciados poéticos, Platón hace en el libro décimo de la *República* las siguientes puntualizaciones.

Los poetas, como los pintores, no se basan en el conocimiento de la verdad de las cosas de que hablan, sino solamente en la pura opinión.

En efecto, los contenidos de los enunciados poéticos se encuentran a una triple distancia de la verdad, y presentan no solamente imitaciones, sino incluso «imitaciones de imitaciones». El ser de las cosas, como veremos, consiste en la idea o forma inteligible, paradigma o modelo eterno, y en esto consiste la verdad. Las cosas físicas, tanto las naturales como las producidas por las artes de los hombres, son reproducciones físicas, es decir, «imágenes» ontológicas, y, por tanto, «imitaciones» de las ideas o formas inteligibles. Todas las cosas presentadas por el *epos* y por la tragedia, como también las de la pintura, y, en consecuencia, los contenidos de todos los enunciados poéticos, son puras imágenes o copias, pero no de las ideas y formas inteligibles, sino de las imitaciones ontológicas que constituyen

18. *República*, III 397c.
19. *República*, III 397e.

todas las cosas físicas. Y, en este sentido, son «imitaciones de imitaciones».

El poeta, como el pintor, es *un pseudo-creador*, un pseudo-artífice, un pseudo-demiurgo de todas las cosas que representa (incluidos los dioses y todo aquello que hay en el cielo y en el hades). Pero el arte de este pseudo-demiurgo es algo de muy poco valor. Se asemeja a aquel modo de producción o, mejor dicho, de reproducción que se obtiene tomando un espejo y girándolo hacia todos lados: «de esta manera se produce velozmente el sol y lo que hay en el cielo, velozmente la tierra», y así todo el resto. Pero las cosas producidas de esta manera no son sino «apariencias, no cosas que existen verdaderamente en la realidad».[20]

Lo mismo vale para los contenidos de los enunciados poéticos: no dependen del verdadero conocimiento, sino de la pura opinión, y, por ello, son meras apariencias de las cosas.

He aquí las palabras de Platón:

— Pues bien, en este punto damos por cierto que, *a partir de Homero, todo artista es imitador de imágenes* de la virtud y de todos los otros objetos sobre los que opera, que no alcanza la verdad y que, como se acaba de decir, el pintor, sin saber nada del arte del zapatero, pinta un zapatero que parece tal sólo a quien nada sabe y se limita a observar colores y figuras.

—Indudablemente.

—De este modo, según mi parecer, podemos decir que *también el poeta se limita a reavivar los colores del arte de algún otro, sirviéndose de nombres y de frases; pero no con conocimiento de causa, sino por vía de imitación*. En tal sentido, cuando él habla del arte del zapatero en métrica, en ritmos o en música a gente de su misma naturaleza que mira las palabras, puede parecer que hable muy bien; y así también cuando habla de estrategia o de cualquier otro tema. Por lo demás, justamente en ello reside la gran fascinación que por naturaleza posee este tipo de expresión. Pero si despojamos las obras de poesía de los colores de la música y las recitamos por aquello que son, bien sé qué aspecto tendrían para ti, ya que las has visto también en alguna ocasión.

—Ciertamente.

20. *República*, X 596e.

—¿No se asemejan acaso a aquello en lo que se tornan en su aspecto los rostros juveniles, mas no bellos, cuando han perdido su frescura?

—Así, precisamente.

—Entonces, presta atención: decíamos que *el creador de imágenes, el imitador, no entiende de aquello que es, sino de lo que parece.* ¿No es verdad?

—Sí.[21]

El poeta, pues, no tiene «ciencia» de las cosas que dice, ni tiene siquiera una «recta opinión», porque no tiene con las cosas de las que habla aquella relación y familiaridad que, si no produce conocimiento verdadero, produce por lo menos una opinión conectada con la verdad. Tiene una opinión en el peor sentido del término:

—Entonces, el imitador no tendrá ni ciencia ni recta opinión de lo que imita, respeto de lo bello y de lo feo.

—No parece que la tenga.

—¡Bonito tipo, en verdad, este poeta imitador, si se mira su saber acerca de las cosas que hace!

—¡No demasiado!

—Y sin embargo, él imitará sin saber en qué aspectos es buena o mala cada cosa, sino que la imitará tal como aparece bella a la mayoría, que nada sabe.

—¿Y qué más?

—Pues bien, según parece, acerca de esto estamos bastante de acuerdo, a saber, que *el imitador no sabe nada válido de las cosas que imita, y que la imitación es un juego y no una cosa seria, y que los que componen la poesía trágica, en yambos y en hexámetros, son imitadores en el mayor grado que se lo pueda ser.*[22]

Pero existe también un segundo aspecto negativo de la poesía: justamente mediante esa gama compleja y polivalente de expresiones miméticas, ella involucra al hombre no en la mejor parte de su alma, sino en la peor, es decir, en la parte irracional y pasional, por lo cual lo corrompe.

—Es evidente que el poeta imitador, por su naturaleza, no se ve llevado hacia las facultades racionales del alma, ni se ha hecho para él la sabi-

---

21. *República*, X 600e – 601c.
22. *República*, X 602a-b.

duría que esa parte del alma propugna, dado que él está en búsqueda del favor público; más bien, será congenial a él la parte intemperante y voluble, porque es más fácil de imitar.

–Por cierto.

–Habiendo llegado hasta este punto, tendremos buenos motivos para criticar al poeta y para ponerlo en comparación con el pintor. Pues, tal como el pintor, *él realiza obras de escaso valor, si se las relaciona con la verdad*; y además, como el pintor, *se dirige a una parte del alma que no es la mejor.* Basta esto para justificarnos de que no lo recibiremos en la ciudad que pretende tener buenas leyes. *Pero otro motivo reside en que él, efectivamente, despierta, alimenta esta parte del alma y, revigorizándola, sofoca la facultad racional exactamente como sucede en la vida política cuando uno, dando fuerza a los peores, termina poniendo en sus manos el estado y sacrificando a los mejores.* Por los mismos motivos podremos afirmar que, en la esfera privada, el poeta imitador inculca en el alma de cada uno una forma perversa de gobierno, sea dando crédito a la parte carente de razón [...], sea construyendo imágenes de imágenes, manteniéndose así a gran distancia de lo verdadero.[23]

Carácter de la mimesis poética como pura doxa

Las imágenes de imágenes, estando, como decíamos, a gran distancia de lo verdadero, se encuentran en la esfera de la pura *doxa*, en el peor sentido de la palabra.

Platón considera como verdadero ser solamente el del mundo de las ideas, mientras que el mundo sensible, como ser que deviene continuamente, no es un ser verdadero sino *una mezcla de ser y no-ser* (de esto hablaremos más adelante en forma detallada). Y como la coherencia, consistencia y validez de las formas del conocimiento *dependen de las formas de ser a las que se orientan*, resultan bien diferentes los conocimientos del ser eterno y los del ser en continuo devenir (también de esto hablaremos más adelante).

Por el momento basta puntualizar lo que sigue.

Platón denomina el conocimiento del ser sensible en devenir con el nombre de *doxa*, opinión, mientras indica con el término de *episteme* el conocimiento y la ciencia del ser eterno.

---

23. *República*, X 605a-c.

En general, la opinión es considerada por Platón de la manera más negativa. En algunos casos, la opinión puede ser veraz, es decir, recta; pero también en estos casos la corrección sigue siendo siempre débil, como también es débil el ser al cual se refiere. Para aprehender la verdad, la opinión recta debería alcanzar el verdadero ser, pero, en tal caso, dejaría de ser justamente «opinión» y se transformaría en «ciencia».

Decía que la opinión es débil, en cuanto es arrastrada por el mismo devenir del ser sensible, o sea, en cuanto es arrollada por el correr del tiempo, estando así en el pasado, presente y futuro. Y la poesía, precisamente, se basa siempre y solamente en este *ser arrollado por el devenir*, como bien observa Platón:

> ¿No te parece que todo aquello que relatan los creadores de mitos y los poetas se reduce *a una exposición de hechos pasados, presentes o futuros*?[24]

Sin embargo, como ya hemos explicado más arriba, la poesía es una imitación que *no alcanza ni siquiera el nivel de opinión recta y veraz*, sino que permanece en el nivel de opinión en el sentido puramente negativo.

Por tanto, el poeta sigue prisionero del ser en continuo devenir, quedando así confinado en la mera opinión; el filósofo, en cambio, resulta ser el amante y el conocedor del verdadero ser, y constituye la antítesis exacta del poeta:

> –¿Y qué decir de aquellos que contemplan cada una de las realidades que siempre permanecen idénticas a sí mismas y del mismo modo? ¿No diremos que tienen conocimiento, y no opinión?
> –Ciertamente no puede ser de otro modo.
> –Entonces, en este punto, ¿hemos de confesar que estos aman y tienen predilección por aquellas cosas de las cuales se da conocimiento, mientras los otros la tienen por aquellas de las cuales se da opinión? ¿O nos hemos olvidado de cuanto se decía: que estos son atraídos y fascinados por las voces y los colores bellos, mientras que no admiten siquiera que exista lo bello en sí?
> –No lo hemos olvidado.

24. *República*, III 392d.

—¡Entonces, no caemos en el error llamándolos cultores de la opinión, más que amantes del saber, es decir, filósofos! ¿Y si después se enfadan con nosotros más de lo debido por estas palabras nuestras?

—No hay peligro, si ellos prestan atención a mi consejo. Y, por otra parte, no es lícito enfadarse con la verdad.

—A la inversa, ¿admitimos que aquellos que aman el ser en todas sus formas merecen el nombre de filósofos, es decir, de amigos del saber, y no de cultores de la opinión?

—Sin ninguna duda.[25]

Con este texto llegamos al núcleo del problema: la cultura de la oralidad poético-mimética es sustituida por una nueva forma de cultura, que revoluciona los contenidos basados en la *doxa*, proponiendo los nuevos contenidos basados en la *episteme*.

Así, la mentalidad de la poesía homérica es sustituida por una nueva mentalidad: la del *logos* filosófico.

El adiós a Homero en el libro décimo de la República y la apertura de una nueva época cultural

Después de todo lo que hemos dicho hasta aquí, es necesario leer y meditar dos notables pasajes del libro décimo de la *República*, en los cuales Platón dice adiós al gran Homero, abriendo una nueva época.

El primer pasaje pone en duda de manera sistemática aquella fuerza educativa que Homero había ejercido sobre los griegos durante siglos.

—No hemos de pretender de Homero o de otros poetas que nos narren otras cosas, preguntando, tal vez (suponiendo que alguno de ellos haya sido un verdadero médico y no un simple imitador del lenguaje de los médicos) qué poeta de los antiguos o de los contemporáneos logró, como Asclepio, devolver la salud a alguien, o bien qué escuela médica dejó tras de sí, como lo hizo Asclepio con sus seguidores. En suma, no le haremos preguntas sobre otras artes, pues dejaríamos que se escape del tema. Pero respecto de las grandes y nobilísimas obras que Homero se empeñó en representar —vale decir, guerras, estrategias, fundaciones de ciudades y también la educación

25. *República*, V 479e – 480a.

del hombre–, de éstas sí es legítimo pedirle razones, interpelándolo de esta manera: "Querido Homero, así como en la virtud no estás a triple distancia de la verdad, o sea que no eres autor de imágenes, como hemos definido al imitador, sino que estás a distancia doble de lo verdadero, en cuanto has sabido reconocer qué tipos de instituciones tornan mejores o peores a los hombres en la esfera privada y pública, dime: ¿qué ciudad resultó mejor organizada en virtud de tus méritos, como lo fue Esparta por Licurgo y muchas otras ciudades grandes o pequeñas por otros tantos fundadores? ¿Cuál te reconoce el mérito de haber sido un buen legislador y de haberle brindado útiles servicios? Italia y Sicilia tienen a Carondas; nosotros tenemos a Solón. ¿Pero de ti quién se gloria?" ¿Tendrá Homero en su acervo algún nombre para mencionar?

–Dudo que lo tenga, dijo Glaucón. Tampoco los mismos homéridos lo mencionan.

–¿Y nos ha llegado el recuerdo de una guerra de los tiempos de Homero que haya sido bien llevada gracias a su guía o sus consejos?

–Ninguna.

–No obstante, tal vez se hable de él como de un hombre de ingenio práctico, de sus muchos descubrimientos útiles para la técnica en otros campos, como sucedió con Tales de Mileto y con Anacarsis, el escita.

–Nada de eso.

–Pero, en compensación, se dirá que, si no de manera pública, al menos en privado Homero dirigió en su vida la educación de alguno; que, transformándolo con amor y familiaridad, transmitió a la posteridad un modo de vida homérico, como sucedió con Pitágoras. Por esta actividad, este último fue amado en grado sumo, y sus sucesores, que llamaron pitagórico su modo de vida, se destacan en cierto sentido entre todos los demás.

–Tampoco de esto se dice nada. [...]

–Y por lo demás, Glaucón, ¿crees que, si Homero hubiese sido verdaderamente capaz de educar a los hombres y de tornarlos mejores, pudiendo hacer estas cosas no por la vía de la imitación sino por verdadero conocimiento, no se habría ganado una multitud de amigos, que lo hubiesen rodeado de amor y de estima?[26]

El segundo pasaje trata como tema el antagonismo entre la poesía y la filosofía, o sea, la neta oposición entre la que fue la fuerza educativa del pasado y la fuerza que debía resultar constitutiva de la nue-

---

26. *República*, X 599b – 600c.

va cultura, y contiene un mensaje verdaderamente emblemático en todo sentido:

–Por tanto, querido Glaucón, cuando te suceda que encuentres a alguno de los que estiman a Homero –*los que afirman que este poeta fue el educador de Grecia y que, en vista de la organización y de la formación de la humanidad, se lo estudia de memoria, y que la vida entera debería estar conformada de acuerdo a un tan grande poeta*–, procura, con todo, ser su amigo y tenle afecto, como conviene a quien, aun dentro de sus límites, es una óptima persona, y reconoce también con él que Homero tuvo dotes excelentes de poeta y que fue el más grande de los trágicos. Sabe, empero, que en nuestra ciudad no se aceptará otra forma poética que los himnos a los dioses y los encomios para los hombres virtuosos, porque, *si dieses acogida a la musa dulce, en la lírica o en la épica, el placer o el dolor reinarán en el estado en lugar de la ley y la razón,* la que es considerada siempre y unánimemente como la mejor parte.

–Muy cierto.

–Esta sea, pues, nuestra defensa, desde el momento en que hemos traído a la memoria la poesía, la que, justamente por sus características intrínsecas, fue desterrada del estado. Por otra parte, ha sido la razón la que nos ha convencido a hacerlo. Y para que no se nos acuse de ser insensibles rústicos, querremos agregar que *el antagonismo entre poesía y filosofía es de vieja data.* He aquí las pruebas: aquella "perra que ladra a su patrón con voz áspera"; el "grande en el hablar vano de los insensatos", o bien, "la turba emergente de sabihondos", o "la multitud de aquellos que se exprimen el cerebro porque son pobres hombres", o muchas otras expresiones de ese género, *están indicando la ya antigua rivalidad.* En todo caso, ha de decirse claramente que si la poesía imitativa que suscita placer tuviese razones para aducir a favor de su derecho de ciudadanía en un estado bien organizado, estaremos muy felices de acogerla, porque somos perfectamente conscientes de la fascinación que ella ejerce también sobre nosotros. Pero sigue vigente el hecho de que no es lícito traicionar lo que resulta ser verdadero. Y, por otra parte, amigo mío, ¿no te fascina también a ti la poesía, sobre todo cuando la admiras en la interpretación de Homero?

–¡Y cuánto!

–¿No sería entonces justo acogerla en la patria si sólo supiese rechazar las acusaciones en canto lírico o en cualquier otra métrica?[27]

27. *República*, X 606e – 607d.

Creo que nadie más que Havelock ha hecho comprender correctamente cómo este *ataque frontal* que lleva a cabo Platón contra Homero y su crítica de la poesía tiene una importancia histórica trascendente, y cómo sólo se la comprende si se entiende la revolución cultural que estaba teniendo lugar. Platón había comprendido muy bien que *era preciso invertir la estructura misma de la cultura de la oralidad poético-mimética*. Había que sustituir la representación de «imágenes» y los métodos con los cuales se comunicaba la poesía por el pensar «conceptos». Las imágenes se sustituían por las ideas inteligibles, con todas las consecuencias que esto conlleva. Y, en particular, *se introducía un nuevo lenguaje con una nueva sintaxis, antitética respecto de la sintaxis de la poesía*. Havelock escribe: «¿Acaso no estaba anunciándose, mediante esta nueva forma de hablar, una fase aún más nueva del desenvolvimiento no sólo de la mentalidad griega, sino de la europea en general? Desde luego que sí; *pero Platón era plenamente consciente –y no sin razón– de que hacía falta un genio como el suyo para darse cuenta de que se trataba de una revolución, de que había que llevarla a cabo lo antes posible*. Otros, antes que él, habían avanzado en la misma dirección, experimentando con las posibilidades de la nueva sintaxis y percibiendo la tradición poética como un obstáculo a salvar. Pero Platón fue el único que captó el problema en su conjunto, y que obró en consecuencia. A renglón seguido trató de poblar el universo y la mente humana con toda una familia de Formas surgidas de Dios sabe dónde; *pero lo hizo por absoluta necesidad*, porque percibía un cambio profundo en la experiencia cultural del hombre Las Formas no eran un antojo personal suyo, ni tampoco lo era la doctrina en que se sustentaban. *Anunciaban el advenimiento de un nivel completamente nuevo de discurso*, que, al ir alcanzando la perfección, crearía a su vez un nuevo tipo de experiencia del mundo: la reflexiva, la científica, la tecnológica, la teológica, la analítica. Podemos darle una docena de nombres distintos. La nueva era mental necesitaba sus propios estandartes para avanzar con ellos, y supo encontrarlos en las Formas platónicas. *Así considerada, la teoría de las Formas fue una auténtica necesidad histórica*».[28]

28. Havelock, *Prefacio*, 245s. Cursiva nuestra.

Estas observaciones son en gran medida exactas. Pero mientras Havelock explicó de manera espléndida las razones por las cuales la oralidad poético-mimética había quedado totalmente superada, incurrió después en un error histórico, al sostener la tesis según la cual *solamente el advenimiento de la escritura habría sido el instrumento que hizo posible esta superación*. Y además, justamente para sostener esta tesis, tuvo que silenciar las críticas de Platón a la escritura contenidas en el final del *Fedro* y en la *Carta VII*, como ya he dicho más arriba, e ignorar asimismo el otro hecho relacionado con esto mismo, acerca del cual ya he llamado la atención más arriba, a saber, que *Platón defiende la oralidad y la juzga como axiológicamente superior a la escritura misma*.

Es evidente que, si no se explican estos hechos de manera adecuada, sería necesario admitir que Platón incurrió en una clamorosa contradicción: por un lado, habría desencadenado un ataque frontal contra la oralidad, mientras por el otro, absurdamente, habría defendido la misma oralidad, colocándola por encima de la escritura. Ha llegado, pues, el momento de encarar de frente este problema y de presentar detalladamente su solución, desarrollando adecuadamente las alusiones que ya he tenido ocasión de hacer. Debemos demostrar *la existencia de otras formas de oralidad, distintas a la «poético-mimética»*, y, en particular, debemos explicar la estructura y los fundamentos de la *«oralidad dialéctica»*, con las consecuencias que ello acarrea.

III

LA NUEVA FORMA DE ORALIDAD CREADA POR LA FILOSOFÍA Y CONSIDERADA POR PLATÓN COMO UN MEDIO DE COMUNICACIÓN IRRENUNCIABLE

DE LA «ORALIDAD MIMÉTICA» A LA «ORALIDAD DIALÉCTICA». LA CULMINACIÓN DE LA METODOLOGÍA SOCRÁTICA DEL DIÁLOGO REFUTATORIO Y MAYÉUTICO

Junto al surgimiento de la especulación filosófica nació una nueva forma de oralidad netamente distinta de la poético-mimética

Como decía más arriba, Havelock, y otros junto a él, consideraron que la génesis de la filosofía está estrechamente unida a la reestructuración del pensamiento ligado a la oralidad poética en relación con el nacimiento de la escritura, es decir, que tal génesis resulta de *un cambio de la tecnología de la comunicación.*

Aunque se trata de una convicción muy difusa, pero errada –como demostraré en el curso de este capítulo–, considero oportuno, sin embargo, citar algunos de los pasajes más significativos de Havelock, que permiten comprender bien la tesis en cuestión.

He aquí un primer pasaje: «La visualización así practicada por los aedos tenía un carácter indirecto. Se procedía a agrupar las palabras de modo que subrayasen los aspectos visuales de las cosas, llevando al oyente a que pusiera en funcionamiento la imaginación. Las técnicas directas de memorización eran todas acústicas, y todas apelaban a la aceptación rítmica en la escucha. Con la llegada de la palabra escrita, la vista se sumó al oído, en cuanto medio para la preservación y repetición del material a comunicar. Las palabras, en ese momento, podían ya recordarse por medio de la vista, resultando ello en un considerable ahorro de energía psicológica. El registro ya no tenía que llevarse en la memoria viva: bastaba con que quedase a mano, en espera de ser utilizado. Con lo cual se reducía la necesidad de enmarcar el discurso de modo que resaltasen sus aspectos visuales con la consiguiente pérdida de fuerza de la tendencia a visualizar. *De hecho, cabe sugerir que la creciente alfabetización abrió camino a la experimentación en el terreno de lo abstracto.* Una vez liberado de la necesidad de preservar vívidamente la experiencia, el creador quedaba libre para reorganizar ésta de modo reflexivo».[1]

Según Havelock, el despertar del *trance* hipnótico conectado con la oralidad mimética y, por tanto, el nacimiento mismo del concepto de consciencia y de la dialéctica ha de encontrarse «en los cambios experimentados por la tecnología de la comunicación. Los signos escritos, viniendo en ayuda de la memoria, *permitían que el lector se desentendiera en buena medida de toda la carga emocional inherente al proceso de identificación –único capaz de garantizar el recuerdo dentro de los límites del registro acústico–*. Con ello quedaba disponible cierta cantidad de energía psíquica, que ahora podía consagrarse a la revisión y reorganización de lo escrito; lo cual no se percibía ya sólo como algo escuchado y sentido, sino como algo susceptible de convertirse en objeto. Se hizo posible, por así decirlo, volver a mirar, echar un segundo vistazo. Y esta separación del yo y la palabra recordada puede a su vez explicar el creciente uso, en el siglo V, de un *mecanismo que suele considerarse característico de Sócrates, pero que puede haber sido de uso general como defensa contra la identificación poética y como contribución a que todo el mundo rompiera con ella. Me refiero al método dialéctico* [...]».[2]

En síntesis: la nueva tecnología de la comunicación, es decir, la «tecnología de la palabra escrita», aportó «un nuevo y muy distinto método», superando «la tecnología acústica de la épica».[3] «Ello traía consigo la posibilidad de ampliar y extender la enciclopedia de mil

---

1. Havelock, *Prefacio* 180. Cursiva nuestra.
2. Op. cit., 196. Cursiva nuestra.
3. Op. cit., 267s.

formas distintas, una vez superadas las limitaciones impuestas por la economía de las necesidades mnemotécnicas».[4]

El mismo Sócrates, en sus mensajes dedicados a la oralidad, aparecía en realidad «apoyando una técnica que, aunque él lo ignorara, sólo podía alcanzar su pleno desarrollo mediante la palabra escrita (que, *de hecho, estaba a punto de poderse utilizar gracias al advenimiento de la escritura*)».[5]

Sobre la base de lo antedicho se comprende bien, por tanto, cómo se llega a considerar la obra del mismo Platón como una cumbre de la *revolución llevada a cabo por la escritura*, y a entender el *corpus* de los escritos platónicos como *la piedra miliar de aquella revolución que cambió la historia de los hombres.*

En realidad, esta posición se encuentra condicionada por un error de perspectiva en el que inevitablemente cae quien, como Havelock, se limita a interpretar y a describir en sus connotaciones esenciales la que fuera la oralidad originaria, la «homérica», o sea, la poético-mimética con dimensión de *doxa*, que continuó su predominio hasta el siglo V a.C. Concentrando su atención en el estudio analítico de esta forma de oralidad y de sus presupuestos antropológicos, socio-políticos y psicológicos, *Havelock no se dio cuenta de manera adecuada del nacimiento y desarrollo de una forma diferente de oralidad, es decir, de la oralidad creada por los filósofos.* No se dio cuenta de su consistencia y de su alcance, y, por tanto, no comprendió cómo, si es acertada la tesis de que la escritura ha sido esencial para la publicación, para la recepción, para la difusión y la conservación de los mensajes filosóficos, también es acertada, al mismo tiempo, la tesis opuesta. Dicho en otros términos, *en el desarrollo y el triunfo de la escritura, fue determinante precisamente la reestructuración conceptual del pensamiento llevada a cabo por los filósofos, los que, por largo tiempo, operaron mayormente en la dimensión de la oralidad o, incluso, como Tales y Sócrates, en forma exclusiva en el ámbito de aquella oralidad que, con el lenguaje utilizado por el mismo Sócrates, es ciertamente correcto deno-*

4. Op. cit., 268.
5. Op. cit., 276. Cursiva nuestra.

minar «oralidad dialéctica». Era propiamente esta forma de oralidad la que traía consigo una revolución radical, vale decir, el histórico pasaje de un pensar limitado a las imágenes a un pensar conceptual.

La escritura no es un medio de comunicación totalmente autónomo, sino que depende en gran medida de la oralidad

Walter Ong (que, por lo demás, no se aleja de la tesis de fondo de Havelock) realiza una reflexión en ciertos aspectos decisiva para resolver el problema que estamos tratando.

La escritura, en cuanto confía la palabra al espacio, amplifica notablemente la potencialidad del lenguaje, reestructura el modo de pensar, multiplica los términos, enriqueciendo ampliamente el área semántica, abriendo horizontes a los que la sola oralidad no podría llegar. Pero no obstante, en la escritura revive en gran medida la expresión oral y, por lo tanto, la escritura es impensable sin oralidad.

Leamos la página de Ong: «Sin embargo, en todos los maravillosos mundos que descubre la escritura, todavía les es inherente y en ellos vive la palabra hablada. Todos los textos escritos tienen que estar relacionados de alguna manera, directa o indirectamente, con el mundo del sonido, el ambiente natural del lenguaje, para transmitir sus significados. "Leer" un texto quiere decir convertirlo en sonidos, en voz alta o en la imaginación, sílaba por sílaba en la lectura lenta o a grandes rasgos en la rápida, acostumbrada en las culturas altamente tecnológicas. La escritura nunca puede prescindir de la oralidad. Adaptando un término empleado con propósitos un poco diferentes por Jurij Lotman [...] podemos llamar a la escritura un "sistema secundario de modelado", que depende de un sistema primario anterior: la lengua hablada. La expresión oral es capaz de existir, y casi siempre ha existido, sin ninguna escritura en absoluto; empero, nunca ha habido escritura sin oralidad».[6]

---

6. W. Ong, *Oralidad y escritura. Tecnologías de la palabra*, traducción de Angélica Scherp, México D.F.: Fondo de Cultura Económica 1987, 17s (< *Orality and Literacy. The Technologizing of the Word*, London-New York 1982, 8).

Ya sobre la base de estas justas observaciones podríamos pasar a la demostración directa de nuestra tesis. Pero consideramos más oportuno, por razones de mayéutica, mostrar cómo Havelock hace uso de esta tesis de manera encubierta, sin darse cuenta de ello.

Havelock reconoce, si no de principio, sí de hecho, que los presocráticos crearon una forma nueva de oralidad

Havelock dedicó una considerable atención a los filósofos presocráticos (mejor dicho, a los «preplatónicos», como él los llama): él había iniciado sus trabajos justamente versando sobre ellos y había querido concluir sus investigaciones con una re-interpretación sistemática de sus fragmentos y con una nueva presentación de los mismos, presentación esta que debía haber innovado radicalmente el trabajo de Diels-Kranz.

Por ello será oportuno recordar una serie de observaciones suyas que, si se las libera de los presupuestos que las sostienen, conducen a mis conclusiones.

Los primeros cosmólogos, en su reconstrucción del universo, eran conscientes de que proponían *algo nuevo*, sea en las premisas de las cuales partían, sea en el método en base al cual llevaban sus investigaciones. Pues los fenómenos que en la narración épica y en las historias de Homero y Hesíodo se explicaban mediante eventos, imágenes y personajes, ellos procuraban abstraerlos y explicarlos racionalmente con criterios innovadores y de manera metódica.

Por tanto, los presocráticos intentaron poner en práctica las *reglas fundamentales de un método que hace posible una nueva forma de reordenamiento y de explicación racional de la experiencia*. Y esto acarreaba, en general, un conflicto insalvable con el lenguaje poético y, en particular, el nacimiento de un vocabulario y de una sintaxis totalmente innovadores, precisamente en el ámbito de la oralidad.

He aquí algunas de las puntualizaciones del estudioso:

«Los presocráticos eran, en lo esencial, *pensadores orales*, profetas de lo concreto vinculados por muy viejos hábitos al pasado y a formas de expresión que también eran formas de experiencia; *pero estaban empeñados en elaborar un vocabulario y una sintaxis que valieran para un nuevo futuro, para el momento en que las ideas tuvieran que expresarse en categorías organizadas según una sintaxis adecuada al pensamiento abstracto.* Ésta fue su tarea fundamental, en la cual invirtieron la mayor parte de sus energías. De modo que, lejos de inventar sistemas al modo de los filósofos posteriores, lo que hicieron fue consagrarse a la tarea primaria de inventar un lenguaje que hiciera posible los sistemas futuros».[7]

Sin duda ha sido Platón el que invirtió de manera sistemática y radical el modo «homérico» de representar imágenes. Pero entre Homero y Platón transcurren tres siglos. Y, a pesar del indiscutido predominio de Homero, poco a poco se había introducido, a manera de «prólogo», un nuevo modo de pensar que con Platón alcanza su «epílogo». Y el prólogo fue precisamente la obra de los presocráticos.

Havelock escribe, refiriéndose a Platón: «en modo alguno era éste un pensador meramente ingenioso o excéntrico, uno de esos ideólogos que, apartándose de la corriente de la historia, crean un aparato doctrinal formidable, pero todo suyo. Al contrario, *Platón pertenece al tipo de pensadores en quienes cobran vida todas las fuerzas seminales de la época que les ha correspondido vivir.* En su pensamiento están las ideas inconscientes de sus contemporáneos, lo que éstos querrían pensar si conociesen siquiera sus propios deseos. Cabe afirmar que Platón imprime sentido e impulso a las corrientes intelectuales de su tiempo. Pero sería más adecuado afirmar que su tarea –anticipatoria y singular– consistió en dar origen a la corriente misma, en abrir un cauce por el que pudieran discurrir los esfuerzos similares a los suyos, hasta entonces dispersos y desaprovechados».[8]

Las formas germinales que Platón lleva a su maduración son, como dije más arriba, justamente las que crearon los presocráticos. Havelock dice, en efecto, que los presocráticos comenzaron componiendo obras poéticas, insertándose así en la tradición oral, tradición que, sin embargo, «detestaban con todas sus fuerzas y que pretendían combatir, identificándola con la multitud, con los "muchos", y tam-

---

7. Havelock, op. cit., 13s. Cursiva nuestra.
8. Op. cit., 256. Cursiva nuestra.

bién con las personas de Homero y Hesíodo –quienes en alguna ocasión llegan a ser nombrados como oponentes–. Los nuevos, pues, acataban la superior inteligencia del aedo, en cuanto maestro de Grecia, *pero tratando de adaptarla a su concepción de un intelectualismo de nuevo cuño, destinado a suplantar la inteligencia poética.* [...] Tal vez convenga, por consiguiente, que nos hagamos a la idea de que la filosofía griega arcaica *intenta resolver –y en parte resuelve– los mismos problemas de abstracción que Platón llega a superar*».[9]

En pocas palabras, Havelock admite que los presocráticos y, como veremos, más tarde Sócrates no solamente modificaron el contexto sintáctico de la palabra, sino que explicaron los procesos físicos y los mentales de una manera revolucionaria.

Pero si ellos hicieron esto mismo predominantemente en la dimensión de la oralidad, *se impone entonces la neta distinción entre oralidad poético-mimética, contra la cual trabajaban, y la oralidad que ellos utilizaban, que es precisamente la dialéctica. Y es justamente esta «oralidad dialéctica» la que ha traído consigo la necesidad del libro, introduciendo la necesidad siempre creciente de conservar aquello que se publicaba mediante la oralidad, ya no susceptible de ser memorizado, como la poesía. Fue, entonces, la oralidad dialéctica la que contribuyó de manera determinante al triunfo de la cultura de la escritura.*

Por consiguiente, las conclusiones a extraer serían las siguientes: justamente en el ámbito de la oralidad, y en algunos casos también con el instrumento antiguo de la poesía, *los presocráticos crearon un nuevo modo de pensar y, en consecuencia, un nuevo lenguaje, nuevos términos y una nueva sintaxis: en definitiva, una oralidad en antítesis respecto de la poético mimética.*

Pero para confirmar de manera adecuada esta tesis considero necesario articular detalladamente estas afirmaciones y brindar algunos precisos ejemplos.

9. Op. cit., 265. Cursiva nuestra.

El modo revolucionario en el que Jenófanes y Parménides
se expresaron mediante la poesía, disolviendo algunos
de sus tradicionales contenidos esenciales

Havelock considera que sólo la escritura y, en particular, la prosa, constituyen propiamente la verdadera antítesis de la oralidad poética y el resorte de la revolución cultural. Sin embargo, el nacimiento del pensamiento filosófico contribuyó a la realización de la revolución no solamente en el ámbito de la pura oralidad, sino también *mediante composiciones en verso.* Evidentemente, el verso tenía todavía el objetivo de facilitar la memorización de los mensajes; se trataba, empero, de mensajes que, aun haciendo uso del tradicional instrumento poético, lo vaciaban al mismo tiempo de sus contenidos en forma radical. En otros términos: en forma poética, los filósofos irrumpían en los modos tradicionales de hacer poesía y, con los antiguos medios de la oralidad poético-mimética, creaban otra forma de oralidad.

El mismo Platón, en un pasaje al que nos hemos referido ya en el capítulo segundo, recuerda que «el antagonismo entre poesía y filosofía es de vieja data». Y uno de los primeros antagonistas fue Jenófanes de Colofón, quien, justamente mediante la poesía, lanzó también enérgicos ataques contra la poesía.

Cerri ha analizado con gran cuidado el primer fragmento de Jenófanes, poniendo al descubierto las notables y sorprendentes correspondencias entre sus críticas a la poesía tradicional y las de Platón, que hemos ilustrado más arriba.[10]

Hay que señalar en particular los siguientes versos, que anticipan a Platón de manera directamente sorprendente:

> … y alabar al que narra, habiendo bebido, nobles historias,
> como le dicta la memoria y el amor por la virtud,
> no relatando batallas de titanes y gigantes,
> ni de centauros, invenciones de nuestros antepasados,
> o violentos conflictos en los que nada hay de útil,
> sino tributando siempre el debido respeto ante los dioses.[11]

10. Cerri, *Platone sociologo* 7, 55-66.
11. Jenófanes, fragm. 1 Diels-Kranz.

Cerri demuestra incluso, y con justa razón, que «la elegía de Jenófanes contiene *in nuce*, es decir, implícitamente, aunque no por eso de manera menos clara, todas las principales articulaciones de lo que será el razonamiento platónico; ella, por tanto, representa para nosotros la documentación histórica más antigua de esa línea de pensamiento».[12]

Concuerdo perfectamente con Cerri, y considero que la crítica que Jenófanes hace del antropomorfismo, sea físico o moral, en la representación de los dioses de Homero y de Hesíodo, pone esta tesis fuera de duda.

Leamos los fragmentos que nos han llegado de Jenófanes en los cuales se critica la antigua convicción de los poetas de que los dioses deben tener aspectos, formas y actitudes correspondientes a las de los hombres:

> Pero si los bueyes, los caballos y los leones tuviesen manos
> o pudiesen pintar y realizar las obras que realizan los hombres con
> [las manos,
> los caballos pintarían imágenes de dioses semejantes a los caballos
> los bueyes a los bueyes, y plasmarían a los dioses
> similares al aspecto que cada uno de ellos posee.[13]

> Los etíopes dicen que sus dioses son negros y de nariz chata,
> los tracios dicen, en cambio, que tienen ojos azules y cabello rojo.[14]

Pero los dioses no sólo no pueden tener semblante humano, sino tampoco comportamientos análogos a los de los hombres, y no cometen en ningún caso acciones ilícitas y abominables:

> Homero y Hesíodo atribuyen a los dioses
> todo lo que es vergüenza y baldón:
> robar, cometer adulterio, engañarse unos a otros.[15]

---

12. Cerri, op. cit., 58.
13. Jenófanes, fragm. 15 Diels-Kranz.
14. Jenófanes, fragm. 16 Diels-Kranz.
15. Jenófanes, fragm. 11 Diels-Kranz.

Además, los dioses no pueden nacer, actuar ni moverse como los hombres:

> Pero los mortales consideran que los dioses nacen,
> que tienen vestimentas, voces y figuras como las propias.

> Siempre permanece en el mismo lugar, sin moverse para nada,
> ni se le es propio circular ahora por un lugar y luego por otro.[16]

Y por lo que corresponde a aquella «experimentación en el terreno de lo abstracto», de la que habla Havelock, he aquí un formidable anticipo, precisamente en verso, en el fragmento en el cual Jenófanes «desmitifica» la figura de Iris y la interpreta de manera racional.

> Aquella que llaman Iris es, en cambio, también ella una nube
> de aspecto purpúreo, violáceo, verde.[17]

Los pasajes escritos antes por Parménides son aún más notables que los de Jenófanes en la modificación estructural de la oralidad poético-mimética, con la introducción de conceptos extraordinarios y de una nueva sintaxis, siempre mediante una composición en verso. Hace ya tiempo que los estudiosos han destacado la falta de belleza y la rudeza de los versos del poema de Parménides. Y ciertamente, si se lo lee con gusto homérico, se tiene exactamente esa impresión, pues Parménides echa por tierra el modo de pensar de Homero, aunque continúa expresándose con el mismo instrumento.

Como se sabe, en Homero no aparece el concepto de «ser»; Parménides, en cambio, centra todo su discurso propiamente en la figura del ser, e incluso en el ámbito puramente teórico: el ser es lo positivo puro, el no-ser lo negativo puro; o, mejor dicho, el ser es incluso lo positivo puro en absoluta carencia de cualquier negatividad, mientras que el no-ser es lo absolutamente contradictorio de esto absolutamente positivo: fuera del ser no hay nada.

16. Jenófanes, fragm. 14 y 26 Diels-Kranz.
17. Jenófanes, fragm. 32 Diels-Kranz.

Havelock debería haber reconocido lo que los estudiosos ya han observado de manera coincidente desde hace tiempo, a saber, que Parménides presenta incluso (y en versos) la primera formulación del principio de no-contradicción, que Aristóteles pondrá en primer plano, considerándolo como primer principio supremo: la imposibilidad de que los contradictorios puedan coexistir al mismo tiempo: *el ser es y no puede no ser; el no-ser no es y no puede ser*. El poema de Parménides íntegro no es sino el desarrollo sistemático de este principio aplicado al concepto de ser entendido en sentido rigurosamente unívoco.

Y aquí tenemos los versos del poema de Parménides, que revolucionan propiamente el eje de sustentación del *epos* homérico, basado en la presentación de acontecimientos «pasados, presentes o futuros», o sea, en la dimensión del devenir propia de la *doxa*:

> No ha sido una vez, ni tampoco será, porque es todo entero ahora
> [mismo,
> uno, continuo. ¿Qué origen le buscarás, pues?
> ¿De dónde habría crecido? Del no-ser no te permito
> decirlo ni pensarlo, porque no es posible decir ni pensar
> que lo que es no sea. ¿Qué necesidad lo habría constreñido acaso
> a nacer, tarde o temprano, comenzando de la nada?
> Es necesario que sea por entero o que no sea.
> Y la fuerza de la certeza tampoco te concederá
> que del ser nazca de alguna otra cosa. Así pues, ni el nacer
> ni el perecer lo concede la Justicia, librándolo de las cadenas
> en las que lo mantiene.
> La decisión en torno a tales cosas está en lo siguiente:
> es o no es.[18]

Parménides llega incluso a absorber todas las diferencias en el ser. Y, en este sentido, luz y noche «son ambas iguales, *porque con ninguna de las dos está la nada*».[19] Por consiguiente, no serán sino nombres vanos todos aquellos con los cuales los mortales designan la variedad de las cosas y sus supuestos estados, en la pura dimensión de la apariencia:

18. Parménides, fragm. 8, vv. 5-16.
19. Parménides, fragm. 9 v. 4.

...pues nombres serán
todas aquellas cosas que los mortales han establecido, convencidos de
[que son verdaderas:
nacer y morir, ser y no-ser,
cambiar de lugar y mudar de luminoso color.[20]

Como queda claro, en esta perspectiva se derriba casi por entero el mundo de *epos* en su conjunto, con la anulación prácticamente total de la dimensión en la que se ubica y de las estructuras que lo constituyen: y esto se realiza justamente mediante versos poéticos y predominantemente en la esfera de la oralidad.

Los grandes conceptos «abstractos» de Meliso y la dialéctica de Zenón

Sobre las huellas de Parménides se coloca su discípulo Meliso, esta vez, sin embargo, con un escrito en prosa.

En este escrito, del cual he presentado hace tiempo una edición con comentario,[21] son contundentes la radicalidad de las afirmaciones y la extraordinaria potencia «abstractiva».

En el gran fragmento n.º 8, Meliso lleva particularmente hasta las últimas consecuencias la negación del valor de la *doxa* que hiciera Parménides, así como la negación de la validez de todo lo que los sentidos parecieran atestiguar. Conviene leer el pasaje, en cuanto el mismo confirma de lleno la tesis que estamos sosteniendo en antítesis de la de Havelock. Meliso demuestra como sigue la imposibilidad de que exista lo plural:

> Si efectivamente existiese la pluralidad de las cosas, estas deberían ser tales como yo digo que es el Uno. Pues si existiesen la tierra, el agua, el aire, el hierro, el oro, de un lado lo que está vivo y del otro lo que está muerto, lo que es negro y lo que es blanco, y todas las demás cosas que los hombres

---

20. Parménides, fragm. 8, vv. 38-41.
21. G. Reale, *Melisso. Testimonianze e frammenti. Introduzione, traduzione e commento*, Firenze 1970.

dicen ser verdad: si todas estas cosas existen y vemos y oímos correctamente, es preciso que cada una de ellas sea tal y cual era la primera vez que las hemos encontrado y que no se transformen ni se tornen distintas, sino que cada una sea siempre la que es. Ahora bien: decimos ver y oír correctamente. Pero, por otra parte, nos parece que el calor deviene frío y que el frío deviene calor, lo duro deviene blando y lo blando deviene duro, lo vivo muere y se genera a partir de lo no vivo, y que todas estas cosas se alteran y que lo que era ya no es igual a lo que es ahora, y que el hierro, aun siendo duro, se desgasta en contacto con el dedo, al igual que el oro y la piedra y todo lo que parece ser fuerte, y que la tierra y la piedra nacen del agua. Por consiguiente, resulta que ni vemos ni conocemos cosas que sean. Pero estas cosas no son coherentes entre sí. Y si afirmamos también que los seres son muchos, dotados de formas eternas y de fuerza, nos parece, entonces, que todos mudan y se tornan diferentes de como los vemos cada vez. Es evidente, pues, que no vemos de manera correcta y que es incorrecta la forma en la que esas cosas nos parecen ser. En efecto: si verdaderamente fuesen, no cambiarían, sino que cada una de ellas debería ser tal como nos parecía que era. De hecho, ninguna es más fuerte que lo que verdaderamente es. Pero si el ser hubiese mudado, entonces, el ser habría perecido y habría nacido el no-ser. De este modo, si existiese la pluralidad de las cosas, deberían ser tal y como es el Uno.[22]

Se trata de un documento muy significativo, considerado por muchos estudiosos como uno de los más notables, no sólo de los eleáticos, sino de los presocráticos en general: algunos consideran que se encuentra en el extremo de la concepción eleática del ser; otros piensan que se lo puede considerar incluso como una suerte de *Crítica de la razón pura* como podía escribirla un griego en el siglo V a.C.[23]

En efecto, es incontrastable que en este fragmento celebra un verdadero triunfo la concepción de la cual ha nacido la filosofía griega y que precisamente los eleáticos han llevado hasta sus últimas consecuencias, a saber, la convicción del *primado absoluto de la razón por sobre los sentidos y sus representaciones sensibles.*

Nos encontramos exactamente en el plano opuesto respecto del cual se mueve el *epos* homérico, y de una manera hasta macroscópi-

22. Meliso, fragm. 8 Diels-Kranz.
23. Para una discusión detallada acerca de este punto véase Reale, op. cit., 226-252.

ca. Y el lector que tuviese la intención de recorrer hasta el final el camino seguido por Meliso (y, en particular, interiorizarse de los extraordinarios conceptos «abstractos» –en sentido helénico, como diremos más adelante–, como el de la *infinitud del ser* y el de su *incorporeidad*), podrá encontrar en nuestra edición de los fragmentos del filósofo todo el material, con comentario analítico.[24]

Para permanecer en el ámbito de la escuela eleática, merece recordarse también la posición tomada por Zenón.

En efecto, para defender la tesis de Parménides ante las numerosas críticas que venían en su contra, Zenón adoptó el criterio del *elenkhos*, vale decir, de la «refutación», o sea, el criterio de la reducción al absurdo de las tesis presentadas contra las de Parménides.

A decir verdad, ya Parménides presentaba la discusión de la idea contenida en su poema como *polyderin élenkhon*,[25] es decir, como una *prueba refutatoria*, y, de todos modos, como una prueba con *mucha discusión*, para *ser juzgada en función del puro logos*. Pero fue el mismo Zenón el que dio forma sistemática a la *prueba por refutación*. Platón, con un sentido indiscutible de admiración, si bien con ironía, dice de él: «… hablaba con un arte tal que hacía parecer a sus oyentes las mismas cosas a un tiempo semejantes y desemejantes, una y muchas, inmóviles y móviles».[26] Con buenas razones, Aristóteles lo consideraba como el fundador de la dialéctica.[27] Y en el momento en el que Zenón presentaba sus tesis, la escritura se encontraba todavía muy lejos de tener un predominio total por sobre la oralidad: antes bien, se apoyaba propiamente sobre esta última.

24. Véase Meliso, fragms. 2-5 y 9 Diels-Kranz, así como nuestro comentario en *Melisso*, 66-104 y 193-225.
25. Parménides, fragm. 7, v. 5 Diels-Kranz.
26. *Fedro*, 261d = 29a 13 Diels-Kranz.
27. Véase 29a 13 Diels-Kranz.

Havelock reduce a Pitágoras a la condición de «fantasma»,
en cuanto constituía un «hecho contrario» en el ámbito
de su paradigma hermenéutico

El método dialéctico se desarrolla en forma paralela a los estudios matemáticos. Y reconocer la existencia de estudios de matemática en el ámbito del pensamiento de los presocráticos constituye una prueba ulterior de la tesis que estoy sosteniendo.

Havelock comprendió muy bien que, para su tesis, Pitágoras constituía verdadera y propiamente un «hecho contrario».

Y, en este caso, no era posible operar sobre el «hecho contrario» presentándolo re-hecho y arti-ficiado, en cuanto el nacimiento y el desarrollo de la matemática en el ámbito de la oralidad traía consigo de cualquier modo un desenfoque casi total del paradigma interpretativo. Havelock eligió, pues, la única escapatoria que le quedaba: negó el hecho mismo, considerando al Pitágoras matemático como una suerte de invención, de tal manera que, en forma muy significativa, intituló el capítulo dedicado al filósofo de Samo «*El fantasma pitagórico*».[28]

No admitiendo incluso la vieja tesis de Frank, según la cual «los así llamados Pitagóricos»[29] eran fundamentalmente miembros de la Academia o una facción al interior de la misma, Havelock nos presenta otra tesis que se avecina mucho a esta, sosteniendo que el pitagorismo es ciertamente post-socrático, poco anterior o incluso contemporáneo a Platón.

Leamos sus afirmaciones: «En síntesis: aquel grupo de doctrinas filosóficas comúnmente atribuidas, en las historias modernas, a un pitagorismo del siglo VI a.C. o posterior, fue en realidad la creación de una comunidad etiquetada como pitagórica y liderada por Archita, que actuó en Taranto al inicio del siglo IV a.C. Esta comunidad era "post-socrática", pero probablemente "pre-platónica", en el sentido de que los contactos que Platón tuvo con ella en Taranto duran-

---

28. Havelock, *Alle origini*, 151-179.
29. E. Frank, *Plato und die sogenannten Pythagoreer*, Halle 1923; Tübingen ²1962.

te sus viajes al exterior le brindaron un modelo para su experimento personal en Atenas».[30]

Pero la escuela de Pitágoras nació como secta filosófico-religiosa basada, entre otras cosas, en el secreto de sus doctrinas. Como se sabe, los que violaban el secreto eran expulsados de la escuela y castigados. En la escuela, la comunicación de los mensajes tenía lugar, por largo tiempo y en forma prioritaria, aunque no exclusiva, en la dimensión de la oralidad. El primero que escribió y publicó obras fue Filolao, contemporáneo de Sócrates. Ciertamente, en esta época la doctrina había evolucionado. Pero es muy difícil establecer qué pertenece al primer pitagorismo y qué, en cambio, al segundo, en cuanto la doctrina de la escuela era considerada un bien común al que los adeptos adherían y el que procuraban incrementar, estudiando e indagando todos en común. Por las razones expuestas no es posible ciertamente negar la existencia del primer pitagorismo.

La afirmación de Havelock según la cual sería particularmente significativo el hecho de que Aristóteles no hable jamás expresamente de Pitágoras sino de los pitagóricos no prueba, en realidad, para nada su tesis, sino que, si se entiende correctamente a Aristóteles, más bien la desmiente.

Efectivamente, enfrentando a los pitagóricos, Aristóteles utiliza la expresión «los así llamados pitagóricos».

¿Pero por qué usa esta expresión, para nosotros tan extraña?

Maria Timpanaro Cardini ya había brindado la explicación de este problema: «[Aristóteles] se encuentra frente a un hecho singular: cada uno de los otros filósofos previamente mencionados [en el curso del primer libro de la *Metafísica*, donde habla de sus predecesores] se representaba a sí mismo; tenían, por cierto, discípulos y seguidores, pero sin una particular ligazón de escuela. Los pitagóricos, en cambio, constituyen un fenómeno nuevo: estudian y trabajan, para utilizar un término moderno, *en équipe*; su nombre es un programa, una sigla, y, finalmente, un término técnico que indica un determinado ordenamiento mental, una cierta visión de la realidad en la

---

30. Havelock, op. cit., 169.

cual coinciden hombres y mujeres de patrias y condiciones diferentes. Aristóteles recoge esta característica, siente que, introduciendo en el discurso a los pitagóricos, debe suscitarse en cierto sentido algo de asombro en quien escucha o lee: ¿cómo? Hasta ahora se han presentado figuras bien individualizadas de filósofos, cada uno con sus maneras de ver personales, ¿y ahora aparece este grupo, pero anónimo respecto a los distintos miembros que lo componen? Justamente así se llaman, asegura Aristóteles, tal es la denominación oficial que tienen como escuela y que, en el curso del tiempo, representa la unidad y la continuidad de su doctrina».[31]

Platón decía de Pitágoras que, por el modo de vida que creó, «fue amado en grado sumo, y sus sucesores, que han llamado pitagórico su modo de vida, se destacan en cierto sentido entre todos los demás».[32]

Y, obviamente, juzgar lo dicho por Platón como una invención y a Pitágoras como un fantasma para sostener la propia tesis, como lo hace Havelock, es absurdo: se trata del procedimiento acerca del cual he hablado más arriba, y que él adopta con frecuencia: la eliminación del «hecho contrario» mediante la negación de su existencia.[33]

Sócrates y las cumbres de la oralidad dialéctica

Pero si los presocráticos colocaron las bases de la oralidad dialéctica, creando un nuevo léxico y una nueva sintaxis, fue Sócrates el que dio forma completa a la oralidad dialéctica, fundándola sobre el descubrimiento de la esencia del hombre como «*anima*», es decir, como inteligencia, como capacidad de pensar y de querer el bien, concepción esta que, en sinergia con el método refutatorio y mayéutico, removía *in toto* los fundamentos y los cánones de la oralidad mimético-poética.

31. M. Timpanaro Cardini, *Pitagorici. Testimonianze e Frammenti*, vol. III, Firenze 1964, 12s.
32. *República*, X 600b.
33. Véase Havelock, op. cit., 166ss.

Havelock, después de haber procurado afirmar la conexión de este descubrimiento de la autoconciencia con el cambio operado en la tecnología de la comunicación y la separación del sujeto de la «palabra recordada» causado por la palabra escrita, puntualiza lo siguiente: «Y esta separación del yo y la palabra recordada puede a su vez explicar el creciente uso, en el siglo V, de un mecanismo que suele considerarse característico de Sócrates, pero que puede haber sido de uso general como defensa contra la identificación poética y como contribución a que todo el mundo rompiera con ella. Me refiero al método dialéctico, no necesariamente el razonamiento lógico encadenado que hallamos en los diálogos platónicos, sino el mecanismo original en su forma más simple, consistente en solicitar del interlocutor que repita lo que acaba de decir, explicándolo. En griego pueden coincidir los verbos para explicar, decir y significar. Esto es: la función original de la pregunta dialéctica consistía sencillamente en forzar al interlocutor a repetir una afirmación ya hecha, dando por sentado que en dicha afirmación había algo insatisfactorio y que resultaría mejorada al expresarse de otra manera. Si se trataba de algo atañente a la tradiciones culturales o morales, la afirmación tendía a expresarse de modo poético, usando la imaginería y, por lo común, también los ritmos de la poesía. Era una invitación a que el oyente, una vez identificado con algún ejemplo emotivo, lo repitiera una y otra vez. Si alguien solicitaba aclaraciones, o la repetición de algún pasaje, la fórmula y la imagen poética perderían buena parte de su poder para generar un estado de complacencia en el oyente: el empleo de palabras distintas, aunque fueran más o menos equivalentes, ya no sería poético, sino prosaico. La pregunta y su correspondiente respuesta –el intento de formulación prosaica– tenían que constituir una especie de insulto a la imaginación del hablante y del alumno: desvanecido el ensueño, en su lugar había que poner un desagradable esfuerzo de reflexión especulativa. De modo que *la dialéctica –arma que, si no nos equivocamos en nuestras sospechas, fue empleada en esta forma por todo un grupo de intelectuales de la segunda mitad del siglo V– no fue sino un método para apartar la consciencia del lenguaje del ensueño, estimulándola a pensar en términos abstractos,* Así nació la noción del "yo" que piensa *en* Aquiles, en lugar del "yo" que se identifica *con* Aquiles».[34]

Y continúa Havelock: «la opinión pública consideraba representativos del movimiento intelectualista tanto a los presocráticos como a los sofistas. Si se les llamaba "filosofadores" no era por sus doctrinas propiamente dichas, sino por el vocabulario y la sintaxis que empleaban y por las insólitas energías psíquicas que representaban. Los sofistas, los presocráticos y el propio Sócrates tenían en común una fatal característica: el deseo de descubrir y llevar a la práctica el pensamiento abstracto. La dialéctica socrática persiguió tal meta con más energía, poniendo quizá mucho mayor empeño en el que constituía el único y excluyente camino a seguir por el nuevo sistema de enseñanza. Tal fue la razón de que Sócrates cayera fulminado por el rayo de la opinión pública».[35]

Esta admisión, sin embargo, confirma *in toto* la tesis que estamos sosteniendo: en el ámbito de la cultura oral se formó, junto a la poético-mimética, la oralidad dialéctica, creada por los filósofos y llevada por Sócrates hasta sus últimas consecuencias. Y será precisamente esta «oralidad dialéctica» la que Platón juzgará como irrenunciable para el filósofo, y la que, en virtud de sus capacidades comunicativas respecto de los mensajes últimos de la filosofía, él considerará netamente superior a la escritura, tal como veremos.

---

34. Havelock, *Prefacio*, 196s. Cursiva nuestra.
35. Op. cit., 262s. Cursiva nuestra. (En la versión española que venimos citando dice, al comienzo de esta cita, en lugar de «presocráticos», «socráticos», lo que, a juzgar por el texto original en inglés, 292: «pre-Socratics», es un error de traducción o de impresión. *N. del T.*).

IV

EL MODO PROVOCATIVO EN EL QUE PLATÓN DEFIENDE LA ESCRITURA, PRESENTÁNDOSE COMO VERDADERO MAESTRO DEL ARTE DE ESCRIBIR

LAS REGLAS DEL MODO APROPIADO DE ESCRIBIR Y DE HABLAR Y LOS CRITERIOS SEGÚN LOS CUALES PLATÓN COMPUSO SUS ESCRITOS, TEORIZADOS Y DEFENDIDOS EN EL *FEDRO*

El Fedro *como manifiesto programático de Platón en cuanto «escritor» y en cuanto «filósofo»*

Un problema generalmente mal planteado y, por tanto, mal resuelto tiene que ver con la posición precisa que asume Platón respecto de la escritura: se trata, en realidad, de una posición compleja y ambivalente, es decir, de dos caras. En efecto: por las razones que veremos, Platón critica la escritura y la considera netamente inferior a la oralidad dialéctica; sin embargo, al mismo tiempo, no sólo acepta la escritura, sino que *la defiende e indica también cuáles son las reglas a seguir para escribir de manera perfecta.*

Por lo tanto, antes de iniciar el examen detallado de las críticas que Platón dirige a la escritura y de las razones por las cuales la oralidad dialéctica debe seguir siendo el verdadero instrumento definitivo para comunicar los mensajes supremos del filósofo, se impone la necesidad de examinar de manera precisa la posición asumida por Platón al respecto de la escritura misma.

El diálogo que surge a propósito de este tema, incluso como un verdadero *manifiesto programático*, es el *Fedro*, obra de la primera vejez, compuesto por Platón entre los sesenta y sesenta y cinco años de edad, o sea, aproximadamente entre los años 368 y 363 a.C. En esta obra,

Platón toma una posición definida ante los que se presentaban como maestros del escribir además que del hablar, es decir, los retóricos, con Lisias a la cabeza, que era considerado por muchos «el mayor escritor del momento».[1] Y de una manera verdaderamente provocativa, con una extraordinaria habilidad dramatúrgica, Platón demuestra estar por encima de estos presuntos maestros y hasta ser precisamente él el mayor de los escritores del momento, sea *de hecho* como también *de derecho*.

Pero ¿de qué manera nos da Platón la prueba de ser *de hecho* superior, incluso de aquel que, en ese momento, era considerado el mejor de los escritores?

Él nos da una elocuente prueba de esto mismo poniendo en escena un certamen de oratoria, tal como veremos enseguida: en primer lugar, hace leer por Fedro el discurso escrito por Lisias e, inmediatamente después, hace pronunciar por Sócrates un primer discurso en el que se sostiene la misma tesis errada de Lisias, pero con un planteamiento lógico y un método incomparablemente más correctos; para terminar, hace pronunciar por Sócrates un segundo discurso, perfecto *en el contenido* y *en la forma*, alcanzando cumbres del arte de la escritura entre las más altas de todos los tiempos.

¿Y de qué manera nos demuestra Platón ser superior a los maestros del escribir no solamente *de hecho*, sino también *de derecho*, es decir, también desde el punto de vista teórico?

Nos lo demuestra, después de haber hecho una defensa «protréptica» del arte de la escritura, mediante una detallada explicación teórica de cuáles han de ser los fundamentos y las reglas del escribir y del hablar, poniendo muy en evidencia particularmente la insuficiencia e inadecuación de las reglas del escribir presentadas por los retóricos; en particular, Platón demuestra que el verdadero arte de la escritura puede basarse solamente *en el arte dialéctico* y, por tanto, en la filosofía, y que, por consiguiente, *sólo el que es filósofo puede ser verdadero escritor*.

Pero la culminación del discurso se encuentra en las páginas finales del *Fedro*, donde Platón, después de habernos demostrado, median-

1. Véase *Fedro*, 228a.

te la contienda oratoria, ser el más grande escritor del momento, y después de habernos explicado que él es tal porque posee el arte dialéctico del filósofo, nos dice que *el que confía todo su pensamiento a los escritos es un «poeta», un «legislador», un «escritor de discursos», pero no un filósofo*. Pues el filósofo sólo es tal si evita confiar a los escritos las cosas que para él son «de mayor valor», cuidando de comunicarlas solamente en la dimensión de la «oralidad dialéctica».

De este punto final del *Fedro* trataremos en el próximo capítulo. Aquí debemos encarar el complejo discurso que hace Platón acerca de la escritura, primeramente mediante el certamen oratorio, y después mediante la formulación de las reglas del escribir de manera perfecta, las que, como veremos, también dan razón de la estructura y articulación de todos sus escritos.

El certamen oratorio que se nos presenta en el Fedro en un día de verano bajo el «plátano» junto al río Iliso

El mensaje acerca de la escritura contenido en el *Fedro* es provocativo a la segunda potencia: por un lado, Platón defiende la escritura y demuestra *de hecho y por principio* ser precisamente él, en ese momento, el mayor escritor de Grecia; por el otro, somete la escritura misma a una crítica enérgica y cortante, anteponiéndole la «oralidad dialéctica». Este mensaje se presenta con una habilidad dramatúrgica verdaderamente excepcional, que sabe unir la ironía más demoledora (y en ciertos puntos verdaderamente desencadenada) a las vibraciones poéticas más delicadas, sobre el trasfondo de un escenario de extraordinaria belleza. No sin razón hay quienes, por varios aspectos, consideran este diálogo la obra que Platón escribiera de manera más perfecta, aun si otras de sus obras pueden considerarse de mayor implicancia y más conmovedoras.

Ya la misma elección del segundo protagonista es muy elocuente: Fedro es un literato, poseedor de un gran amor al libro y una ilimitada confianza en él, y que coloca en la oratoria la meta principal de su vida. A la pregunta de Sócrates acerca de si considera oportuno iniciar una discusión sobre la manera de escribir discursos de manera correcta, Fedro responde:

> ¿Me preguntas si hemos de hacerlo? ¿Y por qué razón viviría uno, si no para placeres de este tipo? No ciertamente para los placeres por los que es necesario primeramente sufrir, sin lo cual no experimenta el goce, como sucede con la mayor parte de los placeres del cuerpo, placeres que, con justa razón, se denominan serviles.[2]

Y para completar los rasgos de la imagen del personaje, Platón hace decir a Sócrates:

> Imagino que, de los discursos que se han hecho durante el período de tu vida, nadie ha producido más que tú, sea que los hayas hecho tú mismo o que hayas encargado de alguna manera a otros que los hagan. A excepción de Simias de Tebas, tú superas ampliamente a los demás.[3]

Por otra parte, el escenario no sólo es de extraordinaria belleza, sino que es incluso el único en este género en toda la obra de Platón:

> ¡Por Hera! ¡Hermoso lugar para detenernos! Este plátano es muy frondoso y alto; el agnocasto es alto y su sombra bellísima; y, en la plenitud de floración como se encuentra, llena el lugar de perfume. Y después, bajo el plátano corre una fuente graciosísima, con agua muy fresca, tal como puede sentirse con el pie. Por las imágenes y estatuas parece ser un lugar dedicado a alguna Ninfa y a Aqueloo. Y si quieres aún más, siente qué agradable y dulce es la brisa del lugar. Un suave murmullo estival responde al coro de las cigarras. Pero la cosa más agradable de todas es esta hierba que, dispuesta en suave declive, parece crecida para alguien que se extienda sobre ella, de manera que pueda apoyar perfectamente la cabeza.[4]

De recientes investigaciones arqueológicas surge que esta descripción podría corresponder a un lugar preciso junto al Iliso, en el cual parece que se encontraban imágenes de aquellos dioses de los cuales se habla en el *Fedro*. Pero como ya habían pensado los anti-

2. *Fedro*, 258e.
3. *Fedro*, 242a-b.
4. *Fedro*, 230b-c.

guos, existe una significativa correspondencia entre la descripción de este lugar y los jardines de la Academia, donde Platón daba sus lecciones. El poeta Eupolis describía esos jardines de la Academia como «avenidas umbrosas del dios Academo».[5] Y Timón de Fliunte presentaba a Platón como «orador de dulces palabras», recordando también a las cigarras, como surge del pasaje que leeremos más abajo.

Pero nótese la correspondencia del «árbol de Academo» con el «plátano» de nuestro pasaje. Desde hace tiempo se ha pensado que el «plátano» es una precisa alusión que Platón hace de manera metafórica a sí mismo, jugando con la forma de las palabras: el sonido de la palabra *«plátanon»* recuerda muy bien, por paronomasia, a «Platona» (basta invertir las últimas tres letras de Plat-*ona* y agregar una «n» final).

Además, es preciso recordar que Platón era un apodo creado por el maestro de gimnasia y aceptado más tarde por todos (el nombre que se había dado a nuestro filósofo al nacer era Aristocles).[6] «Platón» significaba «el amplio» (en griego, el término *platos* significaba amplitud, y el adjetivo *platýs* significaba amplio), e indicaba metafóricamente la amplitud de sus espaldas y de su figura.

Y Timón, con su estilo mordaz, usa el nombre de un gran pez plano *(platistakos)* para recordar, por asonancia, el nombre de Platón en superlativo. Pero existe también una variante, que aparece en Hesiquio de Mileto, incluso con *platýstatos*, es decir, el superlativo de *platýs*. Aceptando esta lectura, el texto se puede traducir al español de la siguiente manera:

---

5. Eupolis, fragm. 32 Kock.

6. Véase Diógenes Laercio, *Vidas de los filósofos ilustres* III 4. Traducción sobre la base del texto griego según id. [Diogenes Laertius], *Lives of eminent philosophers* (griego/inglés), edit. por G. P. Goold, con traducción al inglés de R. D. Hicks, 2 vols. (= *The Loeb Classical Library* vols. 184-185), Cambridge-London, 1925 (reimpr. 1991), I, 278. Para una versión en español, puede consultarse id., *Vidas de los más ilustres filósofos griegos*, traducción del griego, prólogo y notas de José Ortiz y Sainz, Esplugues de Llobregat: Orbis, 1985.

El guía de todos era el *Amplísimo (platýstatos)*, pero orador de las dulces palabras, semejante a las cigarras, que, estando en el árbol de Academo, producen un sonido de voz melodiosa.[7]

Nótese cómo en el pasaje del *Fedro* leído más arriba se habla del «plátano muy frondoso y alto», indicado ya antes como «plátano altísimo»;[8] y cómo Fedro, para obligar a Sócrates a competir con Lisias en el hacer discursos, incluye el plátano entre los dioses del lugar y amenaza a Sócrates, jurando, justamente por el dios «Plátano», no darle a escuchar en adelante discurso alguno en el caso de que decidiese retirarse de la competencia.[9] Como veremos, Lisias será aplastado a la sombra del «plátano», es decir, será derrotado clamorosamente por Platón *justamente en el arte de escribir*. Se trata de un extraordinario «golpe de teatro» llevado a cabo con aquella ironía desencadenada de la que hablaba, expresada con gran maestría artística.

La primera prueba de la superioridad de Platón sobre Lisias en el arte de escribir

La elección de Lisias, tal como decía más arriba, fue realizada por Platón *con el objeto de medirse con aquel que era considerado el máximo orador del momento*. Precisamente los oradores, junto a los sofistas, habían sido decisivos en la primera mitad del siglo IV a. C en la difusión de la cultura de la escritura y de la fruición del libro. Y Lisias es introducido aquí precisamente como escritor.

Fedro ha escuchado uno de sus discursos sobre el *Eros*, en el que se presenta una tesis intencionalmente paradójica, según la cual un joven debía conceder sus propios favores no a quien estuviese enamorado de él, sino a quien no lo estuviese. En efecto, *Eros* es una pasión morbosa, o sea, una enfermedad, y el enamorado es un hombre que ha «perdido la razón», con todas las consecuencias negati-

---

7. Timón, fragm. 30 Diels.
8. *Fedro*, 229a.
9. *Fedro*, 236d.

vas que ello implica, mientras que el no enamorado piensa sensatamente y se comporta, por tanto, con conocimiento de causa, de manera apropiada y conveniente. Por consiguiente, una relación con un enamorado implica sólo desventajas que se derivan de su comportamiento insensato, mientras que las relaciones con un no enamorado implican sólo ventajas, derivadas de un comportamiento sensato.

Fedro aprendió el discurso de memoria e intentaba exponerlo a Sócrates, el cual, sin embargo, descubre que, en realidad, Fedro lleva el libro escondido en la mano izquierda, bajo el manto. Por tanto, es el texto escrito de Lisias el que se lee y discute bajo el plátano.

También en este caso, Platón procede con extraordinaria ironía y fineza artística. En la comedia, el libro, que era una novedad aún no aceptada por el gran público, era presentado frecuentemente como ocasión de broma para suscitar la risa. Como veremos, ya Aristófanes hacía reír al público identificando mediante una metonimia el libro con su autor. Platón realiza aquí el mismo juego, es decir, *identifica a Lisias con su libro*, y, en el momento en el cual descubre el libro en la mano izquierda bajo el manto de Fedro, hace decir a Sócrates:

> *Si también Lisias se encuentra aquí*, no me parece que deba ofrecerme a mí mismo para tu ejercicio de oratoria. ¡Vamos, pues, déjame ver![10]

El discurso se revela como escrito por Lisias con palabras bellas y bien conformadas y con frases bien construidas, pero, desde el punto de vista lógico, resulta ser incoherente y mal armado. No establece las premisas y comienza con las que debieran ser las conclusiones:

> Tomando el punto de partida no en el comienzo, sino en el final, recorre el discurso nadando de espalda y a contracorriente.[11]

La caracterización del *Eros* como una suerte de «enfermedad» *(manía)*, que es la idea básica y debería ser como el fundamento del discurso, no sólo no es presentada como premisa, sino que se la nom-

10. *Fedro*, 228e.
11. *Fedro*, 264a.

bra sólo incidentalmente. Además, Lisias procede sin orden en las argumentaciones, mezclando de manera inconexa las desventajas con las ventajas y repitiendo varias veces la misma cosa.

Platón compara el modo de escribir de Lisias con uno de aquellos epígrafes en los que nada cambia si los versos se intercambian entre sí, citando uno de ellos, componiéndolo él mismo probablemente *ad hoc:*[12]

> *Soy una virgen de bronce y yazgo en el sepulcro de Midas.*
> *Mientras corran las aguas y los grandes árboles verdeen,*
> *permaneciendo aquí sobre la tumba, bañada en copioso llanto,*
> *anunciaré a los viandantes que Midas está aquí sepultado.*

Efectivamente, sobre todo los versos segundo, tercero y cuarto podrían intercambiar su posición sin que nada cambie.

Muchas fuentes posteriores a Platón hacen referencia a este epígrafe pero sin atribuirlo de modo preciso a un autor, o bien haciéndolo de manera contradictoria. Pero aquí es el mismo Platón el que, de alguna manera, parecería decirnos que es de su autoría. En efecto, Fedro, erudito y experto literato como era, no podía no haberla conocido. En cambio, muestra no conocerlo, y Platón lo presenta como anónimo, precisando, de manera significativa, que «*algunos dicen* que está inscrita en la tumba de Midas, el frigio» (lo que, con un toque irónico, puede querer decir: *algunos dicen*, pero no sé si será verdad).[13]

Comoquiera que sea, según Platón, esta es la imagen emblemática que representa el modo de escribir de Lisias y de los retóricos, a los que él contrapone esta regla modelo:

> Todo discurso debe estar compuesto como un ser viviente que tiene un cuerpo, de tal modo que no resulte sin cabezas ni sin pies, sino que tenga las partes del medio y las extremidades escritas de manera conveniente una respecto de la otra y respecto al todo.[14]

12. *Fedro*, 264d.
13. *Fedro*, 264c. La conjetura de la invención del epígrafe por parte de Platón ha sido propuesta primeramente por L. Parmentier en 1914.
14. *Fedro*, 264c.

Antes de presentar su discurso sobre *Eros*, Platón muestra su maestría en el escribir con una estratagema extraordinaria: presenta nuevamente los contenidos del discurso de Lisias, que para él están del todo errados, pero con criterios formalmente perfectos, vale decir, de acuerdo a la regla modelo leída más arriba.

En primer lugar, presenta la definición de lo que para Lisias sería la esencia de *Eros*, o sea, ese «deseo irracional» por los placeres que derivan de la belleza de los cuerpos, deseo que, predominando de manera irracional, lleva a la intemperancia y a la disolución. Y de esta definición deduce los daños que se derivarían a quien concede sus propios favores al enamorado, víctima de aquella pasión irracional. En base a tal esquema, se deberían deducir subsiguientemente las ventajas que, por el contrario, se derivan para el joven que concede sus favores al no enamorado; pero, como veremos, con un juego dramatúrgico, Sócrates corta el discurso por la mitad.

Sócrates procede, pues, según una secuencia lógica perfecta: presenta los presuntos daños que se derivarían de las relaciones con el enamorado, dividiéndolos en grupos bien distintos y bien articulados en su interior, invirtiendo el procedimiento rapsódico de Lisias en un procedimiento lógico deductivo de gran rigor.

Naturalmente, por las razones metodológicas que hemos explicado más arriba, deberían presentarse las ventajas que se derivan al joven al conceder sus propios favores al no enamorado, con correspondencias perfectas iguales y contrarias. Pero Sócrates rehúsa hacerlo, cortando el discurso claramente por la mitad, en cuanto un discurso de elogio del no enamorado sería blasfemo, más aún uno que ilustre los males que se derivan del enamorado, y llevaría la culpa contra *Eros* a sus consecuencias extremas.

El juego dramatúrgico es alusivo: del no enamorado habría que presentar no un elogio, sino una crítica, mientras que del enamorado se debería hacer no un elogio, sino incluso un gran elogio. Y será esto mismo lo que se llevará a cabo en el segundo discurso de Sócrates.

Pero, a pesar de la imprevista y brusca interrupción dramatúrgica alusiva, el discurso sigue siendo perfecto por lo que se refiere al esquema trazado, en cuanto, según la tesis de Lisias, con relación a los males por los que se ha criticado al enamorado, «otros tantos son los bienes que se encuentran en el no enamorado».[15]

Como he demostrado en el comentario al *Fedro* de mi autoría al que ya hice referencia, este primer discurso de Sócrates representa una suerte de descomposición y recomposición de lo que para él es un «anti-modelo» de discurso escrito, en el contenido y en la forma.

En ese comentario, el lector interesado podrá encontrar, presentada detalladamente, la estrategia según la cual Platón descompone el tosco diseño de Lisias en las piedras de mosaico con las que fue compuesto y lo recompone luego con una técnica refinadísima, para hacer ver, como con una lente de aumento, los errores de contenido y de forma en los cuales cayó el corifeo de los presuntos grandes maestros del decir y el escribir.

El objetivo que Platón intenta perseguir es el de mostrarnos, ya en forma preliminar, cómo él mismo es el verdadero maestro del escribir, desenmascarando los errores estructurales contenidos en ese modo de escribir entonces de moda y que, por el contrario, es preciso procurar «no imitar en modo alguno».[16]

La grandiosa prueba de maestría en el arte de escribir dada
por Platón mediante el segundo discurso de Sócrates
en el certamen oratorio

El segundo discurso de Sócrates se presenta como una *palinodia*, es decir, como un nuevo canto «expiatorio» con el fin de retirar el insulto proferido contra *Eros* en el precedente. Este presenta algunas de las doctrinas más elevadas de Platón, expuestas mediante una narración en forma de imágenes y de mitos, con una serie de metáforas alusivas de gran envergadura.

Este discurso se ha impuesto como una de las cumbres del arte platónico, pero no siempre ha sido estudiado de manera debida, o

15. *Fedro*, 241e.
16. Véase Platón [Platone], *Fedro*, edición a cargo de G. Reale, texto griego establecido por J. Burnet, Milano 1998, comentario a 237a – 241d, pássim.

sea, en el contexto de la dinámica del certamen oratorio en el que se ubica, con las reglas que el mismo implica y, por tanto, con las consecuencias que de él se siguen.

Si se hace excepción del comienzo del discurso, en el cual se define a *Eros* como «manía divina» y se brinda una prueba sintética de la inmortalidad del alma, casi todo el resto es de carácter predominantemente mítico-poético, por precisa declaración del autor.

Ya al encarar la descripción de la naturaleza del alma, Platón recurre a las imágenes, particularmente a la célebre imagen del *carro alado tirado por dos caballos y guiado por un auriga*, y lo dice claramente:

> Sobre la idea del alma debemos decir lo que sigue. Explicar qué es sería tarea de una exposición divina en todo sentido y larga; pero decir *a qué se asemeja* es una exposición humana y más bien breve. Hablemos de ella, pues, de esta manera.[17]

Después, al afrontar la descripción del mundo de las ideas, presenta la imagen del lugar supra-celeste (*topos hyperouranios*), entrando expresamente en competencia con los poetas. Y escribe:

> Ningún poeta de aquí abajo cantó jamás en modo digno el lugar supraceleste, ni ninguno jamás lo cantará.[18]

Al retomar el tratamiento de las pasiones amorosas del alma reafirma que la narración en curso es «de carácter mítico».[19] Y, al concluir, afirma haber pronunciado «algunas palabras poéticas».[20]

Por fin, al examinar críticamente el discurso puntualiza:

> Y no sé cómo, describiendo con imágenes la pasión amorosa, aprehendiendo tal vez alguna verdad pero, por otra parte, saliéndonos también

17. *Fedro*, 246a.
18. *Fedro*, 247c.
19. *Fedro*, 253c.
20. *Fedro*, 257a.

del camino en algún lugar, componiendo un discurso no del todo no convincente, hemos cantado un himno que narra un mito en forma de juego, de manera mesurada y pía, en honor de *Eros*...[21]

En algunos capítulos siguientes retomaremos algunos puntos clave contenidos en este discurso; aquí lo presentamos solamente desde el punto de vista «funcional» que el mismo quiere tener en el certamen poético, o sea, como ejemplo del discurso escrito (está puesto en labios de Sócrates como discurso oral pero, fuera de la metáfora, es un «modelo» de escrito en oposición al «anti-modelo» del de Lisias) que realiza plenamente la regla de oro que ya conocemos pero que conviene recordar aquí:

> [Todo discurso debe estar compuesto como un ser viviente que tiene un cuerpo, de tal modo que no resulte sin cabezas ni sin pies, sino que tenga las partes del medio y las extremidades escritas de manera conveniente una respecto de la otra y respecto al todo.[22]]

Casi no es necesario recordar que este discurso se comprende de manera adecuada sólo «desmontando» las partes que lo constituyen, analizándolas por separado y «re-montándolo» más tarde, es decir, reconstruyendo el diseño de su conjunto, trabajo que ya he realizado en el comentario ya citado y al cual remito al lector interesado.[23]

Al desarrollar aquí el problema del presente capítulo baste recordar, además de lo dicho, algunos de los grandes temas y de las grandiosas metáforas: el tema del alma como carro alado tirado por dos caballos y guiado por un auriga (al cual ya he hecho referencia); las grandes metáforas del *hiperuranio* y de la llanura de la verdad, de la ley de Adrastea que signa los destinos escatológicos de las almas; el tema del conocimiento como anamnesis; el tema del privilegio ontológico y hermenéutico de la belleza, el de la imitación del dios del cual se era seguidor, imitación que se realiza en la relación erótica, el de la adquisición renovada de las alas del alma mediante del amor,

---

21. *Fedro*, 265b-c.
22. *Fedro*, 264 C.
23. Véase más arriba, nota 16.

y, finalmente, las puntualizaciones de los modos y momentos en que *Eros* devuelve las alas y de cuándo no lo hace.[24]

Este es el «modelo» de discurso y de escritura que Platón ofrece a los retóricos como Lisias, instándolos a que abandonen el tipo de discurso y de escrito que presentan y a dedicarse a la filosofía, haciendo discursos inspirados por ella. He aquí la respuesta a esta provocación que el mismo Platón nos brinda, poniéndola en boca de Fedro:

> Mucho admiro tu discurso, tal como lo has hecho, mejor que el precedente. Por consiguiente, temo que Lisias pueda parecerme mezquino si quiere contraponer al tuyo otro discurso.[25]

Platón defiende la escritura de ciertas acusaciones que hacen en su contra algunos políticos: no es censurable escribir, sino escribir mal

Prosiguiendo el discurso contenido en la frase leída más arriba, Fedro precisa que, tal vez por ambición, Lisias no escribirá un discurso en respuesta al de Sócrates, también en razón de que había sido censurado por parte de algunos políticos justamente por su actividad de escritor, siendo marcado con el mote de «*logógrafo*» en sentido despectivo, o sea, con el significado de fabricante y vendedor de discursos. En efecto, los hombres que poseen poder y fama en la ciudad

> tienen vergüenza de escribir discursos y de dejar escritos suyos por temor a la opinión de la posteridad y de ser denominados «sofistas»[26]

Ha de recordarse que lo que hemos observado más arriba, a saber, que precisamente los sofistas y los retóricos fueron los primeros en difundir sus ideas fuera de la escuela mediante la escritura juntamente con la oralidad, y de hacer uso de los escritos también al interior de la escuela como modelos e instrumentos de trabajo. Pero también

24. Véase *Fedro*, 256a-d.
25. *Fedro*, 257c.
26. *Fedro*, 257d.

es preciso tener muy presente el hecho de que el mismo Platón había tomado este camino y había escrito numerosas obras, aun sosteniendo la superioridad de la oralidad. Así pues, *las acusaciones dirigidas contra los escritores no solamente golpeaban a los retóricos, sino también al mismo Platón. Por tanto, la defensa de la escritura se imponía también como una precisa defensa de la propia actividad de escritor.*

Y he aquí las razones por las cuales, según Platón, los políticos y los poderosos de la ciudad critican la escritura y a los escritores.

Muy lejos están ellos de despreciar la escritura: antes bien, la aprecian y admiran mucho. En los discursos que componen, cuando lo hacen, recurren a toda una serie de estratagemas para elogiar a todos aquellos de los cuales querrían recibir a su vez elogios y admiración: sus críticas a la escritura dependen del hecho de que temen no lograr escribir con éxito.

El llegar a ser un «inmortal escritor de discursos» sería el verdadero deseo de los grandes políticos, porque la escritura puede hacer inmortal al autor en el recuerdo de la posteridad, tornando así al hombre semejante a un dios.

Leamos el pasaje que constituye *un juicio verdaderamente emblemático de Platón sobre la escritura y sobre su propia actividad de escritor.* Muy probablemente, Platón mismo haya recibido de ciertos políticos críticas análogas a las que eran dirigidas contra otros escritores.

Este juicio debe ser tenido muy en cuenta para comprender a fondo la crítica que Platón dirigirá a la escritura al final del diálogo y en la *Carta VII*:

> Sócrates – ¿Y entonces? Cuando un orador o un rey, después de haber alcanzado el poder de un Licurgo o de un Solón o de un Darío, resulta estar en condiciones de convertirse, en la ciudad, en un inmortal escritor de discursos, ¿no se consideraría tal vez igual a un dios mientras aún está vivo, y no pensaría de él esto mismo la posteridad, al contemplar sus escritos?
>
> Fedro – Ciertamente.
>
> Sócrates – Y entonces, ¿crees que alguno de estos hombres políticos, sea quien sea y cualquiera sea el modo en que se oponga a Lisias, le censure justamente esto, o sea, escribir discursos?
>
> Fedro – No es verosímil, de acuerdo a lo que dices. De hecho, como parece, lo reprobaría también por lo que es su propio deseo.

Sócrates – Entonces, esto está claro para todos, es decir, que escribir discursos no es algo malo por sí mismo.

Fedro – ¿Y por qué habría de serlo?

Sócrates – En cambio, esto sí lo considero malo: hablar y escribir no de manera bella sino tosca y mala.

Fedro – Está claro.

Sócrates – ¿Y cuál es, entonces, la manera de escribir en modo bello y la de hacerlo en modo tosco? ¿Debemos, Fedro, examinar sobre estas cosas a Lisias o a cualquier otro que haya escrito alguna vez o escriba en el futuro un escrito, sea político o privado, sea en versos, como poeta, o no en verso, como prosista?[27]

Como se ve, el problema de fondo del manifiesto programático del *Fedro* se centra precisamente en la escritura: en su *estructura*, en su *función* y en su *valor*. Y el sentido y las dimensiones de la enfática crítica de la escritura de la cual hablaremos en el próximo capítulo sólo podrán comprenderse en conexión con la enfática defensa de la escritura misma contenida en esta parte del *Fedro*, colocándose en el extraordinario juego dialéctico llevado a cabo por Platón.

Las reglas del escribir de modo correcto no pueden ser las de los retóricos, consideradas en sí mismas

Las reglas del escribir ya habían sido investigadas y estudiadas por muchos retóricos. Platón evoca a muchos de ellos de manera explícita: Tisias, que en la segunda mitad del siglo V a.C. había fundado la escuela retórica siciliana; Gorgias, discípulo del mismo Tisias, que había encarado el problema de manera sistemática junto a su escuela; también otros sofistas se habían ocupado de la retórica, como Eveno de Paros, Pródico de Ceos, Hipias de Elis, Licinio de Khíos, Polo de Agrigento, Protágoras, Trasímaco el Calcedonio.

Platón no solamente evoca estos autores, sino que demuestra conocer muy bien las reglas fijadas por ellos para determinar la estructura y la articulación que debe tener un escrito con la función y la

27. *Fedro*, 258b-d.

dinámica de sus distintas partes, a fin de obtener corrección de lenguaje y belleza de estilo. Y para alcanzar esta meta, él hace referencia incluso de manera puntual y detallada a los términos técnicos de las reglas que fijan los elementos básicos del escrito: el «proemio», la «narración», los «testimonios», las «confirmaciones», las «reconfirmaciones», las «refutaciones», las «contra-refutaciones», las «insinuaciones», los «elogios indirectos», las «críticas indirectas»; y también: la «preferencia dada a lo verosímil respecto de lo verdadero», la «amplitud en justa medida» que debe tener el discurso, las «oportunas repeticiones de palabras», el «procedimiento sentencioso», el «uso de imágenes», la «conclusión».[28]

Todas estas reglas tienen sin duda «un gran poder, al menos en las reuniones del pueblo»,[29] pero son «pequeñeces» frente a la que constituye la esencia misma del arte de escribir.

Para saber componer una tragedia no es suficiente conocer todas estas reglas: una tragedia puede nacer solamente como «conexión apropiada de todas estas cosas, unidas entre ellas y con el todo»,[30] es decir, ha de realizar aquella unidad del discurso establecida más arriba: la unidad orgánica que tiene el cuerpo de un ser viviente, con todos sus miembros articulados de manera apropiada y en perfecta armonía.[31]

Así pues, las reglas tan exaltadas por los sofistas y retóricos aportan elementos ciertamente necesarios pero sólo «preliminares» del verdadero arte de escribir.[32]

La toma de posición de Platón frente a aquellos que se presentaban como maestros del decir y del escribir es la posición categórica asumida por quien estaba firmemente convencido de poseer la llave para abrir la puerta del verdadero arte de la escritura. He aquí sus precisas palabras:

---

28. *Fedro*, 266d – 267d.
29. *Fedro*, 268a.
30. *Fedro*, 268d.
31. *Fedro*, 264c.
32. *Fedro*, 268e – 269a.

Los retóricos, conociendo las nociones necesarias preliminares del arte, creyeron haber descubierto la oratoria; y enseñando a otros estas cosas, se convencieron de haberles enseñado perfectamente el arte de hacer discursos. Sin embargo, estaban convencidos de que sus discípulos debían ser capaces de procurarse por sí solos en sus discursos el decir cada una de estas cosas de manera convincente y el unir todo el conjunto, como si estas fuesen cosas sin importancia.[33]

¿Cuál es, entonces, según Platón, el núcleo del arte del decir y del escribir?

El método dialéctico y las tres grandes reglas del arte de escribir discursos en modo correcto teorizadas en el Fedro, reglas que Platón siguió en la composición de sus propios diálogos

El arte de hacer discursos verdaderamente persuasivos y de escribir de modo correcto resulta posible, según Platón, *sólo sobre la base de la «dialéctica», es decir, de la filosofía.*

Y la dialéctica sigue un doble procedimiento: *a)* el primer procedimiento consiste en recoger una multiplicidad de cosas que nos brinda la experiencia en una única idea, a fin de definir la cosa sobre la cual se quiere hablar o escribir; *b)* el segundo consiste en examinar la idea obtenida mediante el primer procedimiento, individualizar sus articulaciones y dividirla según las mismas, hasta alcanzar las ideas singulares ya no divisibles. Sólo sobre la base de este doble procedimiento dialéctico se puede alcanzar la definición de la cosa de la cual se quiere hablar.

En los dos discursos hechos sobre el *Eros* siguiendo un método preciso, Platón llega a la idea única de «manía», dividiéndola después en la humana (izquierda) y la divina (derecha). Después, divide una vez más (o sea, distingue dialécticamente) la parte izquierda, la manía humana, que es deseo desmesurado de placeres, y se divide en varias formas como la glotonería o el abandonarse a la embriaguez y cosas

33. *Fedro*, 269b-c.

similares, hasta adquirir la forma específica del *Eros* izquierdo, que resulta ser un deseo desmesurado de placeres ligado a la belleza de los cuerpos; y, consecuentemente, lo censura. A continuación, divide (o sea, distingue dialécticamente) también la idea de la manía divina (que se articula en las formas de mántica –o profecía–, teléstica, poesía y erótica) hasta individualizar precisamente la forma específica de *Eros* diestro, que resulta ser como un don dado por los dioses a los hombres; y, consecuentemente, lo elogia.

Pero esto no es suficiente aún para fundar el arte de escribir de manera correcta. En efecto, Platón dice:

> Si uno quiere transmitirle a alguien discursos hechos con arte, deberá demostrar con precisión la esencia de la naturaleza de aquello hacia lo que dirigirá sus discursos: y esto será el alma.[34]

Y deberá darse cuenta de que el alma es multiforme, y proceder, así, al examen de las formas en las que se articula.

Sobre la base de estas premisas, Platón afirma:

> Expresarse correctamente no es cosa fácil; pero como es necesario escribir, si se lo quiere hacer con arte, quiero decírtelo, en lo posible.[35]

El poder del discurso consiste en la capacidad de «guiar las almas». Una vez que se haya adquirido el conocimiento del alma y de sus diversas formas, es preciso, entonces, adquirir también el conocimiento de las distintas formas de discursos. En consecuencia, se deberá establecer qué tipos de discursos están en condiciones de persuadir a ciertas almas y cuáles no lo están, y así, cuáles son los tipos de discursos que cabe presentar a determinados tipos de almas, y cuáles no. En suma: el verdadero escritor deberá conocer no solamente la esencia de la cosa acerca de la que quiere hablar, sino también la naturaleza del alma y de sus varias formas, y deberá construir sus discursos en función de las capacidades de recibirlos por parte de los tipos particulares de almas a las cuales pretende dirigirlos.

34. *Fedro*, 270e.
35. *Fedro*, 271c.

He aquí la conclusión que extrae Platón, mostrando claramente que se considera *el verdadero maestro de la oratoria* (del arte del decir y del escribir):

> Entonces, una vez habiendo considerado lo suficiente estas cosas, el que quiere ser orador, observando en realidad cómo se dan y operan estas cosas, debe ser capaz de seguirlas con aguda sensibilidad, pues, de otro modo, sólo tendrá en su haber los discursos que había escuchado cuando frecuentaba la escuela. Cuando, más tarde, esté en condiciones de afirmar de manera adecuada qué hombre resulta persuadido por qué discursos y, en presencia de este hombre, sea capaz de percatarse y de decirse a sí mismo: «este es el hombre y esta la naturaleza a la que hacían referencia en aquel tiempo los discursos, y como ahora se encuentra de hecho aquí presente, es preciso hacer los discursos de esa manera para esta naturaleza, a fin de convencerla de tales determinadas cosas». Y cuando, en posesión de todas estas cosas, esté en condiciones de escoger el momento justo de hablar y el de callar y sepa discernir la oportunidad o inoportunidad del estilo conciso o del conmovedor, del de la indignación y de todas las demás formas de discurso que había aprendido, entonces se habrá realizado en él el arte de manera perfecta; pero no antes. Y si alguna de estas cosas le falta al hablar, enseñar o escribir, por más que afirme hablar con arte, no tendrá la fuerza para persuadir.[36]

Para terminar, he aquí el modo como Platón evoca y resume, hacia el final del diálogo, las tres reglas de oro:

> Primeramente es preciso que uno sepa la verdad sobre cada una de las cosas sobre las que habla o escribe, estando en condiciones de definir cada cosa en sí misma, y, una vez habiéndola definido, sepa dividirla en sus especies hasta arribar a aquello que ya no es ulteriormente divisible. Y después de haber penetrado en la naturaleza del alma, encontrando del mismo modo la especie dada para cada modo de ser, es preciso que construya y ordene su discurso de manera correspondiente, ofreciendo a un alma compleja discursos complejos y que contengan todas las armonías, y a un alma simple discursos simples. Antes de esto no será posible manejar con arte el género de los discursos en la medida que convenga por naturaleza, ni para enseñar ni para persuadir.[37]

36. *Fedro*, 271c – 272b.
37. *Fedro*, 277b-c.

Estos son textos que, en general, colocan las bases del arte de la comunicación en el grado más alto de la cultura occidental. Pero son también textos que, de una manera particular, revelan los criterios precisos de acuerdo a los cuales Platón compuso sus propios escritos, tal como veremos ahora.

Las razones por las cuales la mayor parte de los escritos platónicos
lleva por título el nombre del segundo protagonista,
y las consecuencias que esto implica

Los estudiosos en general no se han planteado adecuadamente el problema de los títulos de los diálogos platónicos, que, en la mayoría de los casos, toman por título el nombre del segundo protagonista. Recordemos que sólo en pocos casos el título lo da el argumento, como en el *Banquete*, la *República*, el *Sofista*, el *Político*, las *Leyes*, y que solamente en casos excepcionales es el nombre del protagonista el que da el nombre al diálogo, como en el *Parménides* y el *Timeo*.

El protagonista de los diálogos de juventud y de madurez, así como el de algunos diálogos de la vejez, es Sócrates, pero en un atuendo particular: como *la máscara emblemática del verdadero filósofo y del verdadero dialéctico, y, por tanto, como el personaje dramatúrgico mediante el cual Platón expresa su propio pensamiento.*

El nombre de Sócrates aparece, en efecto, en un solo título: en la célebre *Apología de Sócrates*.

La razón de este hecho es muy clara: mientras que, en todos los otros diálogos, Sócrates aparece precisamente como *dramatis persona*, en la *Apología* aparece como personaje real, o sea, con sus connotaciones históricas: se trata de un personaje que repite aquellas cosas que debe haber dicho durante la defensa en el proceso. Platón no introduce rasgos específicos que derivan de su propia doctrina: particularmente sobre el problema de la inmortalidad, no presenta su propia solución, sino la de Sócrates, con su carácter aporético. El que considere la *Apología* como una suerte de invención poética de Platón comete un gran error de carácter histórico: no tiene en cuenta el hecho de que, tratándose de un proceso de estado en el cual el imputado era acusado de haber ofendido a la ciudad con su posición teológica herética y con la corrupción de los jóvenes, quienquiera que hubiese dicho falsedad en ese proceso habría sido considerado como alguien que ofendía a su vez a la ciudad y, ciertamente, se habrían levantado contra él muchos de los que habían condenado a Sócrates y lo habrían denunciado como enemigo de la ciudad misma.

Por lo demás, en la totalidad de sus diálogos Platón se cita a sí mismo sólo en tres oportunidades: dos veces justamente en la *Apología*,[38] subrayando de manera marcada su propia presencia en el proceso, y poniéndose en uno de estos pasajes en primera fila entre aquellos que estaban dispuestos a pagar la multa para rescatar a Sócrates de la condena. En cambio, en el *Fedón*, donde habla del día de la muerte de Sócrates, hace uso del personaje como máscara dramatúrgica para exponer no las doctrinas de Sócrates, sino sus propias doctrinas sobre la inmortalidad. Y advierte acerca de esto mismo incluso al lector, afirmando no haber estado presente en el acontecimiento y escribiendo expresamente: «Platón, según creo, estaba enfermo».[39]

Retornemos, empero, al tema de los títulos de los diálogos, en el cual, como decía, Platón hace intervenir a los segundos protagonistas.

Después de todo lo que hemos visto en el apartado precedente no es difícil responder al problema: Platón aplica exactamente las reglas expuestas más arriba y, en particular, pone en práctica todo lo que ha establecido en la tercera regla. Precisamente: en los distintos diálogos, él presenta una discusión sobre el asunto del que se trata no en abstracto, sino en concreto, *o sea, según la dimensión establecida por las capacidades del interlocutor y, por tanto, en justa proporción con las características del alma del segundo protagonista, sea desde el punto de vista cuantitativo, sea desde el cualitativo.*

Traigo a colación solamente algunos ejemplos como prueba de mi aserción.

Al sacerdote Eutifrón, que es un personaje tosco, de bastante poca sensatez y caracterizado por el fanatismo (denuncia al padre por haber

38. *Apología de Sócrates*, 34a; 38b.
39. *Fedón*, 59b.

cometido en perjuicio de un dependiente un delito, siendo algo totalmente distinto que lo que pudiese calificarse como un verdadero delito, tanto de hecho cuanto de derecho), presenta en el diálogo homónimo el problema de lo santo discutiéndolo según las capacidades intelectuales y morales del personaje, concluyendo, así, de manera aporética.

Ha de recordarse que el dialéctico, tal como se lo definiera en un pasaje leído más arriba, es aquel que está «en condiciones de escoger el momento justo de hablar y el de callar».[40] Y, en no pocos casos, la actitud de callar asumida por Sócrates en algunos diálogos se debe precisamente a esta regla: *con el tipo de personaje con el que habla, en su calidad de verdadero dialéctico, Sócrates debe callar, pues esa alma, en ese momento, no está en condiciones de recibir los desarrollos del problema y su solución.* De esta manera, se descubre que todas las aporías de los diálogos platónicos tienen una función dramatúrgica y dependen de precisas reglas del escribir, perteneciendo así a una táctica metodológica bien estudiada y puesta en práctica con rigor.

Los ejemplos más significativos a este respecto son el *Lisis* y el *Cármides.*

El *Lisis*, que no pocos estudiosos consideran como un diálogo incompleto, en cuanto planta bruscamente al lector en lo mejor, adquiere notable claridad si se lo coloca en esta perspectiva dramatúrgica. Lisis y su amigo Meneseno son «muchachos»; y, en cuanto tales, pueden llegar solamente a un cierto nivel de discusión y no más allá, en cuanto no han alcanzado aún la madurez necesaria para encarar y comprender de manera adecuada la problemática de la *philía*, es decir, de la amistad y del amor filosófico. *El verdadero dialéctico, llegado al punto clave de la discusión con los muchachos acerca de la amistad, sabe que no puede hablar, y que debe callar.*

Muy acertadamente puntualiza Szlezák: «Por consiguiente, sería necesaria una prosecución del discurso, pero a otro nivel. A fin de que esto no quede librado a la sensibilidad del lector, Platón hace concluir a Sócrates con la observación de que habría querido "invitar a la discusión a alguien que fuese más anciano" respecto de los dos

40. *Fedro*, 272a.

muchachos. Con esto se requiere un nuevo discurso, difícilmente más breve, y que implica seguramente mayores exigencias».[41]

Análoga es la situación dramatúrgica que se verifica en el *Cármides*, que presenta un personaje un poco más viejo que Lisis y Meneseno: no es ya un «muchacho», pero es, sin embargo, todavía un «joven», y no sólo los muchachos, sino tampoco los jóvenes tienen aún madurez como para hacer frente de manera adecuada a un discurso dialéctico. Szlezák concluye: «Considerando la acción del diálogo [...] en su totalidad, podemos decir lo siguiente: la historia de la conversión de Cármides, vista desde el lado opuesto, es la representación del dialéctico que sabe "tomar el alma adecuada". Por esta razón, él necesita de la "templanza" y del auto-dominio filosóficos. La verdadera templanza del filósofo consiste en ser capaz de tener oculto el saber decisivo, de acuerdo a lo que requiera la situación».[42]

Esto implica echar por tierra los criterios según los cuales se ha procurado reconstruir la época de composición de los escritos platónicos. En efecto, tal reconstrucción no se basaba en criterios de carácter estilométrico, sino en la presencia o ausencia de ciertas doctrinas en los diálogos, doctrinas que, sobre la base de los problemas tratados, se esperaría que fuesen tratadas progresivamente en cuanto eran resolutivas. Pero en cambio, el personaje dramatúrgico de Sócrates procede según los criterios establecidos por la dialéctica, y particularmente por la tercera regla: *introduce solamente aquellos conceptos que considera oportunos en ese preciso momento, teniendo ante sí como segundo protagonista a esta determinada alma con estas particulares capacidades.*

Siguiendo, pues, este criterio hermenéutico en la relectura de los diálogos platónicos, ciertos diálogos podrían asumir una ubicación cronológica totalmente distinta de la que comúnmente se acepta. Tomemos, por ejemplo, el *Critón*. El personaje que da nombre al diá-

41. T. A. Szlezák, *Platone e la scrittura della filosofia. Analisi di struttura dei dialoghi della giovinezza e della maturità alla luce di un nuovo paradigma ermeneutico*, introducción y traducción de G. Reale, Milano 1988, ³1992, 188-189 (< *Platon und die Schriftlichkeit der Philosophie. Interpretationen zu den frühen und mittleren Dialogen*, Berlin etc. 1985).

42. Op. cit., 215-216.

logo tiene escasas dotes de inteligencia filosófica, pero tiene la misma edad y es muy amigo de Sócrates. Este último discute precisamente con él los grandes problemas acerca del sentido de la vida y de la muerte, del significado y del valor de las leyes, y coloca en primer plano la gran tesis que podríamos llamar de la «revolución de la noviolencia». Pero la elevación y complejidad de los conceptos que plantea y desarrolla se adapta justamente a las capacidades intelectuales y psicológicas del segundo protagonista. Así es: Platón hace que Sócrates los exprese con una claridad y fuerza comunicativa verdaderamente extraordinarias, alcanzando la cima dramatúrgica con la célebre «prosopopeya de las leyes». Las leyes, hablando propiamente como personas, convencen a Critón, quien no se hubiese dejado convencer solamente por los conceptos abstractos. Pues bien: la «simplicidad» del diálogo no debe traer a engaño ni hacer pensar (como ha pensado la mayoría en el pasado) que este diálogo, por su simplicidad, deba ser necesariamente una obra de juventud: de hecho, el diálogo contiene conceptos precisos que aparecen sólo en obras tardías, tal como algunos estudiosos han puesto de relieve y yo mismo he demostrado en otro trabajo.[43]

Téngase presente, además, el hecho de que las fuentes antiguas nos informan de que la invitación a Sócrates a huir de la cárcel no fue hecha por Critón, sino por otro personaje, y que, por tanto, la acción del diálogo con el viejo amigo de Sócrates es una invención poética de Platón, hecha justamente por precisos motivos dramatúrgicos, o sea, para alcanzar objetivos que Platón consideraba necesario alcanzar en el momento en que lo compuso. Esto reflejaría muy bien la presencia de tales doctrinas en el *Critón* y la discrepancia con el *Fedón* en el tiempo en que la nave votiva arribaba de regreso a Delos, a cuya llegada Sócrates debería haber muerto.[44]

Las acciones de los diálogos de Platón son siempre creaciones e invenciones poéticas compuestas al servicio de los contenidos, y no

---

43. Véase Platón [Platone], *Critone,* ensayo introductorio, traducción y aparato crítico de G. Reale, Milano 1996, 13-79. Véase también M. Montuori, *Il Critone. Un proemio alle Leggi?,* Napoli 1993.

44. Véase *Fedón,* 59d-e y *Critón,* 43d.

viceversa, es decir, compuestas sobre la base de las tres reglas del arte de escribir, y, particularmente, de la tercera de ellas.

Naturalmente, como para Platón es preciso presentar a un alma simple discursos simples, así, en el caso opuesto, es preciso presentar «a un alma compleja discursos complejos y que contengan todas las armonías».[45]

En el *Protágoras*, obra que se ubica probablemente en el momento culminante de las obras de la primera fase, Platón, poniendo en escena una brillantísima comedia dialéctica, alcanza algunos puntos culminantes acerca de la concepción de la virtud y de la educación espiritual, moviéndose en una amplia área conceptual y metodológica, según las posibilidades del gran personaje que da nombre al diálogo junto al *équipe* de los sofistas cuya presencia se representa en la casa del mecenas Calias.[46]

Tampoco es una excepción el *Gorgias*, que se ubica, probablemente, al inicio de la madurez de Platón. El diálogo encara el complejo problema de la oratoria. Gorgias habla sólo en la primera parte del diálogo, y los puntos culminantes del mismo se alcanzan en la discusión con Polo (en la segunda parte) y, sobre todo, en la discusión con Calicles (en la tercera parte). No obstante, sigue siendo verdad que Gorgias mismo es plenamente el verdadero segundo protagonista. En efecto, sus dos discípulos son presentados como máscaras dramatúrgicas que representan las consecuencias que se derivan de la doctrina de la oratoria profesada y difundida por el maestro, y se constituyen como personajes emblemáticos que expresan la involución del presunto arte de la oratoria y de sus presunciones.[47]

Más tarde, en el *Parménides*, Platón hace hablar a un personaje que considera como el mayor de los filósofos naturalistas y a quien califica, en verso homérico, como «venerable y terrible al mismo tiempo»;[48] por consiguiente, hace presentar por él «discursos complejos y

45. *Fedro*, 277c.
46. Véase Platón [Platone], *Protagora*. Prefacio, ensayo introductorio, traducción y comentario de G. Reale, Milano 1998, en particular "Saggio introduttivo", *pássim*.
47. Véase Platón [Platone], *Gorgia*. Prefacio, ensayo introductorio, traducción y comentario de G. Reale, Milano 1998, particularmente 11-77.
48. *Teeteto*, 183e.

que contengan todas las armonías».[49] En efecto, en el *Parménides* encontramos incluso una muy tupida red de mensajes transversales y de alusiones a las doctrinas no escritas, acerca de lo cual hablaremos. En realidad, en este diálogo el «segundo protagonista» resulta ser en cierto sentido «primer protagonista»; pero el grupo de los que intervienen es una suerte de encarnación de la inteligencia filosófica: además de Parménides, Sócrates, Zenón de Elea (el mayor discípulo de Parménides) y un muy joven Aristóteles, con todas las consecuencias que esto implica en función de la tercera regla del arte de escribir, en base a la cual a las almas grandes se han de comunicar cosas grandes.[50]

Concluyamos con el ejemplo de la *República*, donde los protagonistas secundarios son los mismos hermanos de Platón, Glaucón y Adimanto. No obstante, a pesar de la altura de los protagonistas secundarios, amados y admirados por Platón, el discurso no alcanza las cimas filosóficas, o sea la definición del Bien, en cuanto los interlocutores son *admiradores de la filosofía, pero no «filósofos»*. Por esta razón se les ofrece (como lo imponían, por otra parte, el resto de los límites de la escritura, por motivos que veremos) una representación alusiva de la esencia del Bien, o sea *la imagen del Bien mediante la grandiosa metáfora del sol*, y no la *definición del Bien en sí y por sí*.

Releyéndolo en esta perspectiva, el *corpus* íntegro de los escritos platónicos no sólo se torna más comprensible, sino también más fascinante y susceptible de ser disfrutado.

---

49. *Fedro*, 277c.
50. Para un análisis de la complejidad del tratamiento del *Parménides* véase: M. Migliori, *Dialettica e Verit>. Commentario filosofico al "Parmenide" di Platone*. Prefacio de H. Krämer, introducción de G. Reale, Milano 1990, *pássim*.

El camino largo y difícil que se ha de recorrer para aprender
y practicar el verdadero arte de escribir

Al concluir el tratamiento del arte de escribir que hace en el *Fedro*, Platón introduce las «razones del lobo», o sea, el núcleo de la doctrina de los oradores, que consiste en lo siguiente: en el arte del decir y del escribir no es la *verdad*, sino lo *verosímil* lo que convence a la gente.

He aquí el texto:

> Dicen, entonces, que no se han de exaltar estas cosas de esta manera, ni enaltecer a los que hacen un periplo tan largo. Sin duda alguna, en efecto [...], no es necesario que quien se prepara para ser orador de manera adecuada esté en conocimiento de las verdades concernientes a las cosas justas y buenas, ni tampoco de las que conciernen a los hombres que por naturaleza y educación son tales. De hecho, en los tribunales a nadie le importa absolutamente nada la verdad en torno a estas cosas, sino que importa lo que es persuasivo. Y esto es lo verosímil: a ello ha de atenerse el que procure hablar con arte. Del mismo modo, a veces no deben siquiera exponer los hechos mismos cuando no se hayan desarrollado de manera verosímil, sino justamente sólo los que sean verosímiles, tanto en la acusación cuanto en la defensa. Y, en general, el que habla debe seguir lo verosímil y mandar a paseo, con muchos saludos, la verdad. Es, pues, lo verosímil, lo que, llevado de una punta a la otra del escrito, constituye la totalidad de este arte.[51]

Y para explicar estas afirmaciones programáticas de los oradores, Platón agrega también un ejemplo significativo. Si un hombre grande y corpulento pero temeroso y vil es asaltado y robado por un hombre pequeño y delgado, pero audaz y corajudo, a ninguno de los dos conviene que en el proceso se exponga la verdad de los hechos. La persona asaltada, grande y corpulenta, ha de decir, para no hacer un mal papel, que fue asaltada por varios hombres; a su vez, el asaltante, para defenderse, debe también negar la verdad, sosteniendo como *inverosímil* que él, pequeño y delgado, haya podido asaltar a

---

51. *Fedro*, 272d – 273a.

alguien mucho más robusto y más fornido que él, con toda una serie de consecuencias.

En resumen: para los oradores, la apariencia y lo verosímil valdrían más que la verdad, sea para agradar a la gente, sea para convencerla.

Ahora bien, además de poner en evidencia el hecho de que sólo quien conoce la verdad puede comprender a fondo lo verosímil y que, por tanto, también los oradores que sostienen la preeminencia de lo verosímil deberían conocer la verdad, Platón apunta a conclusiones de extraordinario alcance axiológico.

El escritor que tiene inteligencia no debe preocuparse de complacer «a los compañeros de esclavitud, como no sea de manera colateral»,[52] sino que debe más bien preocuparse de complacer «a los patrones buenos y que descienden de buenos»,[53] es decir, a los dioses.

Por ello, el escritor debe recorrer el camino largo y escarpado, haciendo frente a todas las fatigas necesarias:

> Por ello, si el camino a recorrer es largo, no debes maravillarte, porque es preciso recorrerlo para poder alcanzar cosas grandes [...]. Por lo demás, como nos dice nuestro discurso, si uno lo quiere, aun estas cosas se tornarán bellísimas a consecuencia de aquellas. [...] Pero para el que emprende cosas bellas también es bello sufrir lo que le toque sufrir.[54]

De esta manera, Platón nos ha expresado a la perfección su concepción del arte de escribir, y nos ha indicado con gran lucidez las fatigas que debe saber afrontar el que quiera ser un verdadero escritor.

¿Qué resta aún decir sobre esta materia?

La respuesta de Platón es la siguiente: no basta con haber explicado cuál es el modo de escribir de manera perfecta, sino que es necesario establecer también *cuándo conviene escribir y cuándo, en cambio, no conviene hacerlo.* Por consiguiente, el problema que se encara al concluir el *Fedro* es el siguiente:

---

52. *Fedro*, 274a.
53. Ibídem.
54. *Fedro*, 274a-b.

Falta ahora hablar de la conveniencia del escrito y de su inconveniencia, de cuándo resulta bueno y cuándo inconveniente.[55]

Y en la respuesta a este problema, Platón depara al hombre crecido en la cultura de la escritura la sorpresa más grande, con afirmaciones que sólo hoy, por varias razones, logramos comprender en toda su importancia histórica y hermenéutica. De ellas debemos tratar ahora.

55. *Fedro*, 274b.

V

LA ESCRITURA NO PUEDE SUSTITUIR
A LA ORALIDAD DIALÉCTICA

EL FILÓSOFO, EN CUANTO TAL, DEBE COMUNICAR SUS MENSAJES SUPREMOS ESCRIBIÉNDOLOS NO EN HOJAS DE PAPEL, SINO EN LAS ALMAS DE LOS HOMBRES

LOS LÍMITES ESTRUCTURALES DE LOS ESCRITOS DE LOS QUE SE HABLA EN LOS TESTIMONIOS SOBRE SÍ MISMO QUE SE ENCUENTRAN AL FINAL DEL *FEDRO* Y DE LA CARTA VII Y LAS RELACIONES ESTRUCTURALES ENTRE LOS ESCRITOS Y LAS «DOCTRINAS NO ESCRITAS» DE PLATÓN

Las ideas-eje de los testimonios de Platón sobre sí mismo contenidos al final del Fedro

El problema planteado y resuelto en las páginas finales del *Fedro* es, pues, decisivo: no basta con defender la escritura estableciendo las reglas que es preciso seguir para escribir de manera correcta (o sea, las reglas que, como hemos visto, se basan en la dialéctica), sino que también es necesario plantear y resolver el problema de la oportunidad del escrito, estableciendo *cuándo es conveniente y cuándo no lo es.*

Es casi innecesario llamar la atención acerca de que es propiamente esta la cuestión más delicada y, en ciertos aspectos, decisiva, en el momento culminante del pasaje de la cultura de la oralidad a la cultura de la escritura. En otros términos, Platón plantea *el problema de si la escritura puede o no sustituir in toto a la oralidad,* o bien, *si el*

ámbito de la escritura y el de la oralidad deben permanecer bien dife-
renciados y, si así fuese, por qué razones tales diferencias son insuperables.

El razonamiento que se realiza para resolver este problema está bien planteado y muy bien articulado.[1] Platón comienza presentando un mito creado por él mismo *ad hoc*, ambientado en Egipto. El dios Theuth presentó al rey Thamus, en la Tebas egipcia, gran ciudad a orillas del Nilo, una serie de artes por él descubiertas: la aritmética, la geometría, la astronomía, el damero y la escritura, ilustrando las ventajas que tales artes han aportado, elogiando en particular la escritura, que hizo a los egipcios más sabios y más capaces de recordar. Pero el rey respondió que, en verdad, la escritura habría producido no «sabiduría», sino «apariencia de sabiduría», es decir, habría creado no hombres «sabios», sino «portadores de opinión», desprovistos de verdadero conocimiento. Además, la escritura se habría revelado *no como un medio para crear memoria, sino solamente para traer a la memoria cosas aprendidas por otra vía.*

A esto se agrega que lo escrito carece de vida y no está en condiciones de responder pregunta alguna, como las imágenes de la pintura, que permanecen siempre encerradas en un total silencio. Además, el escrito circula por las manos de todos, también por las de aquellos que no están interesados en lo que dice ni en condiciones de comprender sus mensajes. Y si el escrito es criticado, no es capaz de defenderse y de brindarse ayuda a sí mismo.

Mucho mejor y más poderoso que el discurso escrito es el discurso oral, porque es viviente y animado, mientras que el escrito carece de vida y es una mera «imagen», *copia desvaída e inerte del oral.* El discurso oral sabe con quién debe hablar y ante quién debe callar, y está en condiciones de responder a las preguntas y de defenderse.

La escritura, en realidad, implica una gran parte de *juego*, mientras que la oralidad implica notable empeño y *seriedad*. En la escritura prevalece en gran medida el «mito», mientras que en la oralidad prevalece el «arte dialéctico» mediante el cual se comunican con ciencia discursos que se dirigen a almas de hombres idóneos para reci-

---

1. Véase *Fedro*, 274b – 278e.

birlos y, por tanto, capaces de defenderlos de manera adecuada cuando fuese necesario.

Platón evoca, pues, de manera sintética, las tres reglas del discurso correcto que hemos ilustrado en el capítulo precedente. Pero confirma que, en todo caso, es decir, aun produciendo escritos según las reglas del arte, sería errado creer que en ellos pueda haber «solidez» y «claridad», en cuanto *en los escritos faltan aquellos fundamentos del discurso a los que solamente se puede llegar en el ámbito de la oralidad dialéctica: aun los mejores escritos no han de considerarse más que como medios para traer a la memoria de quien ya sabe aquellas cosas sobre las que ellos versan.*

El testimonio propio de Platón concluye con una afirmación verdaderamente demoledora: sólo es filósofo el que no pone en los libros escritos todo lo que tiene para decir, sino que *reserva para la oralidad dialéctica las cosas que para él son «de mayor valor».* Verdadero escritor y verdadero filósofo es aquel que ha compuesto obras, conociendo la verdad, y que, por tanto, está en condiciones de acudir en ayuda de cuanto ha escrito y de defenderlo, demostrando, en consecuencia, que las cosas escritas resultan ser «de menor valor» respecto de las «de mayor valor», que reserva para la oralidad, *en cuanto sólo mediante la oralidad dialéctica pueden comunicarse de manera adecuada.*

Ahora que hemos trazado un cuadro de los contenidos del testimonio final del *Fedro,* debemos hacer ver cómo estos conceptos, muy lejos de haber sido creados *ex novo* por Platón (y de estar limitados, de todos modos, al área de su solo pensamiento, fruto, tal vez, de un excéntrico juego irónico y, así, conectados sólo en parte con su verdadero y propio pensamiento de fondo), *son, por el contrario, conceptos estrictamente conectados con convicciones que, a partir del siglo V, se estaban difundiendo cada vez más de diferentes maneras.* Se trata, pues, de conceptos que tienen raíces históricas muy precisas y que se pueden comprender de manera conveniente *sólo si se los coloca en la óptica de aquella revolución cultural que, mientras Platón componía su Fedro, había alcanzado ya su plena madurez.*

Escritura y memoria: la escritura no es un remedio de la memoria
sino solamente un medio para traer a la memoria aquello
que ya se ha aprendido

Comencemos por una primera observación, muy fuerte, que hace Platón en contra de la escritura, poniéndola en boca del rey Thamus en respuesta al inventor Theuth:

> El descubrimiento de la escritura provocará que las almas de quienes la aprendan se tornen olvidadizas, porque, confiándose de la escritura, se habituarán a recordar desde fuera, por signos externos, y no desde dentro y desde sí mismos: es así que no has hallado una medicina de la memoria sino del traer a la memoria.[2]

Esta convicción de la escritura como «medicina de la memoria» era una convicción que se estaba difundiendo e imponiendo de manera notable, tal como lo demuestran afirmaciones que se leen en textos de autores como Esquilo, Eurípides y Gorgias.

En el *Prometeo* leemos:

> Para ellos he descubierto el número, el más elevado de los conocimientos,
> y más tarde la composición de las palabras escritas
> memoria de todo, laboriosa madre de las musas.[3]

En un fragmento de una tragedia perdida de Eurípides se confirma la convicción de que «las palabras escritas» son «una medicina contra el olvido».[4]

Y Gorgias, en la *Defensa de Palamedes* presenta el mismo concepto:

---

2. *Fedro*, 275a.
3. Esquilo, *Prometeo encadenado*, vv. 459ss. Traducción basada en el texto griego de *Aeschyli septem quae supersunt tragœdias*, editadas por Denys Page, Oxford 1989. Para una versión en español puede verse Esquilo, *Tragedias completas*, edición y traducción de José Alsina Clota, Madrid: Cátedra, 1983.
4. Eurípides, fragm. 578 Nauck.

Y podría afirmar también [...] no sólo haber estado sin culpa, sino, además, haber adquirido mis méritos [...]. Pues, ¿quién hizo acaso más llena de ayuda la vida de los hombres, de lo difícil que era, y ordenada, de lo desordenada que era, inventando las reglas de la guerra [...], y las leyes escritas, custodios de la justicia, y la *escritura, órgano de la memoria*, y medidas y pesos, medios cómodos de cambio en el comercio, el número, custodio de los bienes [...].[5]

La asociación de «Mnemosyne», diosa de la memoria y madre de las musas, con la escritura, queda atestiguada también en la figuración pictórica que se encuentra en una ampolla que pertenece al 475/450 a.C., en la cual Mnemosyne tiene en la mano un rollo de escritura y mira a la musa Calíope, que está tocando música. Erler observa con acierto: «Mnemosyne, como madre de las musas y vía jerárquica que, en una sociedad marcada por la oralidad, transmite al poeta el saber divino entendido como verdad para comunicar a los hombres, se sirve aquí de la escritura, es decir, de un medio que sustituye propiamente la condición representada de manera particular por Mnemosyne. A lo dicho se adecua bien el pasaje del *Prometeo* citado más arriba, en el cual Prometeo se vanagloria de la propia invención de la "escritura, madre de las musas"».[6]

Platón asume, pues, una posición precisa frente a una convicción que se imponía entonces y, más allá del pasaje leído, la confirma poco después de modo muy claro:

> Entonces, quien considerase poder transmitir un arte con la escritura, y quien lo recibiese convencido de que, a partir de esos signos escritos, podrá extraer alguna cosa clara y consistente, debería estar colmado de gran ingenuidad e ignorar verdaderamente el vaticinio de Amón [a saber, que corresponde a cuanto ha dicho el rey Thamus en el pasaje leído más arriba], si considera que los discursos puestos por escrito son algo más que un medio para traer a la memoria de quien sabe las cosas sobre las cuales versa el escrito.[7]

5. Gorgias, frag. 11-30 Diels-Kranz.
6. M. Erler, *Il senso delle aporie nei dialoghi di Platone. Esercizi di avviamento al pensiero filosofico*, introducción de G. Reale, traducción de C. Mazzarelli, Milano 1991, 108 (< *Der Sinn der Aporien in den Dialogen Platons. Übungsstücke zur Anleitung im philosophischen Denken*, Berlin-New York 1987).
7. *Fedro*, 275c-d.

Naturalmente, como han pensado estudiosos ya mencionados, lo que aquí afirma Platón puede parecer, a primera vista, una toma de posición de «retaguardia». Pero veremos que las cosas son mucho más complejas. Por ahora completemos el cuadro histórico, que brinda una muy buena comprensión de las afirmaciones de Platón.

Escritura y sabiduría: la escritura no crea hombres sabios, sino portadores de opinión

La segunda observación que hace Platón, estrechamente asociada a la primera, consiste en una drástica negación de que de la escritura pueda nacer sabiduría verdadera: *sin enseñanza no puede nacer una auténtica sabiduría, sino solamente «apariencia de sabiduría», o sea, pura «opinión».*
He aquí sus palabras:

> Así, tú procuras a tus discípulos la apariencia de la sabiduría, no su verdad, pues, por tu intermedio, ellos se transformarán en oyentes de muchas cosas sin enseñanza, creerán ser conocedores de muchas cosas, mientras que, como sucede en la mayoría de los casos, en realidad no las sabrán; y será muy difícil discurrir con ellos, porque se han tornado en conocedores de opiniones, en vez de sabios.[8]

Y también esta convicción de que la sabiduría se conecta directamente con la escritura, convicción que Platón objeta, se estaba difundiendo e imponiendo cada vez más en distintos niveles.
Aristófanes se burla de ella en su comedia *Las ranas*, representada en el año 405 a.C., en una polémica con Eurípides, con su arte y con su fuerte apego a los libros (se dice que el mismo Eurípides fue uno de los primeros en poseer una biblioteca). El Coro dice:

> Mas tal vez vuestro temor sea este: que una cierta ignorancia
> impida a los espectadores
> entender las finezas que decís.

8. *Fedro*, 247a-b.

No temáis esto: las cosas ya no están de ese modo.
Ya tienen experiencia en la guerra;
teniendo un libro, cada uno aprende las destrezas.
Superiores por naturaleza,
ahora también se han refinado.
No temáis, pues, sino abordad todo asunto,
porque el público es ilustrado.[9]

Cabe señalar el más fuerte de estos versos, que dice: «teniendo un libro, cada uno aprende las destrezas».

El mismo Aristófanes colocaba también al mismo nivel el libro y al sofista Pródico, identificándolos en tono de befa, tal como surge del siguiente fragmento:

A este hombre lo ha corrompido o un libro, o Pródico [...].[10]

Pero esta convicción acerca del libro como fuente de sabiduría o bien como instrumento eficaz para el aprendizaje, que Aristófanes hacía objeto de burla haciendo reír aún a la mayor parte del público, termina por imponerse ya con Aristóteles de manera definitiva, como surge de las siguientes afirmaciones:

Los antiguos no han colocado la música entre las disciplinas necesarias [...] ni tampoco entre las útiles, como sí lo han hecho con la escritura, que es útil para los negocios, para la administración de la casa, *para aprender* y para muchas actividades políticas.[11]

Y como prueba de lo que decimos, un pasaje de los *Recuerdos de Sócrates*, de Jenofonte, demuestra que la posición asumida por Platón estaba en la línea de la posición socrática:

9. Aristófanes, *Las ranas [Batrakhoi]*, 1109-1118 (traducción sobre la base de la edición del texto griego mencionada en nota II, 12. Para una versión de la obra en español puede verse Aristófanes, *Comedias. Las nubes, Las ranas, Pluto o la riqueza*, traducción de Julio Palli Bonet, Barcelona: Bruguera, ⁴1984).
10. Aristófanes, fragm. 506 Kassel-Austin (III/2, 267).
11. Aristóteles, *Política*, VIII 1338 a 13-17.

Sócrates había sabido que Eutidemo el hermoso había recopilado muchos escritos de poetas y de sabios, los más renombrados, y que, por esa razón, creía sobrepasar en sabiduría a sus contemporáneos, alimentando muchas esperanzas de superar a todos por la destreza en el hablar y en el actuar: pero había advertido que Eutidemo, por su juventud, no ingresaba en el ágora, y que, si quería hacer algo, se sentaba en la tienda de un talabartero, muy cerca de allí. Hacia allá se dirigió Sócrates con algunos de sus amigos. Uno de ellos preguntó primeramente: «¿Es por la compañía de algún sabio o por un don de la naturaleza que Temístocles superaba tanto a sus conciudadanos, que toda la ciudad se dirigía a él cuando se necesitaba de un hombre capaz?» Y Sócrates, procurando sacudir a Eutidemo, repuso: «Es una tontería pensar que en las artes de poca monta sea imposible llegar a ser experto sin buenos maestros pero que, el gobernar la ciudad, el arte más importante de todas, nazca en los hombres por sí sola».[12]

Para refutar la convicción de que el saber nace de los solos libros, Sócrates argumenta en el pasaje de Jenofonte con el «estar en compañía» de los maestros, es decir, con la verdadera enseñanza, concepto este que también Platón coloca en primer plano.

La escritura separa el discurso fijado en el libro de su autor,
lo presenta como una imagen inerte del discurso oral
y lo priva de la «ayuda» que necesita de parte del autor

Con el éxito de la escritura como nuevo medio de comunicación de distintos tipos de mensajes nacía, naturalmente, la difusión y el comercio de libros, netamente separados de sus autores. También nacía la costumbre de la *lectura solitaria*,[13] o sea, la figura del lector

---

12. Jenofonte, *Recuerdos de Sócrates [Apomnemonéumaton]*, IV 2, 1-2. Traducción sobre la base la edición del texto griego mencionada en nota I, 5. Véase allí también la referencia a una edición en español.

13. J. Svenbro, "La Grecia arcaica y clásica. La invención de la lectura silenciosa", en: G. Cavallo / R. Chartier (dir.), *Historia de la lectura en el mundo occidental*, Madrid: Taurus, 1998, 57-93 (< "La Grecia arcaica e classica: l'invenzione della lettura silenziosa", en: G. Cavallo / R. Chartier, *Storia della lettura nel mondo occidentale*, Bari-Roma 1995, 3-36).

que leía solo y ya no en grupo, ni tampoco con la presencia del mismo autor y la discusión con él.

Ha de tenerse presente que la publicación de un libro en el ámbito de una cultura en la cual prevalecía aún la oralidad, aun encontrándose dicha cultura en un estadio ya avanzado de alfabetización, *consistía en la lectura del escrito por parte del autor, seguida de las «preguntas» que hacían los oyentes, con las correspondientes «respuestas» del autor y, por tanto, con sistemáticas discusiones dialécticas.* Hace ya tiempo que los estudiosos han individualizado un ejemplo-modelo de tal forma de publicación en la lectura de su libro por parte de Zenón, con la correspondiente discusión presentada por Platón en la primera parte del *Parménides*.

Havelock ha puesto de relieve que tal descripción es anacrónica, en la medida en que, más que presentar la situación histórica de la época de Zenón, representa la praxis seguida en la época de Platón. Tras haber dicho que Parménides y Zenón habían venido a Atenas para las grandes fiestas Panateneas y que se habían alojado en casa de Pitodoro, en el Cerámico, Platón escribe:

> Allí mismo se dirigieron Sócrates y muchos otros con él, porque deseaban escuchar la lectura del escrito de Zenón, que había sido traído por vez primera a Atenas en esa ocasión.[14]

Y poco después, agrega:

> Sócrates, tras haber escuchado la lectura, pidió que se leyera nuevamente la primera hipótesis del primer argumento. Una vez terminada esta lectura, exclamó: Zenón, ¿qué es lo que quieres decir? […].[15]

Entonces, primeramente se leía el escrito por entero; después se hacían preguntas, como en este caso el pedido de nueva lectura de la primera hipótesis con la correspondiente explicación, y con la imaginable dinámica con la que proseguía la discusión. Y, en el contexto de esta discusión, *el autor defenderá su obra, prestándole oportunas ayu-*

14. *Parménides*, 127c.
15. *Parménides*, 127d.

das. En síntesis: el libro se leía en común con su autor. Ese estar junto con el autor, la *synousía* dialógica, era el eje de sustentación en este particular momento de la cultura antigua. Pero era precisamente esta *synousía* la que se veía afectada por la difusión sistemática de la escritura, que *implicaba una clara separación del autor respecto de su obra*.

Los primeros autores que, anticipando los tiempos, presentaron justamente esta novedad y se encaminaron por esta vía son Heráclito y Tucídides. Se nos ha relatado que Heráclito, después de haber compuesto su obra, «la depositó en el templo de Artemis»,[16] no solamente en honor de la diosa, sino para ponerla a disposición de los lectores (aunque, dada la forma oscura en la que la había escrito, sólo sería accesible a los que estaban interesados y en condiciones de entenderla).

Tucídides llega incluso a escribir, acerca de su obra:

> [...] si los que quieren tener una visión clara de lo sucedido en el pasado y en el futuro [...] la consideran útil, eso será suficiente: es una posesión que vale para siempre [...].[17]

Respecto del comercio de libro, que se difundió lenta y fatigosamente, cito sólo un ejemplo que se ha hecho muy famoso, ya mencionado más arriba: en la *Apología* se hace referencia a un lugar de la plaza (que tenía el nombre de «orquesta») en el cual se podía comprar un libro de Anaxágoras por la módica suma de una dracma.[18]

Como han puesto bien de relieve los estudiosos, por «libro», a ese módico precio, no se puede entender sino un escrito en unas pocas hojas de papiro, y, por lo tanto, un resumen del pensamiento del autor; pero también esto es muy significativo.

---

16. Diógenes Laercio, *Vidas* (nota IV, 6), IX 6 (= Loeb, tomo II, 412).
17. Tucídides, *Historias de la guerra del Peloponeso*, I, 22. Traducción en base al texto griego según Thucydides, *Historiae in two volumes* (Henry Stuart Jones and Johannes Enoch Powell), Oxford 1942. Para una versión en español puede verse Tucídides, *Historia de la guerra del Peloponeso*, introducción general de Julio Calonge Ruiz, traducción y notas de Juan José Torres Esbarranch, 2 vols., Madrid: Gredos 1980.
18. *Apología de Sócrates*, 26d.

Por lo que concierne a la difusión de la lectura solitaria, que se inició hacia fines del siglo V, el primer ejemplo que los estudiosos han detectado está contenido en un pasaje de *Las ranas*, de Aristófanes, donde Dionisio dice:

> *Y a bordo de la nave, mientras leía* La Andrómeda *por mi cuenta, un deseo me estremeció de improviso el corazón, no te imaginas qué tan intensamente.*[19]

En el mismo período aparecen las noticias de bibliotecas privadas.[20]

Platón mismo, en el *Fedón*, después de haber presentado a Sócrates, que ha oído la lectura de un texto de Anaxágoras, habla de una atenta lectura solitaria de ese texto. Evidentemente, Platón habla mucho más de sí mismo que del Sócrates histórico: pero también esto es particularmente significativo.[21]

Pues bien, en el *Fedro*, Platón *defiende justamente aquella costumbre de la discusión dialéctica que se estaba perdiendo* a consecuencia de la difusión de la práctica de la lectura solitaria.

Según su visión, el escrito y el autor del mismo no pueden y no deben ser separados, en cuanto el escrito es como las pinturas que, si se las interroga, no están en condiciones de responder. Por tanto, el escrito no puede defenderse de las incomprensiones, de las críticas y de los agravios que padece, en cuanto

> siempre tiene necesidad de la ayuda del padre, *porque no es capaz de defenderse y de ayudarse por sí solo.*[22]

La crítica de Platón resulta tanto más incisiva y pertinente cuanto más se había difundido ya en sus tiempos la convicción según la cual *el discurso escrito podía ser de ayuda para el discurso oral.*

Critias afirmaba:

19. Aristófanes, *Las ranas* (nota 9), vv. 52-54.
20. Los primeros personajes que poseyeron una biblioteca privada fueron contemporáneos de Sócrates, entre los cuales se destaca Eurípides.
21. Véase *Fedón*, 97b – 99a.
22. *Fedro*, 275e.

Los fenicios han descubierto la escritura, *un auxilio para el discurso*.[23]

Naturalmente, las tesis sostenidas por Platón tienen paralelos también en algunos retóricos. Pero las afirmaciones de los oradores, a pesar de las fuertes correspondencias incluso verbales, son de signo opuesto, tal como lo han puesto bien de relieve los estudiosos más atentos.

Sin embargo, son justamente tales correspondencias temáticas las que interesan de manera particular a fin de comprender el texto que estamos interpretando. Pues las mismas ponen bien de manifiesto el hecho de que los problemas acerca de los cuales discute Platón en los testimonios sobre sí mismo del *Fedro* se relacionan de manera muy estrecha con los problemas precisos de una determinada *situación histórica* en la cual había tenido lugar el pasaje de la cultura de la oralidad a la cultura de la escritura. Si tales problemas son separados de aquella situación e interpretados en abstracto, pierden casi por completo su significado preciso.

En particular Isócrates y Alcidamas hacen algunas indicaciones bastante elocuentes.

Isócrates, por ejemplo, sostiene que el dar consejos a una persona resulta más fácil y convincente si se realiza en forma oral, y no por escrito; sólo la presencia viva del autor puede eliminar los malentendidos, mediante explicación y profundización. Él dice:

Si el autor permanece ausente, el escrito no tiene ayuda.[24]

Pero la ayuda que invoca aquí no es otra que una rectificación de carácter formal. Por lo demás, la superioridad del discurso oral por sobre el escrito es, para Isócrates, la de la «oratoria», o sea, la de la *oralidad retórica* respecto del *escrito retórico*.

El orador que interviene personalmente lleva el peso de su fama; además, habla con las modulaciones justas y con tonos vivos de la

23. Critias, fragm. 2, 10 Diels-Kranz.
24. Isócrates, *Carta I, a Dionisio*, 3. Traducción según el texto griego publicado en *Isocrates in three volumes* (nota I, 4), vol. III, 372. Para una versión en español puede verse Isócrates, *Discursos* (nota I, 4), vol. II, 276.

voz, con aquellas improvisaciones que le sugieren el momento justo y la ocasión adecuada, mientras que la lectura mecánica del escrito resulta totalmente carente de estos recursos.[25]

Más fuertes aún son las conexiones de índole verbal con el texto que estamos comentando de Platón en la obra de Alcidamas *Sobre los sofistas*.

Es conveniente leer el pasaje más significativo:

> Menos aún sería justo denominar «discursos» a los escritos, que son como simulacros y figuras e imitaciones de los discursos. De ese modo, con todo derecho podrías considerarlos del mismo modo que a hombres de bronce, divinidades de mármol o animales pintados. Así como estos simulacros son imitaciones de cuerpos vivos y reales y son ciertamente agradables a la vista del hombre, así el discurso escrito, modelado sobre un único esquema prefijado, puede impresionar en forma agradable al leerlo en el libro, pero, siendo incapaz de moverse en las distintas ocasiones, no ofrece utilidad alguna a quien lo posee. Y así como los cuerpos vivos y reales, aun siendo su belleza muy inferior a la de las estatuas, son de utilidad de maneras muy diversas en el actuar, así también el discurso pronunciado en forma espontánea y sin preparación, en el acto mismo de concebirlo, respira y está vivo, adecuándose a los hechos de manera totalmente semejante a un cuerpo viviente, mientras que el escrito es de naturaleza similar a una mera imagen de discurso, y carece de toda utilidad.[26]

Leamos en forma paralela el pasaje de Platón que retoma las mismas imágenes, si bien en una óptica diferente:

> Porque, a semejanza de la pintura, Fedro, la escritura tiene verdaderamente esto de terrible: las criaturas de la pintura están ante ti como si estuviesen vivas, pero si les preguntas alguna cosa, se quedan calladas, encerradas en un solemne silencio. Y así lo hacen también los discursos. Tú piensas que hablan pensando ellos mismos en alguna cosa, pero si, queriendo comprender bien, les preguntas algo de aquello que han hablado, siguen repitiendo una misma y única cosa. Y una vez que un discurso ha

25. A propósito de este punto véase Erler, *Il senso delle aporie* (nota 6), 92-99.
26. Alcidamas, *Sobre los sofistas*, 27s, traducción sobre la base del texto editado por G. Avezzù: Alcidamas Eleates, *Orazioni e Frammenti*, texto, introducción, traducción y notas a cargo de Guido Avezzù, Roma 1982.

sido escrito circula por todas partes, en manos de los que se entienden del asunto como también en manos de aquellos a los que no les interesa en nada, y el discurso no sabe a quién debe hablarle y a quién no. Y si le devuelven una ofensa y con agravios lo ultrajan, siempre tiene necesidad del padre, porque no es capaz de defenderse ni de ayudarse por sí solo.[27]

Platón entiende la «ayuda» oral que hay que prestar a los escritos y la superioridad del discurso oral respecto del escrito de manera muy diferente, y va mucho más allá de la presencia viva del autor como también de la ayuda de carácter formal. Pero las concepciones de Isócrates y de Alcidamas a las que hemos hecho referencia demuestran a la perfección que *la cuestión de la «superioridad del discurso oral por sobre el escrito», lejos de ser una idea específica de Platón, se encontraba verdaderamente en primer plano y era materia de encendido debate en aquel preciso momento histórico.*

Como ya he recordado más arriba, Isócrates y Alcidamas, en cuanto retóricos, ponen en confrontación la oralidad de los retóricos con la escritura de los retóricos. Pero la oralidad de los retóricos *se acercaba a la oralidad mimético-poética en cuanto apuntaba principalmente a convencer*; pero justamente esto nos ayuda a entender la estatura de la «oralidad dialéctica» que Platón pone en primer plano en la cuestión de la «ayuda» que necesitan los escritos.

No obstante, antes de encarar la cuestión de la «ayuda» al escrito y de establecer en qué consiste exactamente esa ayuda para Platón, debemos encarar otra cuestión importante.

27. *Fedro*, 275d-e.

El escrito como «juego» y la oralidad dialéctica como «seriedad»:
el escribir en rollos de papel y el escribir en el alma de los hombres

Para Isócrates, los discursos orales se hacen para discutir cosas «serias y urgentes»,[28] y están relacionados con alguna cuestión práctica del momento, que implica «seriedad». También para Alcidamas, escribir es un «juego»: el mismo es de poca utilidad comparado con el discurso oral, justamente porque los escritos son sólo «imágenes» de los discursos orales.[29]

Y es justamente sobre los conceptos de «juego» y de «seriedad» que Platón coloca su discurso en el punto central del testimonio sobre sí mismo.

El escrito es como un juego comparable al que se hace con los «jardines de Adonis», o sea, sembrando ciertas semillas en pleno verano en recipientes adecuados y haciéndolas germinar y crecer de manera forzada en el curso de solamente ocho días, a fin de honrar a Adonis.

Sí, estas semillas germinan y crecen rápidamente, pero mueren también rápidamente sin dar fruto alguno. En cambio, la oralidad es comparable a trabajo «serio» con el cual el verdadero agricultor se empeña en sembrar las semillas que para él son importantes en los tiempos justos y en los modos justos, sin someterlas a forzamientos dañinos para hacerlas crecer.

Sin embargo, los modos y los tiempos que requiere esta actividad del verdadero agricultor son muy diferentes: el agricultor debe buscar el terreno justo, prepararlo de forma conveniente y sembrar las semillas de la manera debida; y el tiempo de la germinación y del crecimiento de las semillas no es de ocho días sino de ocho meses, no de ocho sino de ciento cuarenta días.

El juego de escribir es muy bello, mucho más bello que cualquier otro juego; *pero aún más bellos son el empeño y la seriedad que*

---

28. Isócrates, *Discurso A Filipo [Philippos]*, 25. Traducción según el texto griego publicado en *Isocrates in three volumes* (nota I, 4), vol. I, 260. Para una versión en español véase id., *Discursos*, (nota I, 4), vol. II.

29. Véase el texto citado más arriba, en la pág. 132.

debe colocar en la oralidad dialéctica aquel que tiene verdadero cono-
cimiento.

He aquí el texto, que contiene un mensaje verdaderamente programático:

> Sócrates – ¿Hemos de afirmar que aquel que posee la ciencia de lo jus-
> to, de lo bello y de lo bueno tiene menos sentido para sus asuntos que un
> agricultor para sus semillas?
> Fedro – No, en absoluto.
> Sócrates – Y entonces, si quiere hacerlo seriamente, no los escribirá
> con agua negra, sembrándolos mediante el cálamo, haciendo discursos que
> no son capaces de defenderse por sí solos con el razonamiento ni tampoco
> de enseñar la verdad de manera adecuada.
> Fedro – No; por lo menos, no es verosímil.
> Sócrates – No, efectivamente. Pero los jardines de escrituras los sem-
> brará y los escribirá por juego, cuando los escriba, acumulando material de
> tal modo que cuando llegue –si es que llega– a la vejez, que lleva al olvido,
> pueda traerlo a la memoria para sí mismo y para todo aquel que siga la mis-
> ma huella; y así se alegrará de verlos crecer frescos. Y cuando los demás se
> dediquen a otros juegos, pasando su tiempo en los banquetes o en otros
> placeres semejantes, él, como se ve, pasará su vida deleitándose en las cosas
> que digo, en lugar de hacerlo en aquellas otras.
> Fedro – Y este juego de quien es capaz de deleitarse con los discur-
> sos, narrando historias sobre la justicia y sobre otras cosas de las que ha-
> blas, Sócrates, es un juego muy bello, en comparación con el otro, que
> no vale nada.
> Sócrates – Así es, en efecto, querido Fedro, pero mucho más bello se
> torna el empeño en estas cosas cuando se hace uso del arte dialéctico y, con
> él, tomando un alma adecuada, se plantan y se siembran discursos
> con conocimiento, discursos que sean capaces de venir en ayuda de sí mis-
> mos y de quien los ha plantado, que no queden sin fruto sino que lleven
> semilla, de la cual nazcan también discursos en otros hombres que sean
> capaces de hacer inmortal esta semilla y que hagan feliz a quien la posee,
> tan feliz cuanto le sea posible al hombre.[30]

También esta idea del «escribir en el alma» circulaba en aquel
tiempo, pero Platón la propone nuevamente, dándole un alcance muy

---

30. *Fedro*, 276c – 277a.

distinto. Ya en Píndaro y en los trágicos se habla de un escribir en el corazón o en la mente *(phren)* de los hombres, pero en un modo aún muy genérico,[31] en cuanto la cultura anterior a Sócrates no conocía todavía el concepto de «alma» como capacidad de entender y de querer.

Mucho más cercana al pensamiento de Platón es, en cambio, la respuesta dada por Antístenes a un amigo que se lamentaba por haber extraviado los apuntes de algunas cosas que le interesaban particularmente:

> Debías escribir estas cosas en el alma y no en el papel.[32]

Antístenes era discípulo de Sócrates y, en esta afirmación, exprime ideas exquisitamente socráticas.

Ahora hemos adquirido ya todos los elementos necesarios para encarar y resolver el complejo problema de fondo, a saber, en qué consiste, para Platón, este «ayudar» a los escritos.

El filósofo no pone por escrito las cosas que son «de mayor valor» para él, incluso si sobre ellas se funda la última «ayuda» para los escritos

De lo dicho, Platón extrae, pues, las siguientes conclusiones. En todos los discursos escritos se encuentra siempre una gran parte de «juego» y no hay mucha seriedad, en cuanto los escritos apuntan más bien a persuadir que a enseñar. Aun los mejores de entre los escritos no pueden ser sino *medios para traer a la memoria cosas aprendidas por otra vía*. Sólo en los discursos orales hechos en el contexto de la enseñanza, es decir, escritos en las almas de los discípulos, hay «claridad» y «plenitud», y estos son, con mucho, los discursos más importantes.

El que ha compuesto obras escritas, conociendo la verdad de las cosas sobre las que ha escrito, debe estar en condiciones de ir en su

---

31. *Fedro*, 275e. Por ejemplo, más allá de Píndaro, sobre todo en los trágicos Esquilo y Sófocles.
32. Antístenes, fragm. 188 Caizzi = 168 Giannantoni.

ayuda, *debe mostrar en qué consiste la debilidad de las mismas, es decir, debe mostrar de qué necesitarían para ser plenas, y, por tanto, debe defenderlas, presentando aquello de lo cual carecen.*

Y el «filósofo» es precisa y solamente aquel que está en condiciones de hacer esto mismo: mostrar que sus escritos son «débiles», es decir, que *son cosas «de menor valor» respecto de las «de mayor valor», que él comunica en la dimensión de la oralidad dialéctica,* en cuanto estas cosas coinciden con los primeros y supremos principios.

He aquí el pasaje final de los testimonios de Platón sobre sí mismo en el *Fedro,* en el que Platón se pregunta justamente cuál es el nombre con el cual designar a aquel que se encuentra en condiciones de demostrar la debilidad de los escritos y de darles la ayuda debida:

Fedro – ¿Qué nombre les das?

Sócrates – Llamarlo «sabio», Fedro, me parece demasiado: ese nombre me parece corresponder solamente a un dios; pero llamarlo «filósofo», o sea, amante de la sabiduría, o con algún otro nombre de este tipo, le cabría mucho mejor y sería ciertamente más adecuado.

Fedro – Y para nada estaría fuera de lugar.

Sócrates – En cambio, a aquel que no posee cosas que sean de mayor valor respecto de las que ha compuesto o escrito, y las da vuelta por largo tiempo de un lado y del otro, uniendo una parte con otra o separándolas, ¿no lo llamarías, con justa razón, poeta, o compositor de discursos, o escritor de leyes?[33]

En base a cuanto hemos adquirido hasta este punto, es bien evidente que estas «cosas de mayor valor» no se refieren en absoluto a la sola forma del discurso, sino propiamente a sus contenidos, los que ahora debemos tratar de individualizar.

33. *Fedro,* 278d-e.

Prosecución y desarrollo, en el intermedio de la Carta VII,
de los testimonios sobre sí mismo de Platón en el Fedro,
y drástica afirmación de Platón en el sentido de que nunca
ha habido un escrito suyo sobre las cosas que considera
de mayor valor

En el así llamado *excursus* de la *Carta VII*,[34] Platón retoma y desarrolla, a fin de explicar cómo se estropearon súbitamente sus relaciones con el tirano Dionisio de Siracusa, algunos conceptos que hemos encontrado en los testimonios sobre sí mismo en el *Fedro*, y que hemos tratado más arriba.

En primer lugar, explica en qué consiste la «prueba» a la cual solía someter a todos los que se acercaban a la filosofía, para poder darse cuenta de si estaban o no en condiciones de afrontarla. Pero la prueba en los encuentros con Dionisio dio de inmediato pésimos resultados, en la medida en que, después de haber escuchado una sola lección, él creía incluso poder poner por escrito «las más grandes cosas», es decir, justamente aquellas cosas sobre las cuales Platón consideraba que no se debía escribir.

Para hacer comprender las razones de su propia posición frente a los escritos sobre esos argumentos, Platón trae a colación algunos problemas de carácter gnosceológico, concluyendo que, si un escritor es «serio», las cosas que confía a los escritos no son para él «las cosas más serias» , ya que el filósofo mantiene estas cosas guardadas en su alma. Por tanto, si Dionisio ha escrito sobre aquellas cosas que para Platón son las supremas, no lo ha hecho por buenas razones, sino con malos fines.

Y justamente en este testimonio sobre sí mismo de la *Carta VII* está contenida aquella afirmación que constituye propia y verdaderamente un «hecho contrario» que rompe los modelos de interpretación de Platón que extrapolan los diálogos de contexto histórico en el cual están colocados:

34. *Fedro*, 274b – 278e = *Carta VII*, 340b – 345c.

Esto, empero, puedo decirlo acerca de todos aquellos que han escrito o escribirán, todos los que afirman saber acerca de las cosas que pienso, sea por haberlas oído de mí o de otros, sea por haberlas descubierto por sí solos: pues bien, no es posible, según mi parecer, que estos hayan comprendido nada de este asunto. *Sobre estas cosas no hay un escrito mío, ni lo habrá jamás.*[35]

Las razones por las cuales Platón negaba la oportunidad de escribir acerca de estas cosas son las siguientes.

En primer lugar, el conocimiento de tales cosas no puede comunicarse y aprehenderse como el conocimiento de las otras. Éste requiere toda una serie de largas e intensas discusiones realizadas en estrecha comunión entre el que enseña y el que aprende, hasta que en el alma misma del que aprende despunte la luz que ilumina la verdad. Leamos el célebre pasaje:

> El conocimiento de estas cosas no es en modo alguno comunicable como los demás conocimientos, sino que, tras muchas discusiones sobre estas cosas y después de una comunidad de vida, como una luz que se enciende por una chispa que salta, él nace de improviso en el alma y se alimenta de sí mismo.[36]

Si se leen estas afirmaciones con atención y sin prejuicios hermenéuticos, se comprende muy bien cómo tales conocimientos *no son en absoluto incomunicables en sí mismos,* o sea, «inefables», como alguno considera, *sino sólo no comunicables como los demás conocimientos,* en cuanto requieren dotes especiales y un largo aprendizaje por parte de aquel que quiera apropiárselos.

En segundo lugar, no se trata de conocimientos acerca de cosas que no puedan ser puestas por escrito. De hecho, Platón dice expresamente que *podrían ser puestas por escrito «de la mejor manera» precisamente por él mismo.* Antes bien, se trata de conocimientos que no se pueden «comunicar de manera adecuada a la mayoría». Por tanto, *son doctrinas en sí mismas susceptibles de ser dichas y escritas, pero no para la mayoría.*

35. *Carta VII*, 341b-c.
36. *Carta VII*, 341c-d.

En tercer lugar, Platón explica las razones de la inoportunidad de la comunicación por escrito de estas doctrinas a la mayoría. Por cierto, algunos podrían sacar beneficios de un escrito sobre estas cosas. Pero se trataría de pocas personas, a las cuales bastarían sólo unas pocas indicaciones para encontrar la verdad. En cambio, la mayoría no las entendería y, no comprendiéndolas, las despreciaría, o bien se llenaría de presunción, en la convicción de haber aprendido grandes cosas que, en realidad, no ha comprendido en absoluto.

Leamos el texto que contiene estos conceptos, que constituye propiamente una verdadera confesión:

> Esto es lo que sé: que si debiesen ser puestas por escrito y dichas verbalmente, lo serían de la mejor manera posible por mí mismo, y que si se las escribiese mal, yo estaría enormemente apenado. Si yo creyese, en cambio, que se debiesen escribir y se pudiesen comunicar de manera adecuada a la mayoría, ¿qué otra cosa más bella habría podido hacer en mi vida que escribir una doctrina altamente favorable para los hombres y llevar a la luz para todos la naturaleza de las cosas? Pero no creo que un tratamiento y una comunicación acerca de estos argumentos sea un beneficio para los hombres, a no ser para algunos pocos que son los únicos capaces de encontrar la verdad con pocas indicaciones, mientras que los otros se llenarían, algunos, de un injusto desprecio, en nada conveniente, y otros, en cambio, de una soberbia y necia presunción, convencidos de haber aprendido cosas magníficas.[37]

Naturalmente, se nos podrá preguntar cómo Platón pudo jamás considerar inútil poner a disposición un escrito sobre aquellas cosas, a fin de usarlo como simple *instrumento hipomnemático*, o sea, para evocarlas, en caso necesario, en la memoria de quien las había comprendido y aprendido bien en el ámbito de la oralidad dialéctica. Pero Platón mismo brinda una respuesta precisa a esta pregunta:

> No hay peligro de que uno olvide estas cosas, una vez que han sido bien comprendidas por el alma, dado que las mismas se resumen en poquísimas palabras.[38]

37. *Carta VII*, 341d – 342a.
38. *Carta VII*, 344d-e.

*Las «doctrinas no escritas» de Platón, tal como nos han sido
transmitidas por los discípulos, y los nexos estructurales
que las relacionan estrechamente con los escritos*

Hasta Aristóteles, y, por lo tanto, el más grande de los discípulos de Platón, nos informa de que las doctrinas que Platón reservaba a la oralidad dialéctica (y que, por tanto, presentaba en las lecciones dentro de la Academia), eran denominadas comúnmente «doctrinas no escritas».[39] A él debemos también indicaciones precisas acerca de su contenido.

¿Cómo es posible, empero, que Aristóteles y otros junto a él, no haya podido infringir jamás de manera sistemática la prohibición platónica de escribir sobre esas doctrinas?

Platón niega que quien haya escrito sobre ellas las haya comprendido:

> Quien me haya seguido en esta narración y digresión, comprenderá bien que si Dionisio puso por escrito sus principios primeros y supremos de la realidad, o si lo ha hecho alguna otra persona inferior o superior a él, no puede haber aprendido ni escuchado nada sano de mí sobre las cosas de las cuales ha escrito, tal como yo pienso. De otro modo, habría tenido ante ellas el respeto que yo tengo, y no habría osado exponerlas a un público no adaptado ni adecuado.[40]

Entonces, ¿no han quedado envueltos en esta férrea condena también los testimonios indirectos que nos fueron transmitidos por los discípulos?

La respuesta nos la brinda el mismo Platón, con una afirmación que excluye de manera precisa a sus discípulos del grupo de los que no lo han comprendido. Él nos dice, en efecto, que estos, sus discípulos, lo han comprendido, introduciéndolos como jueces autorizados contra Dionisio:

---

39. Véase Aristóteles, *Física*, IV 2, 209b 11-17.
40. *Carta VII*, 344d.

Si consideraba esas doctrinas tonterías, se verá entonces en contraste con muchos testimonios que sostienen lo contrario, y que sobre estas cosas podría haber jueces mucho más autorizados que él.[41]

Así las cosas, resulta evidente que los testimonios de los discípulos de Platón acerca de las «doctrinas no escritas» han de tomarse verdaderamente en seria consideración. Por tanto, *la tradición platónica indirecta debe ser un punto de referencia irrenunciable en la interpretación de Platón y en la relectura de sus escritos.*

Precisamente en la *Carta VII*, Platón nos dice, aunque sea de paso, que las doctrinas no escritas contemplaban «lo entero», o sea, la totalidad, «las cosas más grandes», «el bien», «lo falso y lo verdadero de todo el ser», «las cosas más serias» y, en particular, en el penúltimo pasaje leído más arriba, «los principios primeros y supremos de la realidad».[42]

En suma, las «doctrinas no escritas» trataban verdaderamente de aquellas cosas que para el filósofo eran «de mayor valor», de acuerdo al lenguaje utilizado en el *Fedro*.

Y, por lo demás, Platón hace en sus diálogos constantes referencias a estas «cosas de mayor valor», o sea, a las que son «los principios primeros y supremos de la realidad», con precisos mensajes transversales. De ello podemos inferir que se trata de referencias hipomnemáticas, útiles para quien había seguido sus lecciones, y que nosotros, por fortuna, podemos hoy comprenderlas, más allá de su significado alusivo, como referencias precisas a las «doctrinas no escritas».

Estas referencias a los «principios primeros y supremos de la realidad» son ciertamente las ayudas últimas que hay que dar a los escritos, ayudas estas que superan su «debilidad», suministrando lo que en ellos falta.

Por lo que concierne, empero, al problema de la «ayuda», es preciso hacer todavía algunas observaciones.

---

41. *Carta VII*, 345b.
42. Esta última expresión, de carácter técnico y la más marcada, se encuentra en *Carta VII*, 344d.

La «situación de ayuda» como estructura dramatúrgica de base
de los escritos platónicos, sea como reflejo de la oralidad,
sea como referencia a ella

Thomas Slezák, en un libro intitulado *Platone e la scrittura della filosofia*, que yo mismo traduje y presenté en italiano,[43] ha demostrado que la construcción de todos los escritos platónicos se apoya justamente sobre la «ayuda», llevada a varios niveles.

La «ayuda» consiste precisamente en aquello que Platón hace realizar en todos los diálogos a Sócrates, quien representa *la máscara del filósofo-dialéctico*.

En efecto: las estructuras conceptuales que emergen del prestar «ayuda» a un cierto «discurso» de parte de aquel que sabe, o sea, de parte del filósofo-dialéctico, *son las mismas tanto en la oralidad cuanto en el escrito, que es una forma de diálogo que reproduce, a su modo, la oralidad.*

Por tanto, «también las estructuras conceptuales que emergerán deberán ser las mismas, y la misma será la relación entre el "discurso" que necesita de ayuda y aquello que acude a prestársela».[44]

Siendo así, los diálogos presentan, entonces, incluso de manera estructural, la situación-de-ayuda «como esquema dramatúrgico de base»,[45] y deben ser releídos e interpretados precisamente en esta óptica.

Naturalmente: de todos modos, los diálogos siguen siendo «escritos» y, aun estando construidos sobre la base de una estructura de ayuda, *tienen necesidad de una forma ulterior de ayuda*, la que, por los motivos que Platón explica en sus testimonios sobre sí mismo, es decir, en cuanto son propiamente escritos, no pueden contener; no obstante, contienen «una anticipación ejemplar de la ayuda de la cual ellos mismos necesitan».[46]

Además, los diálogos no ofrecen solamente ejemplos formales del modo de proceder del filósofo, sino que *aluden también a los conteni-*

---

43. Véase más arriba, nota IV, 41.
44. Szlezák, *Platone* (nota IV, 41), 69.
45. Op. cit., 70.
46. Véase op. cit., 70ss.

dos que podría tener la ayuda ulterior al escrito, pero que, en este mismo, no están presentes. Todos los diálogos o, en todo caso, la mayor parte de ellos, son ricos en sugerencias y alusiones que indican la necesidad de una fundación ulterior, o sea, indican aquello de lo que carecen.

Se trata en particular de aquellos «pasajes de omisión»,[47] o sea, de los pasajes en los que esperamos escuchar que se nos dé una cierta respuesta, pero en los cuales Platón remite, en cambio, «a otra oportunidad», y que son una referencia a la dimensión de la oralidad dialéctica.[48]

Como bien habrá comprendido el lector, muchas de las exégesis de carácter problemático que en el pasado se hicieran de los diálogos platónicos, de sus repentinas detenciones aparentemente «aporéticas», de sus imprevistos silencios y de las referencias de la discusión, y aunque se las haya presentado con gran fineza artística, no resisten en modo alguno.

Los autores de tales exégesis no han asumido *el sentido histórico de la crítica de Platón a la escritura y el nexo dialéctico que subsiste entre escritura y oralidad.* En efecto, no se entiende el eje de sustentación del filosofar platónico ni los modos particulares en los que Platón presenta sus mensajes filosóficos mediante la escritura *si no se recupera el círculo hermenéutico que permite releer los diálogos en la justa dimensión histórica, en aquel momento histórico de pasaje de la cultura de la oralidad a la cultura de la escritura.*

Es preciso tratar de comprender el espíritu con el cual Platón vivió aquel momento de histórica revolución cultural y de entender a fondo las razones por las cuales tomó posición a favor de la oralidad dialéctica, considerándola como instrumento insustituible y superior a la escritura, la que, en la comunicación de los mensajes últimos, podía fallar.

47. Op. cit., pássim.
48. Véase una colección de los principales pasajes de referencia en el Apéndice II de H. Krämer, *Platone e i fondamenti della metafisica. Saggio sulla teoria dei princìpi e sulle dottrine non scritte di Platone con una raccolta dei documenti fondamentali in edizione bilingue*, introducción y traducción de G. Reale, Milano 1983; ⁵1994.

VI

POESÍA Y LOGOS.
EL MODO EN QUE PLATÓN SE PRESENTA
A SÍ MISMO COMO VERDADERO POETA
«CÓMICO» Y «TRÁGICO»

LA RADICAL NOVEDAD
CON LA CUAL PLATÓN ACEPTA LA POESÍA
Y SU FUNCIÓN EDUCATIVA
EN EL ESTADO IDEAL

Poeta de nacimiento, Platón no podía sino seguir siendo poeta
toda su vida, aun después de haberse convertido en filósofo

El éxito de Platón, que, en ciertos aspectos, es verdaderamente excepcional, no se debe solamente a su pensamiento filosófico, sino también, y en gran medida, a la belleza de sus obras, a la extraordinaria eficacia de su escritura, y, por tanto, a su poesía.

No hay otro hombre que lo haya igualado hasta ahora en la grandiosa síntesis de filosofía y poesía que él supo lograr.

Y es justamente esto lo que queremos demostrar ahora: así como Platón se presentó en el certamen de la oratoria y demostró ser el más grande escritor del momento, análogamente se comportó respecto de la poesía: en el momento en que la comedia y la tragedia habían alcanzado su cumbre, *él demostró de varias maneras ser precisamente él mismo el gran poeta del momento, capaz de dar nueva forma de manera espléndida tanto a la comedia cuanto a la tragedia*. E incluso, además de suministrarnos como prueba concreta sus mismas obras, nos lo ha dicho afirmándolo también de modo explícito en el final del *Banquete*, con una exquisita ironía y con gran fineza artística.

Pero ya los antiguos se habían dado muy bien cuenta de esto, y habían creado una estupenda apología: un día, Sócrates soñó que tenía sobre sus rodillas un joven cisne, que voló súbitamente y cantó con dulzura; justamente al día siguiente se presentó a Sócrates el joven Platón, y Sócrates afirmó que el joven cisne que se le había aparecido en sueños sobre sus rodillas y que había volado súbitamente cantando con dulzura era precisamente él.[1] Y las rodillas de Sócrates y el cisne que súbitamente sale volando y cantando dulcemente son imágenes espléndidas, que representan la verdad histórica: *en Platón se funden la filosofía que aprendió de Sócrates con la poesía que había recibido de la madre naturaleza.*

Pero los antiguos nos transmiten también otra apología que, muy probablemente, refleja un acontecimiento histórico real, aunque haya sido transfigurado por la imaginación poética. Diógenes Laercio nos narra:

> Mientras se aprestaba a participar en el concurso con una tragedia, Platón oyó la voz de Sócrates y, ante el teatro de Dionisio, quemó sus poemas exclamando: «¡Ven, Efesto, Platón te necesita!»[2]

Por tanto, Platón renunció a seguir el camino de la poesía y abrazó la filosofía: de aquella pira a la que Platón arrojó su tragedia, el dios Efesto le hizo traer el oro colado de la *poesía filosófica*; como veremos, los «diálogos» platónicos son, precisamente, *la comedia y la tragedia áticas transformadas en diálogos dialécticos, cuyos toques poéticos de lo cómico y lo trágico están puestos al servicio de la búsqueda de la verdad.*

Ya Nietzsche ponía de relieve en *El nacimiento de la tragedia* que, en Platón, «allí donde [...] unas disposiciones invencibles combatían contra las máximas socráticas, la fuerza de éstas, junto con el brío de aquel enorme carácter, siguió siendo lo bastante grande para empujar a la poesía misma a unas posiciones nuevas y hasta ahora desconocidas».[3]

---

1. Véase Diógenes Laercio, *Vida* (nota IV, 6), III, 5 (= Loeb, tomo I, 280).
2. Ibídem.
3. F. Nietzsche, *El nacimiento de la tragedia*, traducción de A. Sánchez Pascual, (= Alianza Editorial 456), Madrid: Alianza 1973, 120 (§ 14) (< *Die Geburt der Tragö-*

La poesía entendida como inspiración a-racional que proviene de las musas o como una posesión otorgada por «suerte divina» es para Platón completamente distinta del arte y de la ciencia

Ya hemos visto en un capítulo precedente cómo Platón considera la poesía una forma de «imitación de imitación», a triple distancia de la verdad, y, por tanto, del todo falaz desde el punto de vista cognoscitivo. Pero ya hemos insinuado el hecho de que, no obstante, él expresa no poco respeto ante ella, en particular respecto de su máximo representante, Homero, presentando con honor las armas a la poesía homérica como a su gran enemigo. Platón dice de Homero que «tenía dotes excelentes de poeta y fue el más grande de los trágicos».[4]

Y, concluyendo su discurso sobre la poesía en el libro X de la *República*, Platón revela perfectamente sus sentimientos respecto de la misma mediante palabras que recuerdan lo que nos dice aquella narración de los antiguos, o sea, en el pedido de ayuda a Efesto, dios del fuego, a fin de que, destruida la tragedia que había compuesto para participar del concurso poético, pudiese seguir el camino de la filosofía. Leamos la bella página, esencial para entender a fondo el argumento del cual estamos tratando en el presente capítulo, en cuanto Platón nos revela incluso haber sido *el enamorado de la poesía, y de haberla abandonado no sin gran sufrimiento y fatiga*:

> Estaremos incluso dispuestos a conceder a los delegados de la poesía
> –si acaso no son poetas sino simpatizantes de los poetas– de hacer la aren-
> ga de defensa en prosa, *siempre que demuestren que aquella no es sólo pla-*
> *centera, sino que es al mismo tiempo ventajosa para la sociedad y para la*
> *vida del hombre*: por cierto, en tal caso, los escucharemos con gusto. Pues
> sería para nosotros toda una ganancia si la poesía resultase no sólo dulce,
> sino también útil. […] Pero si no lo fuese, amigo mío, *nos comportaremos*
> *como hacen los enamorados que consideran nocivo su propio amor y que, aun-*
> *que con gran esfuerzo, se separan de él.* También nosotros estaremos muy feli-

die oder Griechentum und Pessimismus = *Werke in drei Bänden* [K. Schlechta] I, Mün-
chen ⁷1973, 19-134. Este pasaje: 78s).
   4. *República*, X, 607a.

ces si la poesía se comprueba en los hechos como óptima y absolutamente verdadera […], pero hasta que no logre defenderse de las acusaciones, la escucharemos por cierto, pero no repetiremos a nosotros mismos el discurso que venimos haciendo al modo de un encantamiento, augurándonos no caer todavía en esta especie de amor infantil y popular. *Sin duda, le prestaremos oído, pero no como si se debiese profundizar el empeño en esta poesía* –ni tampoco como si la misma fuese seria y adhiriese a la verdad– *sino escuchándola con la desconfianza de quien teme por la integridad de lo que lleva en su interior* y tiene respecto de la poesía la convicción que hemos expuesto más arriba.[5]

Pero si el poeta es un imitador que no sabe nada de lo que dice mediante la imitación, y si la poesía no es arte ni ciencia verdaderos, ¿cómo puede tener esta *fuerza imitativa*, y cómo puede alcanzar los efectos que alcanza, de carácter engañoso, pero de todos modos potentes y grandiosos?

La respuesta nos la da Platón ya en su juvenil *Ion*, un diálogo exquisito, pero mal entendido en primer lugar por los poetas, con el gran Goethe en primera línea.[6]

La poesía no es un arte, sino una «fuerza divina», análoga a la del imán, que no atrae solamente los anillos de hierro, sino que infunde incluso en estos anillos la fuerza de atraer hacia sí a otros anillos, de tal manera que se forma como una larga cadena de anillos que cuelgan uno del otro y todos de la fuerza del imán. Y tal fuerza del imán es la metáfora que representa la inspiración de la musa: los primeros anillos son los poetas y los otros son todos aquellos que dependen de la poesía: rapsodas, intérpretes, actores, coreutas, y así sucesivamente. Escribe Platón:

> De esa manera, también la musa hace inspirados a los poetas, y, a través de estos inspirados, se forma una larga cadena de otros que están poseídos por el dios. Y, ciertamente, todos los buenos poetas épicos componen todos estos buenos poemas no porque posean el arte, sino porque están inspirados y poseídos por el dios, y del mismo modo los buenos poe-

5. *República*, X 607e – 608a.
6. Véase Platón [Platone], *Ione*, prefacio, ensayo introductorio, traducción y notas de G. Reale, Milano 1998.

tas líricos: y como los coribantes danzan fuera de sí, así también, fuera de sí, los poetas líricos componen sus buenos poemas, y cuando entran en la armonía y en el ritmo, son poseídos y sacudidos violentamente por el furor báquico. Y como las bacantes, cuando están poseídas, cogen de los ríos leche y miel y, en cambio, cuando están en su sentido, no saben hacerlo, así se comporta también el ánimo de los poetas líricos, como ellos se denominan a sí mismos. En efecto, justamente los poetas nos dicen que sacan sus cantos de fuentes que manan miel y de jardines y bosquecillos consagrados a las musas, y que a nosotros nos los traen como lo hacen las abejas, también ellos volando como estas. ¡Y dicen la verdad! Pues el poeta es una cosa leve, alada y sacra, e incapaz de hacer poesía si primeramente no está inspirado por el dios y no está fuera de sí, y si la mente no está enteramente arrebatada. Mientras sigue en posesión de sus facultades, ningún hombre puede hacer poesía o vaticinar.[7]

Esta inspiración poética se tiene solamente «por una fuerza divina»,[8] y permite a los poetas hacer solamente aquello hacia lo que lo impulsan las musas, y no otra cosa.

En el pasaje leído más arriba, Platón ha introducido el parangón de las bacantes. Las bacantes o ménades, recordémoslo, eran grupos de mujeres que se reunían año por medio y en la mitad del invierno, y que desarrollaban de noche ritos orgiásticos que comprendían experiencias extáticas y posesiones, que las sacaban de sí mismas. Dodds, que ha estudiado a fondo el problema, escribe: «Debe haber habido un tiempo en que las ménades, o thyadas o bákcai eran por espacio de algunas horas o de algunos días lo que su nombre implica, mujeres salvajes cuya personalidad humana había sido reemplazada temporalmente por otra».[9]

Y para reafirmar el estado de inspiración de los poetas que les quita la mente y los lleva «fuera de sí», Platón recuerda, también en el *Ion*, las experiencias de los vaticinadores y profetas:

7. *Ion*, 533e – 534b.
8. *Ion*, 534c.
9. E. Dodds, *Los griegos y lo irracional*, traducción de María Araujo, Madrid: Alianza ⁴1985, 252 (< *The Greeks and the Irrational*, Berkeley-Los Angeles 1951).

Pues los poetas no componen por ciencia sus poemas, sino por una fuerza divina, ya que, si supiesen hablar bien de una cosa por arte, sabrían hablar bien igualmente de todas las demás. Y el dios les arrebata la mente y se sirve de ellos como de ministros, así como lo hace con los vaticinadores y los profetas, para que nosotros, escuchándolos, podamos comprender que no son ellos los que dicen cosas tan admirables, desde el momento en que su mente no está en ellos, sino que es el mismo dios el que las dice y habla a nosotros a través suyo.[10]

El mismo discurso hace Platón, de un modo algo más amplio y profundizado, en el *Fedro*, donde fija la idea de «divina manía», que, como ya hemos dicho más arriba, se articula en cuatro formas: la de la mántica (o profecía), la de la teléstica, la de la poesía y la de la erótica. De esta *divina manía* en todas sus formas específicas Platón reafirma que opera en el hombre haciéndole «perder el sentido». En particular acerca de la poesía escribe:

En tercer lugar viene la posesión por parte de la manía que proviene de las musas, que, tomando posesión de un alma tierna y pura, la despierta y la lleva fuera de sí en la inspiración báquica en cantos y en otras poesías, y, rindiendo honor a innumerables obras de los antiguos, instruye a la posteridad. Pero el que llega a las puertas de la poesía sin la manía de las musas, pensando que podrá ser un poeta válido a consecuencia del arte, queda incompleto, y la poesía de quien queda en sus cabales se ve oscurecida por aquella de los que están poseídos por la manía.[11]

El problema que hemos planteado más arriba se resuelve por completo sobre la base de estos textos: el poeta no obra por propia fuerza sino por una fuerza que le viene de la inspiración divina; más allá de ello, esta inspiración divina implica un «perder el sentido». Se trata de una fuerza que no tiene nada en común con el arte ni con la ciencia y que, por lo tanto, no puede aprenderse ni enseñarse.

De esto deriva, para hacer uso de eficaces metáforas, el honrar las armas del enemigo y, al mismo tiempo, el reconocimiento de la poesía como un enemigo, aunque respetabilísimo, con todas las consecuencias que esto conlleva.

10. *Ion*, 534c-d.
11. *Fedro*, 245a.

Pero Platón hace aún otra concesión a la poesía, frecuentemente descuidada y de todas maneras mal comprendida, reservándole, como ahora veremos, un espacio en su estado ideal, si bien en una nueva dimensión.

Recuperación, en el estado ideal, del valor de una poesía renovada e inspirada en criterios axiológicos

Giovanni Cerri llamó correctamente la atención sobre este punto: «Platón condena el mito y la poesía de la tradición de Homero y Hesíodo, *no el mito y la poesía en cuanto tales; antes bien, el presupuesto y corolario de todo el razonamiento es que justamente el mito y la poesía que lo narra son el único camino practicable para la formación de base del ciudadano.* La verdad dialéctica interviene sólo en un segundo momento, representa el grado superior y subsiguiente del aprendizaje educativo, reservado, por lo demás, solamente a aquella *élite* de personas que habrán mostrado disposición a recibirla».[12]

Cerri precisa más adelante que las páginas de los libros II y III de la *República*, en las cuales se discute esta problemática, no han sido adecuadamente comprendidas, en cuanto, en la mayoría de los casos, fueron interpretadas como un ataque a la poesía a favor de la filosofía, con una clausura casi total de los espacios que aquella ocupaba. Sin embargo, no es así, desde el momento en que aquel amplio tratamiento contiene un mensaje no sólo negativo, sino también positivo: «Antes que nada, es un análisis de la influencia psicológica e ideológica que ejerce el discurso narrativo sobre la mentalidad corriente; después, es una crítica negativa, formulada desde este ángulo visual, de la mayor parte del patrimonio mítico-poético transmitido por la tradición cultural del pueblo griego; *y, finalmente, es el proyecto de un mito y de una poesía nuevos, verdaderamente capaces de inspirar en los jóvenes y en la comunidad toda aquel sistema de valores bien arraigados que la reflexión política considera funcionales para la cohesión y vitalidad del cuerpo social*».[13]

12. Cerri, *Platone sociologo* (nota I, 13), 22-23. Cursiva nuestra.
13. Op. cit., 23.

En efecto, según Platón, las fábulas y los mitos que se relatan a los niños son creaciones poéticas que el *epos* y la tragedia no hacen sino presentar de manera aumentada. Y la formación de los niños y de los jóvenes tampoco podría realizarse en la ciudad ideal sino mediante estos instrumentos, y no con otros. De hecho, justamente la juventud constituye el momento esencial para la formación, o sea, el momento ideal para plasmar a los futuros hombres «y para plasmarlos según la impronta que se quiere dar a cada uno de ellos».[14]

He aquí, entonces, el programa que fija Platón:

> Por lo que parece, lo primero que hay que hacer es vigilar a los que idean las fábulas: cuando inventen una bella, la aprobaremos; en caso contrario, la descartaremos. Y después nos tocará hacer un trabajo de convencimiento ante las madres y las nodrizas a fin de que narren a sus pequeños las fábulas admitidas, de modo de plasmar con ellas sus almas, mucho más que, con las manos, sus cuerpos. Por el contrario, muchas de las fábulas que se narran hoy habría que descartarlas.[15]

Y el comportamiento deberá ser análogo con las «grandes fábulas», en las que están incluidas las pequeñas que se narran a los niños; o sea, con las de Homero y Hesíodo.

> Ellos son los inventores de estos mitos fantasiosos, y todavía ellos los propagaron y aún ahora los propagan a la gente.[16]

En particular, los poetas en la ciudad ideal deberán continuar su tarea, pero será preciso convencerlos de atenerse a ciertas reglas, en cuanto sus mensajes continúan *imprimiendo en el ánimo humano improntas formativas decisivas.*

Ciertamente, las numerosas reglas a las que los poetas debían atenerse en la ciudad ideal platónica son consideradas por el hombre de hoy como una forma muy grave de actitud «cerrada» y de pesado «moralismo». Pero ese juicio no se sostiene si se tiene en cuenta la

14. *República*, II 377b.
15. *República*, II 377b-c.
16. *República*, II 377d.

función de la poesía, que en el mundo antiguo era completamente diferente respecto de la actual, es decir, si se tiene en cuenta el hecho de que *la poesía era un instrumento educativo y formativo de primer orden, y no un entretenimiento espiritual de carácter predominantemente estético*, como hemos visto en los capítulos precedentes. La reforma de los mitos y de la poesía que los expresa *no* tenía como fin *eliminar los mitos y la poesía, sino liberarlos y purificarlos de los «graves engaños» de los cuales eran portadores y de los deletéreos efectos morales que provocaban imprimiéndose en el ánimo de los jóvenes y de los hombres, habituándolos a creer que cometer graves crímenes e iniquidad es lícito desde el momento en que justamente estos eran los comportamientos de los mismos dioses y de los héroes de los cuales hablan los mitos y la poesía.*

Las reglas en las cuales deberían inspirarse la creación de los mitos y la poesía en el estado ideal son quince, todas muy significativas:[17] 1) deberían eliminarse completamente entre los dioses las luchas de los hijos con los padres; 2) «tal como es el dios, así debería representárselo siempre, sea que se lo haga en verso épico, o lírico, o en el contexto de una tragedia»:[18] en la medida en que el dios es bueno, no debería representárselo nunca como causa de males; 3) un dios no debe representarse como susceptible de cambiar de forma, en cuanto «dios y la esfera de lo divino son, desde todo punto de vista, las realidades más perfectas. [...] Por tal motivo, dios es el ser que menos que cualquier otro podría asumir muchas formas»;[19] 4) los dioses no pueden presentarse de manera ilusoria en formas aparentes y llevar, así, al engaño; 5) para formar jóvenes valientes se deberá evitar tornarlos temerosos ante la muerte, narrando cosas terribles a propósito del Hades; 6) por la misma razón, al referirse al Hades, se deberá evitar el uso de términos que puedan infundir temor; 7) no deberán presentarse hombres ilustres que se abandonan a llantos y gemidos inadecuados, a fin de preparar a los jóvenes a soportar con dignidad las desgracias que les sucederán en su vida; 8) por la misma razón, no deberán atribuirse gemidos y lamentos a dioses y a héroes; 9) no debe-

17. *República*, II 377b – III 392c.
18. *República*, II 379a.
19. *República*, II 381b.

rán presentarse dioses ni héroes presa de la risa, a fin de no tornar a los jóvenes demasiado dispuestos a reír sobre las cosas; 10) no se deberá habituar al joven a hacer uso de la mentira, porque ésta subvierte y arruina la ciudad; 11) no deberán presentarse comportamientos de dioses y de héroes víctimas de pasiones desordenadas y de intemperancia; 12) no deberán presentarse ejemplos que habitúen a los jóvenes a dejarse corromper por el dinero y a ser ávidos de riquezas; 13) no deberán darse ejemplos de acciones nefandas de los héroes respecto de dioses o de hombres muertos; 14) no deberán atribuirse a hijos de dioses rapiñas y empresas terribles, en cuanto «estas cosas acarrean daño a quien las escucha, porque cualquier mala acción tendrá ya pronto una buena excusa, cuando esté convencido de que sus crímenes los realizan o los han realizado también los del linaje de los dioses»; 15) finalmente, «debemos reconocer que los poetas y los mitógrafos se equivocan gravemente acerca de los hombres cuando afirman que muchos deshonestos son felices y, en cambio, muchos honestos infelices, y que, de hecho, la injusticia, siempre que no se trasluzca, presta un buen servicio, mientras que la justicia sirve a los otros y no a sí mismos». De estas doctrinas, concluye Platón,

es preciso prohibir la difusión, mientras que se debería obligar a los poetas a cantar y a poner en mitos los valores contrarios.[20]

Implicancias y consecuencias de esta recuperación de la poesía en el estado ideal

Naturalmente, esta posición asumida por Platón en lo concerniente a la reforma de la creación de mitos y de la poesía conlleva complejos problemas. En primer lugar, se habla de la poesía a propósito de la formación de la clase de los «custodios» de la ciudad, mientras que los gobernantes deben tener una formación muy distinta, matemática y filosófica; en segundo lugar, aun reformada de

20. *República*, III 391e para el pasaje del punto 14); y 392a-b para los dos pasajes del punto 15).

este modo, la poesía implica la «mimesis», es decir, la imitación, sea en el plano de la composición o en el de la comunicación; en tercer lugar, parecería que ya no se sostiene la interpretación de la poesía como inspiración y posesión que lleva a perder el sentido; en todo caso, sigue en pie el hecho de que, con la poesía, se permanecería siempre en el nivel de la opinión. ¿Pero en qué sentido?

La respuesta que a tales problemas se obtiene de los textos platónicos es muy precisa.

En primer lugar, es verdad que se habla de la poesía en referencia a la formación de los custodios y no de los gobernantes de la ciudad; pero también es verdad que se habla de la formación de los niños y jóvenes, de los cuales surgirán los mismos gobernantes, y, por tanto, de todas las clases que se cuentan en la ciudad ideal. El valor formativo de la poesía sigue siendo válido en general.

En segundo lugar, es verdad que el instrumento de la creación de la poesía y de su comunicación sigue siendo siempre la «imitación», pero se trata de una *imitación de lo verdadero*, es decir, de una imitación axiológica de modelos que exprimen los valores propuestos.

En particular, Platón está en contra de la forma de imitación de la poesía tradicional que propone muchos modelos y conlleva la imitación de estos varios modelos, que crean hombres *bivalentes* y *polivalentes*, mientras que en el estado ideal no debe encontrarse «un hombre de actividad bivalente o polivalente», en cuanto cada uno debe tener una precisa función y profesión, con el correspondiente carácter.

Platón escribe:

> Nuestros guardianes deberán ser exonerados de todo otro trabajo, para empeñarse con la máxima dedicación a garantizar la libertad del estado, descuidando todo otro empeño que no tenga como fin esa meta, y es preciso que ellos no hagan ni imiten modelos distintos a este. *E incluso si quisieran tomar para sí un modelo, deberían imitar aquellos a los cuales están habituados desde la infancia: o sea, los hombres valientes y temperantes, píos, libres, en suma, dotados de toda virtud que sea similar a estas.*[21]

21. *República*, III 395b-c; véase 397e.

Y acerca de los poetas, Platón puntualiza de modo inequívoco lo siguiente:

> Me parece que un poeta de valía, *cuando llega a relatar, en la trama de su obra, algún discurso o alguna acción del hombre virtuoso, debería querer sustituirlo en el relato, y no avergonzarse de adherir a un tal modelo, sino más bien aceptar esta adhesión cuando se trate de un personaje valeroso que obra de manera resuelta y de acuerdo a la sabiduría,* atenuándola y reduciéndola, en cambio, cuando el hombre al que se imita yace bajo los efectos de mal, o de pasión de amor, o de embriaguez, o de otras desventuras de ese género. En cambio, si encontrara algún personaje indigno de él, no querrá seriamente asemejarse a un individuo peor sino por un breve instante, cuando, de darse el caso, éste realice una buena acción.[22]

Y he aquí la conclusión:

> Si se presentase en nuestra ciudad con la intención de poner en escena sus propias obras un poeta que, en virtud de su habilidad, supiese recitar todas las partes e imitar cada modelo, no dejaremos, por cierto, de venerarlo como un hombre divino y maravilloso, lleno de fascinación. Sin embargo, le diremos también que no hay lugar en nuestro estado para un hombre como él, ni que podría haberlo, y lo dirigiremos hacia otras ciudades, no sin antes haber vertido esencias perfumadas sobre su cabeza y de haberlo coronado con filetes de lana. Porque, en verdad, a nosotros, que prestamos atención a lo que es útil, nos serviría un poeta o narrador de mitos *aunque menos agradable, sin embargo, más serio, que nos recitase la parte del hombre de bien y que dijese las cosas que hay que decir según la tipología que hemos establecido.*[23]

Para comprender a fondo este discurso, es preciso darse cuenta de que la *«imitación» a varios niveles constituye un eje de sustentación del pensamiento platónico, mucho más allá de cuanto Havelock y sus seguidores han creído sobre este punto*, tal como tendremos oportunidad de ver detalladamente en los próximos capítulos.

Por lo que respecta al tercer problema, la respuesta es más compleja, en cuanto *implica una verdadera reforma del modo de hacer poesía, reforma que Platón lleva a cabo.*

22. *República*, III 396c-d.
23. *República*, III 398 a-b.

Mientras tanto, podemos decir ya mismo que el mito y la poesía siguen estando, por cierto, *al nivel de la opinión*, pero hay que recordar que la opinión puede ser «falsa» o «verdadera», y que la opinión relacionada con la imitación de muchos modelos, en particular de modelos falsos, no puede sino ser falsa, *mientras que la que está relacionada con un modelo unitario y verdadero no puede sino ser verdadera*. La dificultad está en el construir mitos y poesías en esta óptica, dejando totalmente de lado la imitación de lo múltiple, que es desordenado y descompuesto en todo sentido.

Pero la imitación de los modelos múltiples y descompuestos es fácil, mientras que la imitación del modelo unitario y veraz es muy difícil.

Platón escribe:

> Precisamente son estas actitudes descompuestas las que se ofrecen como modelos de imitaciones múltiples y variadas. En cambio, *la costumbre acuñada por la sabiduría y el equilibrio, siendo casi siempre igual a sí misma, no es fácil de imitar, y, una vez imitada, no es fácil de apreciar en una reunión pública y entre los hombres de toda extracción que se congregan en los teatros*, pues en tal caso se trataría de una reproducción de sentimientos extraños a su sensibilidad.[24]

Y más aún:

> Sabe, empero, que en nuestra ciudad no se aceptará otra forma poética que los himnos a los dioses y los encomios para los hombres virtuosos, porque, *si dieses acogida a la musa dulce, en la lírica o en la épica, el placer o el dolor reinarán en el estado en lugar de la ley y la razón*, la que es considerada siempre y unánimemente como la mejor parte.[25]

¿Pero no ha sido acaso el mismo Platón el creador de esta nueva poesía?

En el segundo libro de la *República*, Platón escribe:

---

24. *República*, X 604e.
25. *República*, X 607a.

Querido Adimanto, *por lo menos hasta el día de hoy*, ni tú ni yo somos poetas, sino fundadores de un estado; y el que funda un estado no está obligado a idear él mismo relatos mitológicos, sino a tener claramente en su mente las líneas directrices de los mismos, ateniéndose a las cuales los poetas deberán construir sus mitos.[26]

Pero la afirmación «por lo menos hasta el día de hoy, ni tú ni yo somos poetas» es un mensaje irónico emblemático: *Platón, con sus escritos, se presentaba de manera provocativa como el nuevo poeta, el mayor poeta cómico y trágico del momento*. Veremos ahora que es esto mismo lo que Platón nos ha dicho a partir del *Banquete*.

Cómo Platón ha mostrado, con sus diálogos, ser el más grande poeta «cómico» y «trágico» de su tiempo y cómo lo ha demostrado expresamente en el Banquete

En el *Fedro*, tal como surge del capítulo precedente, Platón ha «mostrado» y «demostrado» ser él mismo, y no uno de los renombrados retóricos, el más grande escritor griego del momento (el maestro de la oratoria como arte verdadero del decir y del escribir); de manera análoga, trasladándose a otro plano y haciendo uso de otros criterios y recursos dramatúrgicos, en el *Banquete* «muestra» y «demuestra», con gran habilidad artística y con provocativos juegos irónicos de fineza extraordinaria, *que él mismo es el mayor poeta «cómico» y «trágico» de su tiempo, en cuanto había introducido en el arte poético innovaciones revolucionarias*.

No me parece que los estudiosos hayan valorado adecuadamente el *Banquete* como un «testimonio sobre sí mismo» por parte de Platón, que se *declara el verdadero poeta del momento*, y considero oportuno, por tanto, brindar una demostración adecuada, aunque sólo sea sintética, remitiendo al lector interesado a mi análisis e interpretación detallada del diálogo contenida en mi volumen *Eros dèmone mediatore. Il gioco delle maschere nel* Simposio *di Platone*.[27]

26. *República*, II 378e – 379a.
27. Publicado en Milano, 1997.

Pero primeramente haremos bien en leer un pasaje de Nietzsche en el que, con su extraordinario estilo cortante, se reconoce que Platón ha creado una nueva forma de arte: Platón, «que en la condena de la tragedia y del arte en general no quedó ciertamente a la zaga del ingenuo cinismo de su maestro, tuvo que crear, sin embargo, por pura necesidad artística, una forma de arte cuya afinidad precisamente con las formas de arte vigentes y rechazadas por él es íntima. El reproche capital que Platón había de hacer al arte anterior –el de ser imitación de una imagen aparente, es decir, el pertenecer a una esfera inferior incluso al mundo empírico–, contra lo que menos se tenía derecho a dirigirlo era contra la nueva obra de arte; y así vemos a Platón esforzándose en ir más allá de la realidad y en exponer la Idea que está a la base de esa pseudorrealidad. Mas con esto el Platón pensador había llegado, a través de un rodeo, justo al lugar en que, como poeta, había tenido siempre su hogar y desde el cual Sófocles y todo el arte antiguo protestaban solemnemente contra aquel reproche. Si la tragedia había absorbido en sí todos los géneros artísticos precedentes, lo mismo cabe decir a su vez, en un sentido excéntrico, del diálogo platónico, que, nacido de una mezcla de todos los estilos y formas existentes, oscila entre la narración, la lírica y el drama, entre la prosa y la poesía, habiendo infringido también con ello la rigurosa ley anterior de que la forma lingüística fuese unitaria [...]. El diálogo platónico fue, por así decirlo, la barca en que se salvó la vieja poesía náufraga, junto con todos sus hijos: apiñados en un espacio angosto, y medrosamente sujetos al único timonel Sócrates, penetraron ahora en un mundo nuevo, que no se cansó de contemplar la fantasmagórica imagen de aquel cortejo. Realmente Platón proporcionó a toda la posteridad el prototipo de una nueva forma de arte, el prototipo de la *novela*: de la cual se ha de decir que es la fábula esópica amplificada hasta el infinito, en la que la poesía mantiene con la filosofía dialéctica una relación jerárquica similar a la que durante muchos siglos mantuvo la misma filosofía con la teología: a saber, la de *ancilla* [esclava]. Esa fue la nueva posición de la poesía, a la que Platón la empujó, bajo la presión del demónico Sócrates».[28] Platón,

---

28. Nietzsche, *El nacimiento de la tragedia* (nota 3), 120s (§ 14) (< 79s).

en efecto, ha creado verdaderamente una nueva forma de poesía fundada en la investigación y el conocimiento de la verdad y orientada a la comunicación protréptica y persuasiva de la misma, y, en este sentido, altamente filosófica.

He aquí, pues, la manera como en el *Banquete*, obra compuesta entre el 387 y el 377 a.C., o sea, en el *anthos* de sus años cuarenta, Platón se presenta como el nuevo poeta.

Como es sabido, el diálogo se desarrolló en la casa del poeta Agatón, que ofrece a sus amigos un banquete para festejar la victoria conseguida por él con su primera tragedia (representada en el 416 a.C.). Los discursos que se decide a hacer, al final de la comida, son en honor de *Eros*, con el fin de elogiarlo de la mejor manera posible.

La narración es presentada de manera indirecta por Apolodoro, un discípulo de Sócrates, que no había participado en el banquete, sino que había sido informado al respecto por Aristodemo, otro discípulo de Sócrates: por tanto, el discurso se concibe como narración de una narración. Y, además, se subraya la lejanía del tiempo en el cual había tenido lugar el banquete, con el objeto de darle al evento un sabor legendario, colocándolo así en la dimensión de un mito.

Los discursos en elogio de Eros recordados son los del retórico Fedro, del sofista Pausanias, del médico Erisímaco, del poeta cómico Aristófanes, del poeta trágico Agatón y del filósofo Sócrates. A ellos se agrega un discurso de Alcibíades, llegado hacia el final del banquete, que desarrolla el tema no en honor de Eros, sino del «erótico» Sócrates.

Con extraordinaria maestría, Platón muestra ser capaz de imitar de manera perfecta los estilos propios del literato, del retórico-sofista-político, del médico científico, del joven Alcibíades ebrio, pero sobre todo emerge en las intenciones del poeta cómico Aristófanes (algún estudioso considera las páginas de este discurso como absolutamente perfectas) y del poeta trágico Agatón.

Primeramente, como veremos, Platón juega con la máscara de Aristófanes con una habilidad verdaderamente excepcional: recurriendo al arte cómico, pone en boca de Aristófanes imágenes bellísimas, que sólo podrían haber sido pronunciadas por un comediógrafo de esa estatura, y, además, caricaturizándolo con significados recónditos, alusivos a sus «doctrinas no escritas»: con el arte del reír, Platón se burla de aquellos que no lo entendían y se reían de él por esas doctrinas.

Después, el discurso de Agatón es imitado según el estilo que le era propio, inspirado en Gorgias, con los variados juegos de metáforas y de términos refinados, con una verdadera danza de expresiones previamente dispuestas, y con un grandioso juego pirotécnico de palabras. Y, como comentario, jugando según el estilo de Gorgias con la asonancia del nombre de *Gorg*-ias con el de *Gorg*-ona (el monstruo mítico que transformaba en piedra a quien lo miraba), Platón hace decir a Sócrates:

> El discurso de Agatón me ha recordado a Gorgias, y tanto, que me parecía que pudiese sucederme justamente lo mismo que narra Homero: me asaltó el temor de que Agatón, al final del discurso, lanzase la cabeza de aquel terrible orador Gorgias contra mí y me transformase en piedra, quitándome la voz.[29]

Pues bien, Platón no ha mostrado solamente saber imitar perfectamente al poeta cómico y al trágico, sino, al final del banquete, cuando ya todos se habían ido o se habían quedado dormidos, hace permanecer despiertos al mismo Aristófanes, a Agatón y a Sócrates, empeñados en una discusión sobre el arte de la poesía. Y, como con una suerte de firma de autor, cierra el escrito de la siguiente manera:

> Sócrates discutía con ellos. Por lo demás, Aristófanes decía no recordar más los discursos que hacían, porque no los había seguido desde el principio y se había adormecido. Pero afirmaba que lo esencial era esto: *Sócrates obligaba a Aristófanes y a Agatón a admitir que saber componer comedias y tragedias es propio del hombre mismo, y que quien por arte es poeta trágico, también es poeta cómico.* Ellos, constreñidos a admitir estas cosas sin seguirlo mucho, cabeceaban de sueño; Aristófanes se adormeció el primero, y más tarde, cuando ya era de día, lo hizo también Agatón.[30]

29. *Banquete*, 198c.
30. *Banquete*, 223c-d.

Por tanto, sólo habían quedado en el campo el «poeta cómico», el «poeta trágico», y el «filósofo»: y este último obligaba a los otros dos a admitir que el poeta que es tal por arte es al mismo tiempo trágico y cómico. El mensaje de Platón es clarísimo: *el verdadero poeta es el filósofo, y el verdadero arte es aquel que está ligado a la búsqueda de la verdad, que, en cuanto tal, engloba tanto la realidad del cómico cuanto la del trágico, y las expresa de manera adecuada.*

Y nótese también el énfasis puesto en el hecho de que los dos no estaban muy convencidos del discurso de Sócrates: con lo que Platón da muy bien a entender que, obviamente, ni Aristófanes habría podido escribir tragedias, ni Agatón comedias, mientras que el filósofo, justamente sobre la base de la búsqueda de la verdad que le era propia, podía expresarse en la dimensión de lo cómico y de lo trágico.

Por lo demás, algunas de las obras maestras de Platón son, en efecto, espléndidas comedias, como, por ejemplo, el *Protágoras*,[31] o tragedias, como el *Gorgias*[32] o el *Fedón*.[33]

Pero justamente el discurso sobre el *Eros* que Platón pone en labios de Sócrates es una *espléndida comedia en la comedia*: Sócrates refuta primeramente a Agatón, hace intervenir luego a la sacerdotisa y adivina Diotima y finge haber sido refutado por ella como él había refutado a Agatón, y, por tanto, haber sido instruido por ella. Y todo el discurso se presenta con el *juego de las tres máscaras*, o sea, con la máscara de Sócrates que poco a poco se esconde tras la máscara de Diotima o que esconde bajo la suya propia la máscara de Agatón, con una dinámica dramatúrgica extraordinaria.

Pero aún hay más. El discurso entero es establecido y desarrollado *transformando en poesía los momentos de misterios sacros*, hasta llegar al momento final, o sea, a la contemplación de la Belleza suprema, ascendiendo, como veremos, escalón por escalón por la escalera del amor. Se trata de páginas consideradas por todos no sólo entre las

31. Véase mi edición del *Protágoras* (nota IV, 46), en la que trato esta problemática.

32. Véase mi edición del *Gorgias* (nota IV, 47), en la que trato esta problemática.

33. Véase Platón [Platone], *Fedone*, prefacio, ensayo introductorio, traducción, notas, aparato e inserciones iconográficas de G. Reale, Milano 1997, particularmente el "Saggio introduttivo", pássim.

más elevadas de Platón, sino entre las más elevadas de la literatura de todos los tiempos.

Y con esto, estamos en condiciones de comprender también otro mensaje cifrado: Alcibíades, que había llegado para coronar a Agatón con ocasión de la victoria obtenida con su primera tragedia, después de haberlo coronado, dándose cuenta de improviso de la presencia de Sócrates, exclama:

> Querido Agatón, dame un poco de filetes de lana, a fin de que pueda coronar también a tu admirable jefe, para que no me reproches después haberte coronado a ti y no haberlo coronado a él, que, en los discursos, supera a todos, no sólo una vez, como tú ayer a otro, sino siempre.[34]

Entonces, en la fiesta del poeta trágico por la victoria de su primera tragedia y en su propia casa, no sólo el filósofo supera con su discurso a todos los demás, sino que también se lo corona, porque él vence no sólo una vez, sino siempre: *es la declaración de la victoria de la nueva poesía filosófica*, que es, al mismo tiempo, cómica y trágica.

En las Leyes*, Platón confirma que considera sus propios diálogos como la nueva forma de poesía y como punto de referencia para la educación de los jóvenes*

Una confirmación de todo lo dicho se encuentra en el séptimo libro de las *Leyes*, donde se discute sobre los textos a usar en la educación de los jóvenes, para enseñarles a leer y escribir, y para hacérselos aprender de memoria en atención a sus contenidos formativos.

Conviene leer por entero el texto, en cuanto de él emerge con claridad cómo Platón (por boca del Ateniense, que es la máscara dramatúrgica tras la cual se esconde él) señala sus diálogos como modelos de verdadera poesía formativa, diciendo que han sido fijados en la escritura de modo que queden a disposición de los maestros para la educación de los jóvenes.

34. *Banquete*, 213e.

Ateniense – Yo pienso que, teniendo a nuestra disposición muchísimos autores de hexámetros, de trímetros y de otros metros muy conocidos, que versan a veces de temas serios y otras de temas cómicos, no faltan y hasta son infinitos en número los maestros que consideran necesario, para la buena formación de un joven, atiborrarlo de tales composiciones, considerándolo muy docto con su lectura y, además, muy informado por el hecho de haber aprendido de memoria la obra entera de los poetas. Algún otro maestro, en cambio, escogiendo del conjunto de los escritos algunos pasajes fundamentales y recopilando en antología trozos completos, sostiene que estos deben aprenderse de memoria si verdaderamente se quiere llegar a ser virtuosos y sabios gracias a una consumada experiencia y a una rica cultura. Ahora bien, ¿no son tal vez estos los docentes a los que me haces dirigirme, para subrayar, sin rodeos, cuándo dicen de justo y cuánto de erróneo?

Clinias – Son justamente ellos.

Ateniense – Veamos cómo podré ser exhaustivo con todos estos argumentos, encuadrándolos según un único criterio. Yo creo que tal criterio, que, por otra parte, cualquiera puede compartir fácilmente, se resume en la constatación de que cada uno de estos poetas ha dicho algunas cosas buenas y otras de valor opuesto. Por tanto, si las cosas están en estos términos, es mi opinión precisa que constituye un gran riesgo proponer a los jóvenes de manera indiscriminada un estudio de estos autores.

Clinias – Y entonces, ¿qué consejos darías al Custodio de las Leyes?

Ateniense – ¿A propósito de qué?

Clinias – A propósito del modelo ideal a seguir para decidir cuáles son aquellas cosas que pueden aprender todos los jóvenes y cuáles son las que serán prohibidas. ¡Vamos, dilo sin vacilar!

Ateniense – Querido Clinias, creo que, en cierto sentido, ya he tenido éxito en la empresa.

Clinias – ¿Respecto de qué?

Ateniense – Respecto de que no tengo problemas de ningún tipo acerca del modelo. Ahora, pues, *haciendo referencia a los discursos que hemos pronunciado desde las primeras luces del alba hasta este momento* –discursos estos que, entre otras cosas, en absoluto me parecen carecer de una inspiración divina–, los mismos parecen tener un desarrollo para nada diferente del de una composición poética. Pero, tal vez, no tiene nada de extraordinario el sentimiento que me ha invadido, esa sensación placentera que experimenta el que ve reunidos en un único contexto pensamientos que le son familiares. Esto se debe también al hecho de que *estos pensamientos, entre todos los que había aprendido u oído recitar en prosa o en poesía, me han parecido, sin parangón, los más equilibrados y los más adaptados a los jóvenes oyentes.* Por tanto, no sabiendo qué otro modelo mejor proponer al Custodio de las Leyes o al pedagogo, me veré obligado a *recomendar a todo docente transmitir a sus discípulos estos mismos discursos,* o bien otros semejantes, a no ser que, haciendo una reseña de los poemas o de las obras en prosa, o bien también de los simples discursos orales que aún no han sido puestos por escrito, nos encontremos con conceptos afines a los nuestros. En tal caso, en absoluto hay que dejarlos pasar, sino *fijarlos mediante la escritura.*»[35]

Por tanto, se señala el diálogo platónico como «modelo» de base y de referencia, al igual que como modelo en el cual inspirarse para escoger otros escritos idóneos. Platón hace aquí alusión al diálogo que se ha desarrollado «desde las primeras luces del alba», o sea, desde el principio hasta este punto de las *Leyes*; pero, más allá de ello, hace referencia también a otros diálogos semejantes, es decir, justamente a todos sus otros diálogos. Por tanto, se impone aquello que Gaiser puso de relieve: «Por tanto, la recomendación que se expresa en las *Leyes* en el sentido de entender ese diálogo como poesía filosófica puede ser referida, en última instancia, a toda la obra literaria de Platón».[36]

Nótese también la afirmación que hace Platón acerca del desarrollo de los diálogos, que no sería distinto del de la composición poética, en cuanto tampoco el diálogo carece de una «inspiración divina». En consecuencia, se hace también mención de la «inspiración poética», ligada, por otra parte, al conocimiento (por lo demás, Platón conecta estrechamente *logos* e inspiración).[37] Gaiser, una vez más, pone de relieve justamente que lo que convierte los diálogos en «una forma de poesía es el aura divina que se advierte en ellas, o sea, un *enthousiasmós* poético. Lo que los transforma, a diferencia de la poesía común, en una *parádeigma* de literatura útil para la educación es la orientación hacia un conocimiento filosófico de la verdad».[38]

35. *Leyes* VII 810e – 811e.
36. K. Gaiser, *Platone come scrittore filosofico. Saggi sull'ermeneutica dei dialoghi platonici,* con una introducción de M. Gigante, Napoli 1984, 109.
37. Véase en particular *Banquete* y *Fedro,* pássim.
38. Gaiser, op. cit., 108-109.

Cabe mencionar aquí un último punto, también este individualizado por Gaiser. Siempre en las *Leyes*, en algunas páginas sucesivas a las arriba leídas, se hace mención de las tragedias y se establece que las mismas sólo deben permitirse si respetan los cánones de la poesía filosófica, y se precisa, como respuesta a dar a los poetas trágicos, lo siguiente:

> Huéspedes nobilísimos, *nosotros mismos somos autores de una tragedia y, posiblemente, de la más bella y elevada,* no por otra cosa, sino porque nuestra constitución ha sido fijada a imitación de la vida más bella y más noble. Justamente por este motivo podemos decir que *nuestra obra es una tragedia verdadera y auténtica en sumo grado.*[39]

Nótese que el ordenamiento legislativo de la ciudad se presenta como tragedia en el sentido de *mimesis,* es decir, como «imitación de la vida más bella y más noble», y como poesía de la forma ideal de la vida política. Concuerdo plenamente, por tanto, con las siguientes conclusiones que extrae Gaiser: «El ordenamiento de la *polis,* opuesto a la tragedia tradicional como poesía trágica más verdadera, se presenta de manera doble: por una parte, se puede entender con esa palabra la vida política en el estado bien ordenado; por la otra, también la representación literaria de este ordenamiento es una *politeia,* una obra de legislación política. Del segundo significado se sigue que "el drama más bello" no es otro que la presente obra literaria de Platón, en la cual se describe el ordenamiento fundado filosóficamente».[40] Las observaciones de Gaiser pueden completarse con la mención del pasaje de la *República* leído ya más arriba, donde Platón dice:

> Querido Adimanto, *por lo menos hasta el día de hoy,* ni tú ni yo somos poetas, sino fundadores de un estado; y el que funda un estado no está obligado a idear él mismo relatos mitológicos, sino a tener claramente en su mente las líneas directrices de los mismos, ateniéndose a las cuales los poetas deberán construir sus mitos.[41]

---

39. *Leyes,* VII 817b.
40. Gaiser, op. cit., 110-111.
41. *República,* II 378e – 379a.

Aquello que Platón afirmaba irónicamente en la *República*, lo teoriza expresamente en las *Leyes*.

Por tanto, Platón no ha sido solamente el creador de la nueva poesía filosófica, sino que ha sido también consciente de ello: tal poesía absorbía en sí la comedia y la tragedia y la dinámica de ambas, transformando el diálogo mimético-doxástico en diálogo dialéctico, filosófico y poético al mismo tiempo.[42]

---

42. Desde cierto punto de vista, se puede considerar el *Banquete* como un verdadero manifiesto programático de Platón en cuanto nuevo poeta-filósofo. Todos los diálogos platónicos se pueden leer en la óptica de ese manifiesto.

VII

LA METÁFORA DE LA
«SEGUNDA NAVEGACIÓN»
Y EL REVOLUCIONARIO DESCUBRIMIENTO
PLATÓNICO DEL SER INTELIGIBLE META-SENSIBLE

TEORÍA DE LAS «IDEAS»
Y DOCTRINA DE LOS «PRINCIPIOS PRIMEROS Y SUPREMOS».
SU IMPORTANCIA Y ALCANCE

*La metáfora emblemática de la «segunda navegación» presentada
en el punto clave del* Fedón, *y su significado*

Después de todo lo dicho acerca de la grandeza de Platón como
poeta, viene inmediatamente a la memoria el principio que Vico fija-
ra en forma clara e incisiva: «Que la razón poética determina que es
imposible que alguien sea igualmente sublime como poeta y como
metafísico, porque la metafísica abstrae la mente de los sentidos, la
facultad poética debe sumergir toda la mente en los sentidos; la metafísica se eleva sobre los universales, la facultad poética debe profundizar en los particulares».[1]

En Platón, por el contrario, se ha verificado justamente lo siguiente: «razón poética» y «razón metafísica» han alcanzado en él un nivel
«igualmente sublime». Las páginas en las que él imprime la cifra emblemática de su pensar metafísico son las centrales del *Fedón*, una de sus
mayores obras maestras, tanto en lo artístico cuanto en lo filosófico. En esta obra, Platón va en búsqueda de la «verdadera causa» de
las cosas y presenta tal búsqueda como su *segunda navegación*: «¿Quie-

1. Vico, *Ciencia nueva* (nota II, 7), XI [821].

res que te exponga, Cebes, la segunda navegación (*déuteros plous*) que emprendí para ir en búsqueda de esta causa?»[2]

Ya en varias oportunidades he tenido ocasión de afirmar y demostrar que estas páginas constituyen la *magna charta* de la metafísica occidental, en cuanto en ellas se presenta la primera demostración de la existencia de un ser meta-empírico, supra-sensible y trascendente.[3] Ya en los presocráticos, como hemos visto, está presente la temática metafísica, de manera particular en Parménides; pero la manera en que Platón formula y resuelve el problema se ha impuesto en forma determinante en el desarrollo del pensamiento occidental. El mismo Aristóteles aceptará este planteamiento de la cuestión, y tanto, que el núcleo central de su problemática del «ser en cuanto ser» consiste precisamente en la pregunta acerca de *si el ser se reduce al ser sensible o si, por el contrario, debe admitirse otra forma de ser, por encima del sensible.* Y también en lo sucesivo, por problema metafísico en el sentido estricto de la expresión se entendió justamente esto.

La «segunda navegación», tal como nos la refieren las fuentes antiguas, es «la que uno emprende cuando, habiéndose quedado sin viento, navega con los remos».[4] Se recordará que la bonanza, para los antiguos, constituía un peligro no inferior a la tempestad, en cuanto dejaba a los navegantes en medio del mar sin posibilidad de reaprovisionarse de agua y de alimentos, con todas las consecuencias que ello implicaba. Por tanto, la «primera navegación» es la que se hace con las velas desplegadas al viento; la «segunda navegación», en cambio, es la que se hace echando mano a los remos y sufriendo todas las fatigas y los peligros consiguientes.

Veamos cómo desarrolla Platón la metáfora.

Los problemas de fondo de la filosofía, que se han planteado desde su nacimiento, son los siguientes: ¿por qué las cosas «se generan», por qué «se corrompen», por qué «son»?

2. *Fedón*, 99c-d.
3. Véase en particular G. Reale, *Per una nuova interpretazione di Platone. Rilettura della metafisica dei grandi dialoghi alla luce delle "Dottrine non scritte"*, Milano [20]1997, pássim.
4. Véase op. cit. 137ss.

Las soluciones que a estos problemas brindaron los filósofos que desarrollaron la «investigación de la naturaleza», o sea, los filósofos naturalistas, han sido todas de carácter «físico», o sea, han sido formuladas todas ellas sobre la base de elementos y de fuerzas naturales (agua, aire, fuego, calor, frío, y otras similares).

En realidad, las opiniones comunes de los hombres son también de este tipo, es decir, justamente de carácter naturalista y físico, y los primeros filósofos las hicieron emerger al nivel teorético y metodológico. Al hacerlo, empero, pusieron en evidencia, y hasta en dimensiones macroscópicas, la inconsistencia y las consecuentes contradicciones de este modo de pensar, y, por tanto, su incapacidad de explicar las cosas de manera conveniente.

Mencionemos dos ejemplos significativos que da Platón.

Las búsquedas de los físicos no logran explicar qué significan los «dos» y el «uno». Ellos dicen, en efecto, que, sumando una unidad a otra unidad, es decir, acercando o agregando una a la otra, se produce el «dos». Pero también dicen, por el contrario, que el dos se obtiene dividiendo una unidad. ¿Cómo pueden ser causa del mismo efecto dos procedimientos opuestos entre sí, como lo son el sumar y el dividir? Análogamente, los físicos no saben explicar cómo se produce la unidad misma, es decir, cómo una cosa es o llega a ser «una». Y si no se explica esto, no se explica tampoco la causa del «generarse», del «corromperse» y del «ser» de las cosas.

Un resquicio para entrever la solución del problema podría haber ofrecido Anaxágoras, con su teoría que señala *la causa de todo en la inteligencia*; pero la óptica según la cual él trataba el problema, que era la misma de los naturalistas, hacía vana su intuición, en cuanto continuaba haciendo referencia a los elementos y a las fuerzas físicas, dejando a la inteligencia, en última instancia, inoperante. En efecto, Anaxágoras debería haber explicado cómo la inteligencia ordena todas las cosas, *haciéndolas ser de la mejor manera posible, o sea, en función del Bien*. En otros términos: Anaxágoras debería haber explicado el criterio según el cual opera la inteligencia, que es el criterio de lo mejor, explicando de ese modo cómo los diferentes fenómenos, para ser, deben estar siempre estructurados *en función de lo mejor*. La inteligencia no puede obrar de manera adecuada sino en función de un conocimiento preciso de lo mejor y lo peor, es decir, del bien y del mal.

La confusión en la que cayó Anaxágoras corresponde a aquella en la que caería quien sostuviese la tesis según la cual Sócrates hace todo lo que hace con la inteligencia, pero después, de hecho, creyese poder explicar la causa por la cual él fue a la cárcel y se quedó allí, considerando como determinantes sólo sus órganos de locomoción, como las piernas, con los huesos, los músculos y nervios, y no indicando la que es la «verdadera causa», es decir, la elección de lo justo y de lo mejor, hecha precisamente por su inteligencia. Evidentemente, sin las piernas, Sócrates no podría haber ido a la cárcel, pero ellas no son sino *los instrumentos de los cuales se sirvió para poner en acción la verdadera causa, o sea, la elección de lo mejor.*

Por tanto, lo que une las cosas no son ciertamente los elementos físicos, sino algo distinto: *es el Bien, en función del cual opera la inteligencia.*

Leamos el bello pasaje que anuncia esta «segunda navegación», que ha llevado a Platón al descubrimiento del mundo inteligible, con la idea del Bien en su cúspide:

Esto [a saber, el relacionar la inteligencia con los elementos físicos y no con lo mejor, o sea, con el Bien] significa no ser capaz de distinguir que una cosa es la causa verdadera y otra aquello sin lo cual la causa verdadera jamás habría podido ser causa. Y me parece que la mayoría, andando a tientas en tinieblas, usando un nombre que no le corresponde, llama de esta manera al medio, como si fuese la causa misma. Y es este el motivo por el cual uno, poniendo en torno a la tierra un torbellino, supone que la tierra permanece firme por efecto del movimiento del cielo, mientras que otro le coloca debajo el aire cual sostén, como si la tierra fuese como una amasadera plana. Pero la fuerza por la cual la tierra, el aire y el cielo tienen ahora la mejor posición que pudiesen tener, esto no lo buscan, ni creen que haya una potencia divina, sino que creen haber encontrado un Atlas más poderoso, más inmortal y más capaz de sostener el universo, *y no creen en absoluto que el bien y lo conveniente sean aquello que verdaderamente relaciona y mantiene en unidad.* Con el mayor de los placeres me habría hecho yo discípulo de cualquiera, a fin de poder aprender cuál es esta causa. Sin embargo, como he quedado privado de ella, no llegando a descubrirla por mí mismo ni a aprenderla de otros, ¿quieres que te exponga, Cebes, la *segunda navegación* que emprendí para ir en búsqueda de esta causa?[5]

Veamos, entonces, cuál es el resultado de esta «segunda navegación».

El descubrimiento del mundo de las ideas y de las formas inteligibles

La «segunda navegación» lleva a Platón al descubrimiento *de la existencia de un plano del ser más allá del de los fenómenos físicos* que conocemos mediante los sentidos, o sea, al descubrimiento del ser meta-fenoménico –cognoscible mediante los solos *logoi*, vale decir, mediante la inteligencia– y, por consiguiente, del *ser puramente inteligible*. Con la «segunda navegación», por tanto, tiene lugar el pasaje del mundo *sensible* al mundo *supra-sensible*, llegándose de ese modo al descubrimiento de la «verdadera causa» no física, la única capaz de explicar la generación y el ser de las cosas físicas, sin la cual lo sensible, abandonado a sí mismo, se encontraría en contradicciones insuperables.

Por tanto, la «segunda navegación» llega al descubrimiento del mundo de las ideas o formas inteligibles, con todas las consecuencias que ello implica.

Leamos en el *Fedón*:

> Me dispongo, en efecto, a mostrarte cuál es el tipo de causa que he elaborado y, por tanto, regreso nuevamente a aquellas cosas de las cuales se ha hablado muchas veces y comienzo por ellas, partiendo del postulado de que existe algo bello en sí y por sí, algo bueno en sí y por sí, algo grande en sí y por sí, y así sucesivamente. [...] Mira, pues, si las consecuencias que se siguen de estos postulados te parecen las mismas que a mí. A mí me parece que, si hay alguna otra cosa que sea bella además de lo bello en sí, no será bella por ninguna otra razón que por participar de lo bello en sí; y del mismo modo lo afirmo de todas las otras cosas. [...] Por tanto, no

5. *Fedón*, 99b-d.

comprendo ya ni puedo reconocer las otras causas, las de los sabios; y si alguno me dice que alguna cosa es bella por su color vivo o por la figura física, o por razones de este tipo, yo saludo y dejo pasar estas cosas porque, en todas estas, me perturbo. Y tengo para mí simplemente sólo esto, en forma tosca y tal vez ingenua: que ninguna otra razón hace que esa cosa sea bella, como no sea la presencia y la comunidad de aquella belleza en sí, o como sea el modo en que tenga lugar esta relación: en efecto, no quiero insistir ahora acerca del modo en el que esta relación tiene lugar, sino simplemente en afirmar que todas estas cosas son bellas por la belleza. Esta me parece ser la respuesta más segura que debo darme y dar a los demás. Y pienso que, aferrándome a ella, no podré caer jamás, y que es seguro, tanto para mí cuanto para cualquier otro, responder que las cosas bellas son bellas por la belleza.[6]

El ejemplo de la belleza es muy claro: la belleza del cuadro que pinta el pintor o de la estatua que esculpe el escultor no pueden explicarse en base a elementos físicos de los cuales se sirven el pintor y el escultor para realizar sus obras, no pueden reducirse en modo alguno al color, a la tela, al mármol, ni a ningún otro material del cual estén haciendo uso los artistas. Estos elementos no son las «causas verdaderas» de la belleza, sino solamente con-causas, es decir, medios para la realización de la belleza-en-sí-y-por-sí. En el pasaje de Platón que acabamos de leer se habla de lo bello-en-sí-y-por-sí, pero más adelante utiliza el término *idea* y el correspondiente *eidos*,[7] que constituyen los términos técnicos que expresan la esencia misma, la forma o naturaleza metasensible de lo bello, que se realiza en los fenómenos sensibles.

Un ejemplo moderno puede ayudarnos a comprender bien lo que Platón quiere decir. Beethoven compuso aquella obra maestra que es la novena sinfonía cuando ya era completamente sordo. La novena sinfonía es un cosmos sonoro extraordinario, cuya belleza no puede reducirse en absoluto a los sonidos, por lo demás muy complejos, que van desde los de la orquesta hasta los de las voces del coro y los de las voces solistas, sino a aquello que «liga» y «mantiene unidos» esos soni-

6. *Fedón*, 100b-e.
7. Véase *Fedón*, 102b ss.

dos, dando a cada uno de ellos y a todos la mejor posición que deben tener en sí y en relación a los otros, de modo de constituir ese conjunto armónico unitario que realiza un preciso diseño inteligible, una forma o idea «meta-fónica» que se realiza físicamente en la dimensión «fónica». Y el amante de la música sabe muy bien que no basta en absoluto con que un director y una orquesta ejecuten esa sinfonía de modo perfecto *desde el punto de vista «fónico»*, para expresar aquella idea de belleza que Beethoven ha querido expresar con la novena sinfonía, idea que no se reduce a los puros sonidos (que son «concausas» y «medios»), es decir, a la dimensión de lo puramente «fónico», sino que se refiere a aquella dimensión *ulterior meta-fónica*, o sea, a aquella idea de lo bello en la cual se inspiró Beethoven. El ejemplo de un «sordo» que compone una obra maestra de sonidos como la novena sinfonía constituye la ilustración más significativa de aquello que Platón dice haber alcanzado con la «segunda navegación».

Naturalmente, lo que vale para la belleza, dice nuestro filósofo, vale también «para todas las cosas».

Significado de los términos «idea» y «eidos» en Platón

Una cuestión importante debe aclararse de inmediato: el significado que tienen en Platón los términos *idea* y *eidos*.

La cuestión es bastante compleja, porque el término «idea» no es una traducción, sino la simple transliteración del original griego. La traducción exacta sería «forma». En cambio, el término «eidos» ha sido traducido de manera correcta precisamente con *forma*. Por tanto, *idea* y *eidos* tienen el mismo significado.

Pero el término *idea* ha asumido para nosotros un significado bastante diferente que el de *forma*, en cuanto indica un *concepto*, un *pensamiento*, una *representación mental*. La palabra *idea* tomó este significado pasando primeramente por la especulación patrística y escolástica, en la cual indicaba los pensamientos de Dios, y luego por la filosofía moderna, en la cual asumió, por obra de los racionalistas y de los empiristas, precisamente el significado de conceptos de la mente humana.

Sin embargo, si se aclara de manera adecuada el sentido originario, el término *idea* puede bien mantenerse junto al de *forma*, que, por lo demás, debe ser aclarado, en la medida en que, como veremos enseguida, no indica la forma *sensible*, sino la *meta-sensible*.

Los términos *idea* y *eidos*, en griego, derivan del verbo *idein*, que significa «ver». En el significado pre-filosófico, estos términos indicaban la forma visible de las cosas, lo *visto sensible*. A partir de Platón, con algunos anticipos parciales y fragmentarios en Anaxágoras y Demócrito, los mismos pasan a significar la «forma interior», o sea, la naturaleza específica o esencia de las cosas, el verdadero ser de las cosas. Pero sólo con Platón, y justamente mediante el salto cualitativo realizado por él con su «segunda navegación», ha sido posible este cambio de significado.[8]

Friedländer escribió que Platón poseía «el ojo escultórico de los griegos, un ojo pariente de aquel con el que Polícleto ha observado el canon [...]; pariente también de aquel matemático griego que le orientaba en las forma puras geométricas. Debería parecer como si Platón se hubiese hecho consciente de ese don que entre otros pensadores le ha llevado a él a la mejor parte [...]».[9]

En efecto, justamente en Platón acontece la creación de las expresiones «la vista de la mente», «la vista del alma», para indicar la capacidad del intelecto de captar la esencia de las cosas. Y las analogías entre el ver físico y el intelectual son claras: las cosas que captamos con los ojos físicos son formas físicas; las cosas que captamos, en cambio, con el ojo del alma, o sea, con la inteligencia, son formas no-físicas, es decir, inteligibles, esencias puras.

Por tanto, aquellas ideas que se alcanzan con la «segunda navegación» son las formas o esencias eternas de lo bueno, de lo bello, de lo justo, y así sucesivamente. Son aquellas realidades que la inteligencia logra adquirir y, por tanto, «ver», «contemplar», cuando llega a la dimensión de lo inteligible y se mueve en ella.

---

8. Véase Reale, *Per una nuova intepretazione* (nota 3), 266ss.
9. P. Friedländer, *Platón*, traducción de Santiago González Escudero, Madrid: Tecnos 1989, 30 (< *Platon*. Tomo I: *Seinswahrheit und Lebenswirklichkeit*, Berlin ³1964).

Los caracteres ontológicos y «henológicos» de las ideas platónicas

Como consecuencia de todo lo dicho, resulta que el primer carácter esencial de las ideas es del de la «inteligibilidad», pues la misma expresa la naturaleza peculiar de las ideas, que consiste en que sólo pueden aprehenderse mediante la inteligencia.

> ¿Y alguna vez las has aprehendido acaso con otro sentido corporal? No hablo solamente de las cosas mencionadas más arriba, sino también de la grandeza, de la salud, de la fuerza y, en una palabra, de todas las otras cosas en su esencia, o sea, de aquello que cada una de ellas es verdaderamente. Pues bien: ¿será que se conoce lo que en ellas hay de más verdadero mediante el cuerpo o, por el contrario, solamente aquel de nosotros que se haya preparado para considerar con la sola mente cada una de las cosas sobre las que investiga podrá acercarse en mayor medida al conocimiento de cada una de estas cosas?[10]

En estrecha conexión con este carácter está el de la «incorporeidad». Pues lo inteligible, en cuanto no puede aprehenderse con los sentidos, ligados al cuerpo, trasciende la dimensión de lo corpóreo y, en tal sentido, es «incorpóreo».

> En efecto, las cosas incorpóreas, que son las más bellas y las más grandes, se manifiestan claramente sólo con el razonamiento, y de ningún otro modo.[11]

Además, Platón califica en forma reiterada las ideas como «verdadero ser», o sea, un ser que no nace, no perece, no crece ni disminuye, no cambia ni deviene de manera alguna. Las ideas son *ser en sí*.

> En efecto, el razonamiento que estamos haciendo no vale solamente para lo igual en sí, sino también para lo bello en sí, para lo bueno en sí, para lo santo en sí y para cada una de las demás cosas a las que, planteándoles nuestras preguntas y respondiendo en nuestras respuestas, colocamos el sello del «ser en sí».[12]

10. *Fedón*, 65d-e.
11. *Político*, 286a.
12. *Fedón*, 75c-d.

Se comprenden, en consecuencia, las razones por las cuales Platón denomina la misma búsqueda realizada por el filósofo (relacionada con su «segunda navegación») como «búsqueda del ser»,[13] o sea, como el estudio capaz de alcanzar «aquel ser que es siempre, y que no va errante entre generación y corrupción».[14] Él habla, además, de una «verdadera ascensión al ser».[15] Pues, para explicar el *devenir*, las ideas ofrecen aquello que es necesario para el devenir mismo, o sea, justamente el ser que las cosas no tienen en propiedad y que toman en préstamo de las ideas.

En estrecha conexión con este carácter de ser en sí se encuentran las características de la «inmutabilidad» y del «ser-por-sí». Estas características han sido atribuidas por Platón a las ideas en oposición a las dos formas de *relativismo*: el de Heráclito, que consideraba que todas las cosas carecían de estabilidad en cuanto eran arrastradas por un perenne fluir, y el de Protágoras, que reducía la realidad a algo subjetivo, haciendo del sujeto mismo el criterio de verdad y la medida de todas las cosas.

En contra del relativismo de Heráclito, Platón escribe:

> ¿Cómo podría ser una cosa que no se encuentra jamás del mismo modo? De hecho, si por un momento permanece firme en el mismo modo, al menos en ese momento es evidente que no pasa; y si permanece siempre del mismo modo y es «en sí misma», ¿cómo podría moverse sin alejarse en nada de la propia idea? […] Ciertamente, ningún conocimiento conoce lo que conoce, si lo que conoce no está firme en modo alguno.[16]

Y contra el relativismo de Protágoras afirma:

> Es evidente que las cosas en sí mismas tienen una propia esencia estable, no están en relación con nosotros ni son arrastradas por nosotros hacia arriba y abajo con nuestra imaginación, sino que son por sí mismas en relación con su esencia, en conformidad con su naturaleza.[17]

13. *Fedón*, 66c.
14. *República*, VI 485b.
15. *República*, VII 521d.
16. *Cratilo*, 439e – 440a.
17. *Cratilo*, 386e.

En síntesis: la inmutabilidad y el ser-en-sí-y-por-sí de las ideas son características que expresan su *objetividad* y su *carácter absoluto*.

El último de los caracteres que debe comprenderse adecuadamente, en cuanto reviste gran importancia y es indispensable para comprender el método dialéctico, del cual hablaremos más adelante, es el de la «unidad». Cada idea es una «unidad» y, en cuanto tal, explica las cosas sensibles que participan de ella en su multiplicidad, constituyendo una *multiplicidad unificada*. Por esta razón, como ya hemos visto en parte y veremos aún mejor más adelante, el conocimiento dialéctico consiste en saber *uni*-ficar la multiplicidad de las cosas en una visión sinóptica, *reagrupando la multiplicidad sensorial en la unidad de la idea de la cual las cosas dependen*.

En la *República*, después de haber demostrado que «uno» es lo bello, «uno» lo feo, «uno» lo justo, es decir, que cada una de las ideas es «una», Platón puntualiza que quien no es filósofo se opone a esto, que «no soportaría en modo alguno que otros dijeran que *uno* es lo bello, lo justo, y así sucesivamente».[18] E incluso afirma que quienes permanecen adheridos a lo sensible «van errantes tras las cosas múltiples que son de muchos modos, y no son filósofos».[19]

Pero, en particular, justamente con este carácter esencial de la «unidad» de las ideas, emerge un problema ulterior que sólo puede resolverse en función de la nueva interpretación de Platón, es decir, teniendo en cuenta la negación platónica de la «autarquía» de los escritos, de su capacidad de explicarse y justificarse por sí solos (por los motivos que hemos expuesto más arriba), y dando intervención a las «doctrinas no escritas» a fin de resolver los problemas que los diálogos dejan abiertos o que resuelven solamente en forma alusiva.

En efecto, cada idea es «una», pero, en su conjunto, las ideas son «muchas». Si es así, ¿qué relaciones tienen entre sí? ¿Hay algo superior de lo que ellas dependen? De hecho, si las ideas, por un lado, resuelven los problemas relacionados con la multiplicidad de lo sensible, por el otro, a nivel supra-sensible, en cuanto son «muchas», *plantean nuevamente un problema análogo y más complejo*. Precisa-

18. *República*, V 479a.
19. *República*, VI 484b.

mente en referencia al mundo ideal, Platón escribe: «Que los muchos sean uno y que el uno sea muchos es una afirmación que suscita admiración».[20]

Los primeros principios por encima de las ideas: el uno y la díada

Por tanto, si explicar las cosas, para la mentalidad de los griegos en general y para Platón en particular, significaba «unificarlas», se impone el siguiente problema: en la medida en que las ideas explican las cosas sensibles *unificándolas* según cada una de ellas, ellas mismas, en cuanto se presentan como una *multiplicidad*, aunque sólo sea a nivel meta-sensible, tienen necesidad de una ulterior *unificación*.

Por tanto, se hace necesaria *una explicación metafísica a un segundo nivel.* Como la esfera de la multiplicidad del mundo sensible depende de la esfera del mundo de las ideas, análogamente, la esfera de la multiplicidad de las ideas depende de una ulterior esfera de realidad de la cual derivan las ideas mismas. Esta esfera está constituida por los principios primeros y supremos, y la investigación metafísica de tales principios *primeros* bien puede llamarse *protología.* La doctrina de las ideas y la teoría de los principios constituyen, por tanto, *dos niveles distintos de fundamentación,* dos planos sucesivos de la investigación metafísica, dos etapas de la «segunda navegación». Es justamente esta segunda etapa de la «segunda navegación» la que Platón ha considerado como *el tratamiento de aquellas «cosas de mayor valor» que el filósofo en cuanto tal no pone por escrito, sino que mantiene reservadas para la oralidad dialéctica.* Y mientras que de la doctrina de las ideas ha hablado más veces en sus escritos, *de los primeros principios sólo ha hecho insinuaciones y alusiones, con mensajes cruzados que sólo habrían podido entender quienes por otra vía estaban en conocimiento de esas doctrinas, mensajes que también nosotros, habiendo recuperado la tradición indirecta sobre las «doctrinas no escritas», podemos volver a entender.*

20. *Filebo,* 14c.

Sexto Empírico, tomando de un relato inspirado precisamente en las lecciones orales de Platón, o sea, a una fuente que informaba sobre las «doctrinas no escritas», afirma expresamente:

> Consideremos, por ejemplo, cómo las ideas, que según Platón son incorpóreas, preexisten a los cuerpos, y cómo cada cosa que se genera lo hace sobre la base de relaciones con aquellas. Ahora bien, *no obstante, ellas no son los primeros principios de las cosas, desde el momento en que cada una de las ideas, considerada por separado, se dice que es una, mientras que, considerada junto a otra u otras, se dice que es dos, tres o cuatro; de tal modo que debe existir algo que se encuentre aún más arriba de la realidad de las ideas, o sea el número, por participación del cual se predica de ellas el uno, el dos, el tres o un número mayor.*[21]

Alejandro de Afrodisia escribe:

> Las ideas son principios de las demás cosas, mientras que los principios de las ideas, que son números, son los principios de los números; y los principios de los números, decía, son la unidad y la dualidad.[22]

Dejemos por ahora de lado el problema de los «números» y de la conexión de las ideas con los números, de los cuales hablaremos en el próximo capítulo, y leamos todavía un pasaje clave de Aristóteles:

> Es evidente que Platón utilizó dos únicas causas: la de qué es [la cosa] y la relativa a la materia, pues las ideas son causas de lo que son las demás cosas, y el uno es la causa de las ideas. Y a la pregunta de cuál es la materia que constituye el sustrato, de la cual se predican las ideas en el ámbito de lo sensible, y de la cual se predica el uno en el ámbito de las ideas, él responde que es la Díada, es decir, lo grande y lo pequeño. Además, Platón

21. Sexto Empírico, *Adv. mathematici* X, 258. Traducción en base a la edición del texto griego según *Sextus Empiricus*, 4 vols., con traducción al inglés de R. J. Bury, vol. III (= *The Loeb Classical Library* 311), London/Cambridge 1968 (=1936), 336-7. En esta edición, *Adv. matemathici* aparece bajo el título *Against the physicians II*.

22. Alejandro de Afrodisia, *Comentario a la metafísica de* Airstóteles, según publicado en *Alexandri Aphrodisiensis in Aristotelis metaphysica commentaria* (A. Hayduck), Berlin 1891, 56 (6-9).

atribuye la causa del bien y del mal al primero y al segundo de estos elementos respectivamente.[23]

A primera vista, estas afirmaciones son ciertamente crípticas, pero, como veremos, tienen un significado muy preciso y también profundo.[24]

Sin embargo, antes de aclararlas es oportuno puntualizar enseguida que el mismo Platón, en las páginas en las cuales presenta su «segunda navegación», *dice que la teoría de las ideas no constituye una explicación última, que es preciso dar un paso más y dar cuenta del postulado de las ideas con un ulterior postulado adecuado, y precisa al mismo tiempo que quien sea filósofo deberá hacerlo.*

Conviene leer los tres pasajes del *Fedón* que son verdaderamente decisivos, en cuanto constituyen la prueba incontrovertible de la necesidad de tomar muy en serio los «testimonios sobre sí mismo» del *Fedro* y de la *Carta VII* y, de ese modo, de la necesidad de dar intervención, en carácter de «ayuda», a los testimonios de los discípulos sobre las «doctrinas no escritas», a fin de leer y entender en toda su profundidad los escritos de Platón.

En el primero de los pasajes, dice:

> Entonces, si alguien quisiese detenerse en el postulado mismo [a saber, en el postulado de las ideas], lo dejarás hablar y no le responderás hasta haber considerado todas las consecuencias que se derivan de ello, para ver si dichas consecuencias concuerdan o no entre sí; y *después, cuando debas rendir cuenta del postulado mismo* [a saber, del postulado de las ideas], deberás dar razón de él procediendo de la misma manera, o sea, *estableciendo un postulado ulterior, el que te parezca el mejor entre los más elevados, y así sucesivamente, hasta que llegues a algo adecuado* [o sea, hasta que llegues a los principios primeros y supremos].[25]

En el segundo pasaje, afirma:

23. Aristóteles, *Metafísica* I 6, 988 a 8-15.
24. Para profundizar este punto véase Reale, *Per una nuova interpretazione* (nota 3), *pássim*.
25. *Fedón*, 101d-e. Para profundizar este punto véase Reale, op. cit., *pássim*.

Y si quieres descubrir *algo sobre los seres*, no harás confusión, como la hacen los que discuten el pro y el contra de todas las cosas, y que ponen en discusión juntamente *el principio y las consecuencias* que de él se derivan. En efecto, ellos no hablan de esto ni les interesa, porque, con su sabiduría, aun mezclando las cosas entre sí, son igualmente capaces de complacerse en sí mismos. *Pero tú, si eres un filósofo, harás, según creo, lo que digo.*[26]

Y como si esto no bastara, todo el procedimiento argumentativo del diálogo, basado precisamente sobre los postulados de las ideas, concluye reafirmando el concepto, de manera verdaderamente sorprendente, del siguiente modo:

> También los postulados que hemos establecido al principio [a saber, los postulados de las ideas], *aun en el caso en que os parezcan dignos de fe, deberán, sin embargo, ser reexaminados con mayor precisión.* Y si los profundizáis cuanto conviene [o sea, llegando a la doctrina de los principios], como creo, los comprenderéis en la medida en que un hombre puede comprenderlos. *Y si esto os resulta claro, entonces no deberéis buscar nada más allá.*[27]

Por tanto, justamente en las páginas en las que Platón introduce la discusión de las ideas de manera sistemática, *dice, más allá de toda duda, que las ideas no son las causas primeras*: aun siendo las causas de los cuerpos, no son las causas supremas, no son los principios primeros y supremos de las cosas.[28]

Estructura bipolar de la realidad a todo nivel

Naturalmente, hay que preguntarse inmediatamente por qué razón el vértice protológico de la metafísica platónica no es un único principio primero y supremo, sino dos principios.

La explicación de este hecho se obtiene solamente si se entiende la posición histórica en el cual se ubica el mismo.

26. *Fedón*, 101e – 102a.
27. *Fedón*, 107b.
28. Véase Reale, op. cit., 214ss.

El problema metafísico por excelencia para los griegos fue por mucho tiempo el siguiente: *¿por qué existe lo múltiple?* En otros términos: *¿por qué y cómo del uno derivan los muchos?*

El problema se había planteado como decisivo sobre todo después de la experiencia radical de los eleáticos, que, negando toda forma de no-ser, habían negado toda forma de multiplicidad y habían reducido todo el ser a unidad.

Ya habían procurado responder al problema los así llamados «pluralistas», o sea Empédocles (con la teoría de los cuatro elementos), Anaxágoras (con la teoría de los homeómeros) y Demócrito (con la teoría de los átomos). Pero la posición que Platón asume a nivel protológico es mucho más radical: *él procura precisamente explicar la multiplicidad en función de un principio antitético al Uno, o sea, en función de la Díada, según un esquema metafísico bipolar.*

El uno como principio primero y supremo no es, obviamente, el uno aritmético, sino el uno metafísico, es decir, un principio que da unidad a todos los niveles, determinando y ordenando el principio antitético. El uno aritmético no es sino una derivación del Uno metafísico.

La Díada o dualidad no es el dos, sino, como hemos dicho, es raíz de la multiplicidad y de la diferenciación a todos los niveles. La fórmula esotérica completa es la siguiente: «Díada indefinida de grande-y-pequeño».[29] La Díada se concibe como dualidad de grande-y-pequeño en el sentido de infinita grandeza e infinita pequeñez, en cuanto es tendencia desordenada a lo infinitamente grande y a lo infinitamente pequeño en todo sentido –del más y del menos, de lo mayor y lo menor– y, por tanto, es *desigualdad estructural*. En otros términos, se puede decir que la Díada, en sus grados más altos, es una suerte de «materia inteligible», mientras que en su grado más bajo es una «materia sensible», como veremos.

Por tanto, entendidos de esta manera, los dos principios son igualmente originarios, aun si el primero, desde el punto de vista del valor, es superior al segundo. No obstante, a pesar de su *superioridad axio-*

---

29. Véase op. cit., especialmente 622-633.

lógica, este no tendría potencia y eficacia productiva sin el principio antitético.

Por exactitud, es preciso puntualizar que no se debería hablar tampoco de «dos» principios, si por ello se entiende el dos en sentido aritmético. Pues los números, como veremos, son posteriores a los principios y derivados suyos, y el dos *no puede aplicarse a los principios sino en sentido metafórico*, o, mejor dicho, en sentido prototípico. Más que de «dualismo» de principios se debería hablar de «bipolarismo», como ya se ha dicho, en sentido precisamente protológico. Pero sobre este problema hemos de regresar también más adelante.

He aquí, pues, para concluir este punto, cómo el «bipolarismo» señala los ejes de sustentación de la concepción platónica del ser. Toda forma de ser deriva de una mediación sintética del *Uno*, principio unificador, determinante y armonizador, y de la *Díada*, principio de multiplicidad, de diferenciación, de gradación. Hans Krämer, en un libro escrito por invitación mía y que también he traducido e introducido, resume en forma perfecta esta concepción de la siguiente manera: «El ser, por eso, es esencialmente unidad *en* la multiplicidad. La función de los dos principios resulta, pues, análoga a la que emerge de la distinción aristotélica de principio formal y principio material. El ser se define como aquello que se genera a partir de los dos principios mediante delimitación y determinación del principio material por parte del principio formal, y que, en cierto modo, es como una realidad *mixta*. Este es el núcleo de la *concepción ontológica de fondo* de Platón. De ello se sigue que los principios mismos no son ser, sino que, en cuanto constitutivos de todo ser, son *anteriores* al ser, y que, entonces, la unidad como principio de determinación se encuentra *por encima* del ser, estando el principio material indeterminado como no-ser más bien *por debajo* del ser.[30]

Y el hecho de que el ser es una mediación, *una realidad «mixta» de «determinado» e «indeterminado», de «uno» y «muchos»*, no nos llega solamente a través de la tradición indirecta, sino en varias oportunidades a través de Platón mismo. En particular, escribe en el *Filebo*:

30. Krämer, *Platone* (nota V, 48), 156. También para las ideas que presento en el párrafo que sigue véase esta obra, pássim.

Decimos, en cierto modo, que la identidad del uno y de los muchos establecida en los razonamientos retorna en todas partes y siempre en cada una de las cosas que se dicen, ahora y en el pasado. Y esto no cesará jamás, ni ha comenzado ahora; pero, tal como parece, una cosa de este género es una propiedad de los razonamientos mismos, inmortal y no sujeta a envejecimiento [...] Los antiguos, que eran mejores que nosotros y estaban más cerca de los dioses, nos han transmitido este oráculo: *que las cosas de las que se dice que siempre son, están constituidas de uno y de muchos, y tienen por naturaleza en sí mismas límite y ausencia de limitación.*[31]

Valor ontológico, gnosceológico y axiológico de los principios

Krämer demostró que el primer principio (y el segundo, por antítesis), además de ser fundamento del ser, es también fundamento de la cognoscibilidad de las cosas y de su valor.

El uno, operando sobre el principio diádico ilimitado, que es multiplicidad indeterminada y desordenada, lo *de-termina*, lo *de-limita*, lo *ordena*, lo *unifica*, produciendo de tal modo el ser en varios niveles, a la manera que explicamos más arriba.

El ser, en cuanto de-terminado, de-limitado, ordenado y unificado, es, en consecuencia, *cognoscible*. En efecto, sólo aquello que es determinado, limitado, ordenado y unificado resulta ser cognoscible. La verdad y la cognoscibilidad de las cosas dependen, por tanto, de la acción del Uno ejercida sobre la Díada, que, por sí misma, en cuanto multiplicidad indeterminada, ilimitada, desordenada, sería incognoscible.

Por lo tanto, el Uno produce orden y estabilidad en el ser, y, en consecuencia, *valor*, en cuanto aquello que es determinado, delimitado, ordenado y unificado es también bueno y bello. El Bien es el mismo Uno y todo lo que de él deriva.

La virtud se inserta exactamente en tal perspectiva como *orden impreso por el Uno en aquello que, por sí mismo, tiende al exceso y al defecto, es decir, como unidad en la multiplicidad.*

Se comprende bien, por tanto, la razón por la cual las lecciones

31. *Filebo*, 15d – 16e.

de Platón en torno a las «doctrinas no escritas», que él impartía en la Academia, tenían el título general de *En torno al Bien*.

Naturalmente, en un primer impacto con tales doctrinas, sobre todo leídas en los magros testimonios indirectos de los discípulos, y de Aristóteles en particular, se puede tener un sentimiento de repulsa. Se trata de aquella reacción que muchos estudiosos han tenido en el pasado (y que muchos siguen teniendo actualmente), en cuanto, no encontrándolas en sintonía con las doctrinas que se leen en los escritos o no logrando conciliarlas con aquellas, las rechazaban. En efecto, si no se cala hondo en aquel complejo momento histórico en el cual escribía Platón y no se comprende la clara distinción que él hacía entre comunicación por escrito y comunicación oral, si no se tiene en cuenta la declaración de Platón (tan explícita cuanto motivada) de no querer poner por escrito las cosas que para él eran «de mayor valor», a saber, la doctrina protológica de los principios, no se comprenden aquellos mensajes. Por lo demás, es preciso destacar que se trata de un tipo de reacción que tuvieron también ciertos contemporáneos de Platón. Pues, tal como se nos ha transmitido, Platón aceptó, por lo menos una vez, tratar acerca de sus «doctrinas no escritas» fuera de la Academia mediante una conferencia pública (o con un ciclo de conferencias); pero obtuvo resultados desalentadores. Aristoxeno nos cuenta:

> Como Aristóteles solía contar siempre, esta era la impresión que tenía la mayor parte de los que escucharon la conferencia *En torno al Bien*. En efecto, cada uno había ido pensando escuchar hablar de uno de aquellos bienes considerados humanos, como la riqueza, la salud, la fuerza, y, en general, una felicidad maravillosa. Pero cuando resultó que los discursos versaban en torno a cosas matemáticas, a números, geometría y astronomía, y, por fin, se sostenía que existe un Bien, *un Uno*, creo que esto pareció algo totalmente paradójico. En consecuencia, algunos tuvieron desprecio por la cosa, y otros la criticaron.[32]

32. Aristoxeno [Aristosseno], *Aristoxeni Elementa harmonica* (R. Da Rios), Roma 1954, t. II, 39-40.

Sin embargo, si se ha comprendido lo que he intentado precisar más arriba, las cosas aparecen en una luz muy distinta.

Todavía un punto merece subrayarse: la doctrina de los dos principios de Platón no es sino una formulación casi perfecta, en clave metafísica, de la que puede considerarse una estructura cardinal del modo de pensar de los griegos, como veremos ahora.

La estructura bipolar como cifra característica del modo de pensar de los griegos

Ya los presocráticos dirigían su atención a principios opuestos y a la estructura bipolar de lo real, comenzando por Heráclito y, después, especialmente con los pitagóricos. En un fragmento de Filolao se lee lo siguiente:

> Todas las cosas son necesariamente o limitantes o ilimitadas, o a la vez limitantes e ilimitadas. No podrían existir cosas solamente ilimitadas o solamente limitantes. Por tanto, desde el momento en que queda claro que las cosas que existen no pueden estar constituidas ni solamente por elementos limitantes ni solamente por elementos ilimitados, es evidente que el universo y las cosas que existen en él están constituidos por el acuerdo de elementos limitantes y de elementos ilimitados.[33]

Pero hasta el mismo pensamiento teológico más antiguo se funda sobre una concepción bipolar. Esto resulta evidente ya en la *Teogonía* de Hesíodo. Desde el origen, los dioses y las fuerzas cósmicas se subdividen en *dos esferas en oposición polar* que responden a Gaia y a Caos y que tienen, respectivamente, las características de la *forma* y de lo *amorfo*: en esta bipolaridad se resume la totalidad de las cosas que existen. Pero también en la segunda fase de la teogonía, o sea, con la llegada de Zeus, la concepción bipolar sigue siendo una idea de fondo. Tal como se ha destacado, los titanes, vencidos por Zeus, son precipitados en el Tártaro, que, se puede decir, se entiende como una suerte de «contra-mundo opuesto en forma polar» al Olimpo. Ade-

33. Filolao, fragm. 2 Diels-Kranz.

más, cada uno de los dioses resulta ser una suerte de ente mixto o de síntesis de fuerzas de caracteres en oposición polar: Apolo, por ejemplo, tiene incluso como símbolos el arco y la lira; Artemis es virgen y al mismo tiempo protectora de las parturientas, y así sucesivamente. Por lo demás, cada divinidad tiene otra divinidad opuesta a ella en forma polar: por ejemplo, a Apolo se contrapone en forma polar Dionisio, a Artemis se contrapone en forma polar Afrodita, etc.[34]

Una estudiosa del mito griego, Paula Philippson, ha señalado perfectamente esta cifra particular de la forma polar como *estructura de base del pensamiento griego*. Conviene leer una página suya, sobre la cual ya tuve ocasión de llamar la atención en varias oportunidades, porque es verdaderamente ejemplar: «La forma polar del pensamiento ve, concibe, modela y organiza el mundo como unidad en pares de contrarios. Estas son las formas en las que el mundo se presenta al espíritu griego, en las que este espíritu transforma y concibe en ordenamientos la multiplicidad del mundo. Estos pares de contrarios de la forma polar de pensamiento son fundamentalmente distintos de los pares de contrarios de la forma de pensamiento monista o de la dualista, en cuyo ámbito los pares se excluyen, o bien, combatiéndose mutuamente, se destruyen o, por fin, conciliándose, dejan de existir como contrarios [...]. *Por el contrario, en la forma de pensamiento polar, los contrarios de un par no sólo están ligados indisolublemente entre sí como los polos del eje de una esfera, sino que, en su más íntima esencia lógica, es decir, precisamente, polar, están condicionados por su oposición: perdiendo el polo opuesto, perderían su propio sentido.* Tal sentido consiste justamente en el hecho de que ellos, como contrarios –en el sentido del eje que los separa– son partes de una unidad mayor que no puede definirse exclusivamente en base a ellos: para expresarlo en términos geométricos, ellos son puntos de una esfera perfecta en sí misma. Esta forma polar del pensamiento informa necesariamente toda objetivación del pensamiento griego. Por eso, también la visión griega de lo divino está plasmada según su signo».[35]

---

34. Véase Reale, *Per una nuova interpretazione* (nota 3), 273ss.
35. P. Philippson, *Origini e forme del mito greco. Collezione di studi religiosi, etnologici e psicologici* (a cura di A. Brelich), Torino 1993, 65s (<*Untersuchungen über den*

Esta forma «polar» o, mejor dicho, «bipolar» que caracteriza el pensamiento griego en todas sus formas, tal como resulta claramente de lo que hemos dicho en el párrafo anterior, *queda como sellada de manera perfecta justamente en la teoría protológica de los principios primeros y supremos de Platón del «Uno» y de la «Díada indefinida de grande-y-pequeño» y en las tesis que de ahí se derivan,* o sea, en las «doctrinas no escritas» y en toda una serie de alusiones y de referencias transversales que se encuentran en los escritos.

Y esto demuestra *ad abundantiam* la importancia y el alcance de los testimonios sobre las «doctrinas no escritas» y de las «ayudas» que las mismas prestan a la comprensión de los escritos de Platón.

Importancia y alcance histórico de la teoría de las ideas y de la doctrina de los principios

Concluyo las reflexiones hechas en este capítulo llamando la atención del lector sobre la importancia de la doctrina de las ideas, a la cual se debe asociar la importancia paralela de la teoría de los principios, que, por lo demás, quedó más bien en el trasfondo y ha operado, por así decirlo, en contrapunto.

En primer lugar, conviene retomar una observación hecha ya anteriormente, a saber, que los resultados obtenidos por Platón con su «segunda navegación» constituyen la etapa más importante en la historia de la metafísica.

En efecto, el pensamiento occidental, como he tenido oportunidad de subrayar varias veces, está condicionado de manera decisiva justamente por el descubrimiento del ser supra-sensible, no solamente en cuanto y en la medida en que lo aceptará, sino también en cuanto y en la medida en que no lo aceptará: de hecho, en este último caso, la no aceptación de los resultados de la «segunda navegación» deberá ser justificada y la dialéctica polémica relacionada con la no-aceptación implicará siempre, en diferentes medidas, un condicio-

---

griechischen Mythos. Genealogie als mythische Form, Zürich 1944 + *Thessalische Mythologie*, Zürich 1944). Cursiva nuestra.

namiento. Recuérdese, en particular, que sólo después de los resultados de la «segunda navegación» se puede hablar de «sensible» y «supra-sensible», «empírico» y «meta-empírico», físico y «supra-físico». Y es sólo a la luz de estas categorías que los físicos anteriores a Platón resultan ser «materialistas», y el cosmos físico resulta ser no ya la totalidad de las cosas que son, sino la totalidad de las cosas que aparecen. Y, con mayor razón, el razonamiento vale para las posiciones asumidas por los filósofos posteriores a Platón después de su descubrimiento.

Por lo que concierne a la teoría de las ideas, baste recordar el juicio formulado por Hegel, quien no dudó en escribir que la verdadera «grandeza especulativa» de Platón reside en la formulación de la doctrina de las ideas. Él va también más allá, afirmando incluso que, justamente con la creación de la teoría de las ideas, Platón «hace época en la historia de la filosofía y, por tanto, en la historia universal».[36]

¿Y qué decir de la teoría de los principios?

Recordemos, aunque sólo sea con breves referencias, que precisamente la teoría del Uno ha sido la matriz en torno a la cual se formó y se desarrolló el neoplatonismo, con la innovación sistemática de la derivación del principio antitético de la Díada a partir del Uno mismo, y, por tanto, con la deducción de la estructura bipolar de lo real a partir de la realidad del mismo Uno (o sea, con la deducción del *bipolarismo* a partir de un *monopolarismo radical*). Por tanto, sin las doctrinas no escritas, no se explicarían el mismo neo-platonismo y su historia.

Para la recurrencia de esta temática de los principios primeros platónicos en la historia del pensamiento moderno y contemporáneo remito a los trabajos de Krämer[37] y de Beierwaltes.[38] Aquí me li-

---

36. G. W. F. Hegel, *Lecciones sobre la historia de la filosofía*, traducción de Wenceslao Roces, México D.F.: Fondo de Cultura Económica, 1955 (reimpr. 1977), t. II, 181 (< *Vorlesungen über die Geschichte der* Philosophie [Carl Michelet], 2 vols. = *Werke*, tomos XIII-XIV, Berlin 1833).

37. Krämer, *Platone* (nota V, 48), 239-310.

38. W. Beierwaltes, *Pensare l'Uno. Studi sulla filosofia neoplatonica e sulla storia dei suoi influssi*, Introduzione di G. Reale, traduzione di M. L. Gatti, Milano 1991, *pássim* (< *Denken des Einen. Studien zur neuplatonischen Philosophie und ihrer Wirkungsgeschichte*, Frankfurt 1985).

mito a poner brevemente de relieve el alcance teorético de esta doctrina.

En particular, ¿qué sentido puede tener para el hombre de hoy escuchar que Platón afirma que el Bien es el Uno que opera sobre la Díada, o sea, sobre la desordenada división de lo múltiple? ¿Por qué la reacción del hombre de hoy no habría de ser justamente la que tuvieron los antiguos cuando escucharon esta doctrina?

El hombre de hoy tiende a dividirlo todo, tal como lo ha hecho con el átomo. No sólo en el plano político (clases, partidos, corrientes, etc.) y también en el moral: división de la familia con el divorcio, lucha entre los sexos, división entre padres e hijos, y así sucesivamente. El hombre de hoy ha abierto escisiones de fondo también en su propio interior, con consecuencias bien conocidas. Y el mensaje platónico podría decir justamente esto, o sea, que los problemas ligados a esas divisiones tienen una sola raíz y pueden solucionarse solamente llevando nuevamente unidad a la multiplicidad, orden al desorden, armonía a lo inarmónico.

En otros términos, el hombre de hoy debería saber reencontrar la antigua «justa medida». Pero acerca de esto deberemos hablar todavía más adelante.

Aquí, para concluir, quiero recordar todavía una vez más a Hegel. Él no había comprendido las doctrinas no escritas, porque el modo en el que se las presentaba en su tiempo (sobre todo por parte de Tennemann)[39] la hacían inaceptable. Pero comprendió correctamente el tema que las mismas tenían en el centro, recuperándolo por otra vía (lo que torna la cosa tanto aún más interesante). En las *Lecciones sobre la filosofía de la religión*, Hegel escribe, en efecto: «La filosofía entera no es sino un estudio de la determinación de la unidad».[40]

Afirmación, esta, que no podría ser más platónica.

39. W. G. Tennemann, *System der platonischen Philosophie*, 4 vols., Leipzig 1792-1795.

40. G. W. F. Hegel, *Lecciones sobre la filosofía de la religión I. Introducción y concepto de religión*, edición y traducción de Ricardo Ferrara, Madrid: Alianza, 1984, 260 (< *Vorlesungen Über die Philosophie der Religion. Teil I. Einleitung. Der Begriff der Religion = Vorlesungen. Ausgewählte Nachschriften und Manuskripte* [Jaeschke], Hamburg 1983).

VIII

UNA SIGNIFICATIVA CIFRA EMBLEMÁTICA DE LA ESCUELA DE PLATÓN: «NO INGRESE EL QUE NO SEPA GEOMETRÍA».

NÚMEROS IDEALES.

ENTES MATEMÁTICOS INTERMEDIOS.

ARITMÉTICA, GEOMETRÍA,

SU PAPEL ESENCIAL EN EL PENSAMIENTO DE PLATÓN

Y EN LOS PROGRAMAS FORMATIVOS DE LA ACADEMIA

*La pregunta acerca del presunto epígrafe inscrito sobre
el portal de la Academia de Platón*

De la antigüedad tardía nos ha llegado la noticia según la cual sobre el portal de la Academia de Platón se había colocado como epígrafe la siguiente frase: «No ingrese el que no sepa geometría» (ΑΓΕΩΜΕΤΡΗΤΟΣ ΜΗΔΕΙΣ ΕΙΣΙΤΩ).

Pero las fuentes son demasiado tardías como para ser verdaderamente dignas de crédito. Más allá de los primeros testimonios conocidos, que proceden incluso del período bizantino del siglo XII, recientemente se han detectado otras procedentes del siglo VI; últimamente, se ha encontrado una alusión en un discurso del emperador Juliano del año 362. No obstante, en el estado actual de la investigación, difícilmente sea posible remontarse a un testimonio aún más antiguo.

H. D. Saffrey, que estudió bien el problema, extrae las siguientes conclusiones: «La fórmula de esta pretendida inscripción de Platón sobre el frontispicio de la Academia es, ciertamente, en su fondo, de inspiración platónica, y, en su forma, puede situarse fácilmente en el contexto de ciertos hábitos de la vida griega. Aun si la ausencia total de un testimonio antiguo nos impide creer en la realidad histórica de una inscripción puesta por el mismo Platón, debemos admitir que nos encontramos ante una ficción literaria totalmente común en la retórica helenística, que ha imaginado otras leyendas paralelas [...]».[1] Saffrey admite que, considerando la forma lapidaria de la máxima, se podría pensar también que un jefe de escuela del siglo II o III la haya inscrito sobre el arquitrabe de alguna puerta como inscripción programática. Sin embargo, reafirma que esta es una pura hipótesis imposible de documentar.

No obstante, también en el caso de que el epígrafe resultase ser sólo una ficción poética creada por retóricos helenistas, la *máxima expresa de modo absolutamente perfecto el programa que Platón llevaba a cabo en la Academia,* tal como lo comprueban los siguientes pasajes de la *República*. Después de haber demostrado cómo la ciencia del número ayuda a alcanzar la esfera de lo inteligible y a contemplar el ser, Platón escribe:

–Pero la ciencia del cálculo y la aritmética tratan acerca del número.
–Ciertamente.
–Y por tanto, resulta claro que ambas conducen a la verdad.
–Sí, de modo extraordinario.
–Por tanto, según parece, estas se encuentran entre las ciencias que estábamos buscando, pues, por un lado, son disciplinas esenciales para el hombre de guerra, a fin de disponer el ejército, y por el otro, *lo son para el filósofo, a fin de que pueda alcanzar el ser, emergiendo del mundo del devenir.* De otro modo, ¿en qué le sería provechosa la ciencia del cálculo?
–Así es, dijo. [...]
–Sería bueno, Glaucón, *que esta enseñanza fuese hecha obligatoria por ley,* y que los aspirantes a los máximos cargos del Estado se convencieran de orientarse hacia el estudio de la ciencia del cálculo y de encararla no por intereses mezquinos, sino para poder alcanzar, gracias a ella, la contemplación puramente intelectual de la naturaleza de los números; en suma, no debe cultivarse para llevar la contabilidad de las ventas y de las compras, como lo harían un comerciante y un tendero, sino para conducir la guerra

1. H. D. Saffrey, «ΑΓΕΩΜΕΤΡΗΤΟΣ ΜΗΔΕΙΣ ΕΙΣΙΤΩ. Une inscription légendaire», en: *Revue des Études Grecques* 81 (1968) 71.

y para *facilitar la radical conversión del alma del mundo del devenir al de la verdad y del ser.*[2]

Y después de haber hablado de la utilidad de la geometría para el arte militar, continúa:

—Pero para hacerlo serían suficientes mínimos rudimentos de la geometría y de la ciencia del cálculo. En cambio, su parte principal, la más avanzada, es la que debe profundizarse para ver si tiende precisamente hacia la meta de hacer más accesible la visión de la idea del Bien. Y a tal meta, se afirmaba, se orientan unánimemente todas las representaciones que llevan el alma a volverse hacia el mundo en el que está la parte más perfecta del ser, que debe ser contemplada a cualquier precio.
—Bien dices.
—Por tanto, si la geometría nos impulsa a volvernos al mundo de las esencias, nos concierne a nosotros. Por el contrario, si nos orienta al mundo del devenir, no nos interesa. [...]
—La geometría es la ciencia de lo que siempre es, y no de lo que en un determinado momento se genera y en otro perece.
—En este punto no puede no estarse de acuerdo: la geometría es conocimiento del ser que existe siempre.
—En consecuencia, querido amigo, *respecto del alma, ella es la fuerza que conduce hacia la verdad, estímulo para el pensamiento filosófico a fin de elevar hacia lo alto aquello que, de manera inconveniente, mantenemos actualmente orientado hacia la tierra.*[3]

Se comprende bien, por tanto, el significado emblemático del lema: verdaderamente, el que no comprendiera la geometría no habría podido ingresar en la Academia.

Pero ¿en qué sentido la geometría y las ciencias matemáticas son ciencias de lo que verdaderamente es, imponiéndose como una fuerza que arrastra hacia la verdad?

2. *República*, VII 525a-c.
3. *República*, 526d – 527b

Números ideales y estructura numérica de las ideas

Para responder al problema que hemos planteado, debemos encarar la pregunta general de los «números» y de las «figuras geométricas» que Platón plantea y resuelve de una manera muy compleja, distinguiendo, por un lado, números y figuras ideales, que se encuentran, pues, en relación estrecha con las ideas y con los principios, y, por el otro, números y figuras a nivel matemático, el que constituye, como veremos, un nivel ontológicamente «intermedio» entre lo inteligible y lo sensible. Se trata de una cuestión muy difícil, pero que es verdaderamente necesario encarar y entender adecuadamente si se quiere comprender a fondo el pensamiento de Platón.

Ya hicimos alusión, en el capítulo precedente, al hecho de que existen nexos precisos entre números, ideas y principios. Algunas fuentes antiguas hablan de identidad entre ideas y números; en realidad, sin embargo, se trata, como veremos, de una relación bastante más compleja, que Platón profundizó probablemente a partir de la época de la fundación de la Academia.

El primer punto a comprender se refiere a la distinción entre los números (y las figuras) ideales y los números (y las figuras) matemáticos. Los números ideales son los que podremos llamar *números metafísicos*: ellos representan las mismas esencias de los números matemáticos. Precisamente en cuanto tales, los números ideales no son «operables», es decir, no pueden someterse a operaciones aritméticas. Ellos poseen, pues, un *status* ontológico diferente del de los números matemáticos, en cuanto constituyen justamente la esencia misma de los números, y la esencia de los números no puede ser modificada mediante las operaciones: no es posible, por ejemplo, sumar la esencia del dos a la esencia del tres, o bien, restar a la esencia del tres la esencia del dos, etc.

Platón consideraba los números ideales como los «primeros derivados» de dos primeros principios. Ellos representan en forma prototípica y, por ello, paradigmática, la estructura sintética de la unidad-en-la multiplicidad que caracteriza toda forma de ser, en todos los niveles. Así, el Uno ideal es la primera determinación formal del principio, del Uno-principio, y el Dos ideal es la primera determinación formal de la Díada de lo grande y lo pequeño, que es definida por obra del Uno. Parecería que, para Platón, los números ideales se redujesen a la década o, de todos modos, se centraran en ella, en cuanto la década es la matriz de todos los demás números.

Pero para comprender la razón por la cual Platón no identificaba las ideas con los números, que es lo que más nos interesa, es preciso comprender que el modo particular que tenían los griegos de entender el número se distingue notablemente del nuestro, tal como lo ha explicado muy bien O. Toeplitz.[4] Por lo demás, los griegos consideraban el número no como «número entero», o sea, como una suerte de magnitud compacta, sino como *relación articulada de magnitudes y de fracciones de magnitudes*: se entendía los números como *logoi* y *analogíai*. En consecuencia, el *logos* griego resulta estar esencialmente ligado a la dimensión numérica, precisamente en el significado de «relación». Por estas razones, resulta totalmente natural para los griegos conectar las «relaciones» con los números, dados los estrechos nexos que se verifican entre relaciones y números.

Si se tiene esto presente, se explica entonces muy bien el nexo que, según Platón, existe entre las ideas y los números.

Cada idea está colocada en una posición precisa en el mundo inteligible, de acuerdo a su mayor o menor universalidad y a la forma más o menos compleja de las relaciones que tiene con las otras ideas que están tanto por encima cuanto por debajo de ella. Esta *trama de relaciones*, por tanto, puede reconstruirse y determinarse mediante los procesos dialécticos (de los que hablaremos en otro capítulo). Precisamente por las razones explicadas, tal trama puede expresarse numéricamente, desde el momento en que el número expresa relaciones. A esto se agrega también el hecho de que las «relaciones» no deben entenderse solamente en sentido numérico, sino también geométrico, de modo que la trama estructural de relaciones resulta ser muy articulada y compleja.

Téngase presente, además, que estas relaciones numéricas y geométricas, en cuanto expresan la estructura ontológica, son *aquello que*

4. O. Toeplitz, "Das Verhältnis von Mathematik und Ideenlehre bei Plato" en: O. Becker (dir.), *Zur Geschichte der griechischen Mathematik*, Darmstadt 1965, 45-75.

permanece en la estabilidad del ser y, como hemos de ver, nada tienen que ver con las abstracciones en sentido moderno.

Por tanto, en la concepción del número como «relación» (*logos*), en el sentido que acabamos de precisar, se encuentra la clave para poder leer y entender este delicadísimo punto de las «doctrinas no escritas».[5]

Correspondencias significativas de la concepción platónica de los nexos entre ideas y forma y relaciones numéricas con algunos conceptos básicos de la arquitectura y de la escultura griegas

La conexión de las ideas con los números ha dejado estupefactos a no pocos estudiosos, al punto de que algunos llegaron a pensar que se trataría de una invención de los discípulos y, por lo tanto, de un malentendido o, en todo caso, de una involución del pensamiento del anciano Platón. La duda que se planteó a no pocos estudiosos es la siguiente: comparadas con la visión espléndida, luminosa y transparente del mundo de las ideas, las complicaciones inherentes a la introducción de los números ¿no estropean acaso el cuadro, comprometiendo aquel equilibrio y mesura propios del espíritu helénico?

Sin embargo, esta problemática no puede ser ni una invención de los alumnos ni tampoco una tesis del «anciano» Platón, porque se puede encontrar una tupida red de referencias alusivas en los diálogos platónicos, incluso a partir del *Hipias mayor*, y más tarde de manera notable en el *Fedón*, como también, de manera insistente, en el curso de la *República*, además de los diálogos dialécticos.

Como confirmación de lo dicho más arriba, es decir, de la notable coherencia y de la necesidad teórica de tal doctrina, mostraré ahora cómo la misma refleja una manera de pensar típica en los griegos, en semejanza de lo que hemos visto ya a propósito de la teoría de los principios.

Recuérdese que la idea significa forma. Los arquitectos, los escultores y los artistas plásticos no consideraban que la forma misma fue-

5. Véase Reale, *Per una nuova interpretazione* (nota VII, 3), 228ss.

se la cumbre suprema del arte, sino que *ella derivaba justamente de relaciones numéricas*, sobre la base de precisos «módulos» y «cánones», que expresaban, precisamente, los fundamentos últimos de las formas mismas. En la arquitectura, como así también en la escultura y en la cerámica, el «canon» correspondía al «*nomos*» o sea, a la ley que regulaba la música, y *expresaba una regla esencial de perfección que se indicaba justamente en proporción numérica*.

Los artistas griegos se referían a las formas visibles, mientras que Platón trasladaba el discurso al plano metafísico y protológico, aunque siguiendo la misma lógica: consideraba las ideas y las formas inteligibles no como cimas últimas, sino que las relacionaba con los números ideales y, así, con los principios primeros y supremos, deduciéndolas de ellos.

Menciono algunos ejemplos para aclarar mi afirmación.

Comencemos por las espléndidas formas de los templos griegos. Tatarkiewicz, en su *Historia de la estética*, precisa lo siguiente: «En un templo griego, cada detalle tenía su debida proporción. Si tomamos como módulo la mitad del diámetro de la columna, el templo de Teseo en Atenas tiene una fachada de 6 columnas de 27 módulos: las seis columnas abarcan 12 módulos, tres intercolumnios centrales que tienen 3,2 módulos cada uno, dos intercolumnios laterales de 2,7 cada uno; es decir, 27 en total. La proporción entre la columna y el intercolumnio central, es pues, 2:3,2 o sea, 5:8. El triglifo tiene la anchura de 1 módulo y la metopa de 1,6; así que la proporción entre ellos es, otra vez, de 5:8. Estas mismas cifras se repiten en varios santuarios dóricos».[6]

Tatarkiewicz menciona los siguientes conceptos de Galeno, como confirmación del hecho de que también el canon de la escultura *dependía de una proporción numérica establecida*:

> Como atestigua Galeno, «la belleza ... está ... en la simetría ... de las partes, es decir, de un dedo en relación a un dedo, de todos ellos en rela-

---

6. W. Tatarkiewicz, *Historia de la estética*, 3 vols., traducción del polaco de Danuta Kurzyca, vol. I: *La estética antigua*, Madrid: Akal, 1987, 55. Cursiva nuestra. (< *Historia estetyki*, vol. I, *Estetyka starozytna*, Warszawa 1970).

ción al metacarpo y al carpo, de éstos en relación al codo, del codo en relación al brazo y de todo en relación a todo, según está escrito en el Canon de Polícleto».[7]

Queda claro, por tanto, que el «canon» de Polícleto expresaba las proporciones de las partes como traducibles en precisas «relaciones» que, como hemos explicado más arriba, coincidían, para los griegos, con los «números».

Además, la perfección de la figura y de la forma realizada en la escultura griega estaba relacionada con las figuras geométricas. Dice Tatarkiewicz: «En el período clásico surgió también en Grecia la idea de que el cuerpo de un hombre perfectamente construido podía inscribirse en sencillas figuras geométricas: en el círculo o en el cuadrado. "Si extendemos un hombre sobre el dorso con las piernas y los brazos estirados y trazamos un círculo teniendo por centro el ombligo, la circunferencia del círculo tocará las puntas de los dedos de las manos y de los pies"».[8] Análogamente, si nos imaginamos un hombre, siempre con los brazos y las piernas extendidos, y trazamos una recta de mano a mano, luego una recta de mano a pie a derecha e izquierda, y finalmente, una recta de pie a pie, obtenemos un cuadrado (que se inscribe perfectamente en el círculo arriba mencionado), cuyas diagonales se cruzan exactamente en el ombligo. Se trata de la famosa representación que se ha hecho clásica y se designa con la expresión *homo quadratus*.

Pero se podría demostrar también, sobre la base de cálculos precisos, que uno de los «cánones» en el que se inspiraban los artistas griegos era el de la «sección áurea», aplicada de diversas maneras al conjunto, a las partes y al juego de relaciones de las partes con el todo, con espléndidos resultados.

También por lo que concierne al arte de las vasijas existían cánones expresados en proporciones numéricas, que regulaban las rela-

---

7. Op. cit., vol. I, 57. El texto de Galeno (en el que este último remite a Crisipo) se transcribe sin omisiones en griego y en español en vol. I, 84 de la obra de Tatarkiewicz, y está tomado de *De placitis Hippocratis et Platonis* V (Müller 425).

8. Op. cit., vol. I, 63, con cita de Vitruvio.

ciones entre altura y anchura de los vasos, yendo de las relaciones más simples (1:1) a las más complejas y sofisticadas, que reflejaban la proporción de la sección áurea, como en las estatuas.[9]

Por lo tanto, como hemos anticipado más arriba, el ojo plástico griego no veía la figura y la forma (idea) como algo último, sino que, *más allá de ella, veía algo ulterior como su fundamento, o sea, el número y la relación numérica.* Si se transfiere ahora estos conceptos al plano alcanzado por Platón con su «segunda navegación», se obtendrá *una perfecta correspondencia, a nivel metafísico, con lo que los artistas griegos expresaron mediante sus creaciones.* Las ideas, que expresan las formas espirituales y las esencias de las cosas, no son la región última de las cosas, sino que suponen algo ulterior, es decir, los números y las relaciones numéricas y, luego, los principios primeros y últimos de los cuales derivan los mismos números ideales y las relaciones numéricas ideales.

Los entes matemáticos «intermedios» entre el mundo de las ideas y el mundo sensible, y su función determinante

Ya hemos recordado más arriba que, para Platón, los entes matemáticos no coinciden con los números y con las figuras geométricas ideales, sino que ocupan una posición «intermedia» entre el mundo ideal y el mundo sensible. El testimonio más claro al respecto es todavía el que nos brinda Aristóteles:

> Platón afirma que, junto a los seres sensibles y a las formas [= ideas], existen los entes matemáticos intermedios, que difieren de los seres sensibles porque son eternos e inmóviles, y de las formas porque hay muchos semejantes, mientras que cada una de las formas es solamente una.[10]

Este testimonio se confirma en precisas alusiones transversales que se hallan en los escritos platónicos a varios niveles.

9. Véase op. cit., vol. I, 63ss.
10. Aristóteles, *Metafísica* I 6, 987b 14-18.

En una primera consideración, esta doctrina puede sorprender, pero cabe perfectamente en el cuadro de la metafísica platónica.

Tales entes matemáticos son «intermedios» en cuanto son, por un lado, «inmóviles» y «eternos» como las ideas (y los números ideales), y, por el otro, son «muchos» de la misma especie, tal como sucede con las cosas sensibles. En otros términos: los entes matemáticos poseen, a la vez, una característica fundamental de las ideas y una característica típica de las cosas sensibles. Además de ser «intermedios», y hasta precisamente en cuanto ontológicamente tales, los entes matemáticos son también «intermediarios» entre las realidades inteligibles y las sensibles: son los instrumentos mediante los cuales las ideas pueden estar presentes en las cosas y las cosas pueden participar de ellas, «imitarlas».

Las razones por las cuales Platón ha introducido entes matemáticos intermedios son claras. Los números con los que opera la aritmética, así como las magnitudes con las que opera la geometría, no son sensibles, sino precisamente inteligibles. Por otra parte, no pueden existir números ideales ni magnitudes ideales, en cuanto las operaciones aritméticas y geométricas implican múltiples números iguales así como múltiples figuras geométricas iguales y variaciones de las mismas esencias (por ejemplo, muchos triángulos iguales, y muchas formas diferentes de triángulo, de los que se habla en las demostraciones), mientras que cada número ideal es único (en cuanto es única la esencia que expresa), así como también es única cada figura geométrica ideal. Ahora bien: Platón tiene la firme convicción de que existe una perfecta correspondencia estructural entre conocimiento y ser: *a un determinado nivel de conocimiento de un tipo determinado debe corresponder necesariamente un respectivo nivel ontológico de tipo análogo*. Por consiguiente, al nivel de conocimiento matemático, que es superior al nivel de conocimiento sensible pero inferior al conocimiento dialéctico puro, debe corresponder un plano que posea las connotaciones ontológicas respectivas: en nuestro caso, se hacen necesarios muchos números similares requeridos por las diversas operaciones aritméticas, así como muchas figuras similares requeridas por las diferentes demostraciones geométricas.[11]

11. Véase Reale, op. cit., 237ss.

Además, por las razones mencionadas, Platón necesitaba de este sistema de entes inteligibles justamente para explicar el reflejo de lo inteligible en lo sensible, tal como tendremos oportunidad de exponer mejor cuando hablemos de la cosmología.

Relaciones estructurales entre la matemática y la ontología

Algunos estudiosos pensaron que el notable relieve que Platón otorga a la matemática implica una suerte de matematización de su ontología. En realidad, esto no es exacto: si acaso, esto puede afirmarse de su sobrino y sucesor, Espeusipo. Ya Aristóteles, polemizando con Espeusipo y sus seguidores, escribía:

> Para los [filósofos] de hoy, la matemática es la filosofía, aunque proclamen que es preciso ocuparse de ella solamente en razón de otras cosas.[12]

Pero, para Platón, lo cierto es más bien lo contrario: Platón no matematizó la ontología, sino que ontologizó más bien la matemática. Hösle escribe: «Es incorrecto subestimar el significado de la matemática para la filosofía platónica. Y sin embargo [...], sería igualmente erróneo tomar a Platón por el primer filósofo que quiso construir la filosofía sobre la base de la matemática [...]; en Platón se debe pensar en una ontologización de la matemática, mucho más que en una matematización de la ontología. Para Platón, en efecto, la matemática no puede fundar la ontología, aun si esta última, en el movimiento dialéctico del "camino de ascenso", es capaz de orientar hacia los principios supremos».[13]

Precisamente en cuanto los objetos de la matemática son «intermedios» y «mediadores» entre lo sensible y lo inteligible, ofrecen un

12. Aristóteles, *Metafísica*, I 9, 992a 32 – 992b 1.
13. V. Hösle, *I fondamenti dell'aritmetica e della geometria in Platone*, Introducción de G. Reale, traducción de E. Cattanei, Milano 1994, 45. (< "Zu Platons Philosophie der Zahlen und deren mathematischer und philosophischer Bedeutung", en: *Theologie und Philosophie* 59 [1984] 321-355 y "Platons Grundlegung der Euklidizität der Geometrie", en: *Philologus* [Berlin] 126 [nueva serie] [1982] 180-197).

«ejemplo» que refleja la realidad en su conjunto y, así, son como un espejo que permite ver el todo.

Obviamente, permite ver el todo *en sentido analógico*, en cuanto el conocimiento matemático y el metafísico siguen siendo distintos. Gaiser ha precisado adecuadamente este punto: «En cuanto, para Platón, *el sistema de los objetos matemáticos representa una imitación ontológicamente inferior, delimitada y especial, pero analógica, de la concatenación ontológica*, le es posible establecer las leyes del ser contemplando como modelo las leyes de la matemática».[14] Con esto se ha dicho que la matemática, con respecto a la ontología filosófica general, tiene una preeminencia heurístico-metódica, pero está subordinada desde el punto de vista del contenido. La estructura del mismo ser no es en particular de tipo matemático; y, consideradas en su conjunto, las leyes matemáticas no tienen su fundamento en el ámbito matemático, sino, en sentido último, en los principios generales del ser.

La Academia produjo un cambio decisivo en la geometría en sentido euclidiano

Sólo recientemente se ha subrayado la importancia que tuvo la Academia en la historia de la geometría, y, en particular, el papel relevante que tuvo en la consolidación de esta ciencia en el sentido que Euclides le diera más tarde en forma definitiva.

Particularmente decisivo ha sido el descubrimiento de Imre Toth, que encontró en el *Corpus Aristotelicum* la presencia de dieciocho pasajes que contienen fragmentos y rastros de geometría que hoy se llamaría «no-euclidiana».

Los rastros presentes en estos pasajes se refieren al problema de las paralelas y a la cuestión de la suma de los ángulos de un triángulo.

En estos pasajes, Aristóteles hace comprender con claridad que, en la Academia, donde había estado durante veinte años, se habían

---

14. K. Gaiser, *La dottrina non scritta di Platone*, Prefacio de G. Reale, introducción de H. Krämer, traducción de V. Cicero, Milano 1994, 219 (< *Platons ungeschriebene Lehre*, Stuttgart 1963, ²1968 [= ³1998]).

producido acaloradas discusiones sobre el principio de las paralelas (que recibirá su formulación en el quinto postulado de Euclides), con tentativas fallidas de demostración del mismo, y con la consiguiente conclusión a la que se llegó, a saber, que *tal principio no es demostrable y que se lo acepta por libre elección*. Aristóteles conectó estrechamente el principio de las paralelas con la pregunta de la suma de los ángulos interiores del triángulo, que resulta ser igual a dos rectos sólo si se admite lo que se transformará en el quinto postulado; por el contrario, si no se admite este principio, la suma de los ángulos del triángulo no resulta igual a dos rectos: por ejemplo, si la suma de los ángulos del triángulo es mayor a dos rectos, «las paralelas se cruzan».[15] En los *Primeros analíticos*, Aristóteles precisa lo siguiente:

> No hay nada de extraño en el hecho de que una misma conclusión derive de muchas hipótesis. Por ejemplo, no es de asombrarse que dos rectas paralelas se encuentren, sea en el caso de que el ángulo interior resulte mayor que el respectivo ángulo exterior, o sea en el caso de que la suma de los ángulos de un triángulo supere los dos rectos.[16]

Disponemos ahora del libro que, por invitación mía, Imre Toth escribió sobre Aristóteles y los fundamentos axiomáticos de la geometría,[17] en el cual se presentan magníficamente los resultados de sus investigaciones, con las consecuencias que de allí se derivan.

Pues bien: mientras que en Aristóteles se encuentran dieciocho pasajes en los que se hallan verdaderos «fósiles» de tentativas indirectas para resolver el problema de las paralelas, en Platón sólo se pueden encontrar alusiones con sordina. La razón es evidente: Aristóteles, como observador empírico, trae a colación esos conceptos con el trasfondo de las incertidumbres de las discusiones habidas al respecto en la Academia. Platón, en cambio, mucho más agudo y crea-

---

15. Véase Aristóteles, *Primeros analíticos*, 65a 4-7.
16. Aristóteles, op. cit., 66a 11-15.
17. I. Toth, *Aristotele e i fondamenti assiomatici della geometria. Prolegomeni alla comprensione dei frammenti non euclidei nel Corpus Aristotelicum nel loro contesto matematico e filosofico*, introducción de G. Reale, traducción de E. Cattanei (el idioma original es alemán, pero la primera edición de la obra es en idioma italiano), Milano 1997.

tivo en este terreno, ya había realizado una elección precisa en sentido «euclidiano», con todo lo que ello implica, tal como lo demuestran sus grandes contribuciones al ámbito de las discusiones académicas de matemáticos del calibre de Teeteto y Eudoxo.

Hösle escribe con razón: «A priori es un tanto verosímil que los datos geométricos que se encuentran en Aristóteles se remonten a los años que pasó en la Academia (367-347 a.C.): téngase en consideración que, en matemática, a diferencia de casi todas las otras ciencias, Aristóteles no produjo personalmente ninguna contribución original, y que la Academia era el centro de la investigación matemática de entonces, estableciéndose en ella los presupuestos para los *Elementos* de Euclides. A propósito de esto mismo es preciso recordar aquí tres cosas: el tratamiento de los valores irracionales por parte de Teeteto, que se encuentra en el libro X de los *Elementos*; la articulación sistemática, siempre de Teeteto, de los sólidos regulares, que se encuentra en el libro XIII; y la fundamentación, por parte de Eudoxo, de la doctrina general de las proporciones, que tiene lugar en el libro V, la cual, por la precisión con la que se examina lo infinitesimal, atestigua un nivel que de ahí en más sólo alcanzará Dedekind».[18]

Pero Hösle va mas allá. Como sabemos, el Uno y la Díada indefinida de lo grande y lo pequeño, precisamente en cuanto principios primeros y supremos, *fundan toda la realidad, sin excepción*: como hemos visto, de ellos derivan los números y las figuras ideales, y, por tanto, también los entes matemáticos. Teniendo siempre en cuenta los descubrimientos irreversibles de Toth y en las líneas trazadas por Gaiser, Hösle extrae las siguientes conclusiones: «Sobre la base de investigaciones estimuladas por Platón, probablemente Leodamas llegó a captar la falta de rigor que se esconde en las demostraciones de la proposición I 29 de Euclides producidas hasta su época y se convenció de la necesidad de llenar esa laguna por medio de un axioma indemostrable. Esto hizo que la geometría se precipitase en una crisis radical de sus fundamentos, en la cual parece que este recurrir a la intuición hubiese desempeñado un papel para nada irrelevante. Parece que la contribución de Platón, en esta difícil coyuntura, fue la de

18. Hösle, op. cit., 113-114.

haber insistido en un concepto riguroso de geometría, que renuncia a la intuición (y que, en tal sentido es muy moderno), y de haber superado la crisis por medio de una construcción ontológica: la geometría euclidiana, como "geometría del ángulo recto", es la geometría ontológicamente verdadera. A la luz de lo dicho, es probable que el responsable de la caída de las primeras tentativas antieuclidianeas, hasta su renacimiento en los siglos XVIII y XIX, haya sido Platón. *Con todo derecho, por tanto, la geometría euclidiana habría que denominarla "geometría platónica"*».[19]

Pero para comprender bien estas importantes conclusiones y, consecuentemente, la trascendencia revolucionaria del pensamiento platónico a todos los efectos, se precisa una ulterior aclaración. El ángulo recto corresponde a lo igual-en-sí, y, por tanto, en él resulta determinante y preeminente el Uno, mientras que la oposición de los ángulos obtusos y agudos, que pueden devenir siempre más grandes o más pequeños, reflejan la función determinante y preeminente que en ellos desempeña el principio antitético al Uno, o sea, la Díada indefinida de lo grande y lo pequeño.

Como ya había demostrado Markovic, esta reducción está bien documentada en la esotérica platónica, desde el momento en que también la antigüedad tardía puso el acento sobre lo mismo.[20]

Por tanto, las «doctrinas no escritas» de Platón se revelan incluso como *uno de los elementos determinantes en la construcción de la geometría euclidiana*.

Entonces, el lema del que hemos partido: «No ingrese el que no sepa geometría», haya estado o no verdaderamente escrito sobre el portal de la Academia de Platón, expresa de todas maneras una cifra verdaderamente emblemática del pensamiento y del espíritu platónico.

19. Op. cit., 136-137. Cursiva nuestra.
20. Z. Marcovic, "Platons Theorie über das Eine und die unbestimmte Zweiheit und ihre Spuren in der griechischen Mathematik", en: O. Becker, *Zur Geschichte der griechischen Mathematik* (nota 4), 308-318.

Algunas consideraciones finales

Después de todo lo dicho acerca del mundo inteligible de los principios y de las ideas, como también sobre los entes matemáticos «intermedios», el lector no podrá sustraerse a las dudas que muchas veces han surgido a lo largo de la historia, comenzando por el vivo debate sobre el problema de los universales, con sus bien conocidos resultados. De hecho, la posición de Platón había sido criticada como posición de un *realismo «exagerado»*, como el de imponer realidad y espesor ontológico a todos los universales. Y en la era moderna y contemporánea han tenido un claro predominio posiciones «conceptualistas» e incluso «nominalistas».

Yo quisiera responder a estas dudas, con una punta de provocadora ironía platónica, mediante afirmaciones de algunos grandes autores.

En primer lugar, quisiera recordar lo que dice Findlay en su obra *Plato. The Written and Unwritten Doctrines* (obra de la cual yo mismo he promovido la traducción italiana, escribiendo también el ensayo introductorio), exactamente en sentido contrario a la corriente de la cultura anglosajona, de espíritu fuertemente empirista: «Lo esencial de la gran revolución platónica no es la erección de predicados en una nueva suerte de sujetos lógicos, si bien *podemos* procurar expresarla haciendo justamente eso mismo. Antes bien, lo esencial es el reconocimiento de que los predicados, los significados, los universales, son, por así decirlo, la sustancia primaria de la experiencia y de la realidad; que los así llamados particulares no pueden ser identificados y descubiertos en cuanto tales, y que todo su ser consiste, si podemos expresarlo de este modo, en ejemplificar naturalezas o en ser sujetos de atribución». Y aún más: «Que todo en el mundo exista para tener un significado a la luz de una universalidad dominante, eidética, es un modo de considerar las cosas perfectamente coherente en sí mismo, y que no deja nada sin explicar. Es ciertamente algo en función de lo cual nosotros, en cuanto ejemplos en gran parte frustrados, no sólo podemos tener la esperanza de pensar, sino también de vivir en este fluctuante mundo de ejemplos».[21]

21. J. N. Findlay, *Plato. The Written and Unwritten Doctrines*, London 1974,

En segundo lugar, quisiera traer a colación algunas observaciones realizadas por Philip Merlan, discípulo del gran estudioso Heinrich Gomperz, en un libro del cual yo mismo he promovido e introducido la traducción italiana: *Dal Platonismo al Neoplatonismo*.[22] Aunque con un halo hegeliano que no comparto, expresa un concepto que, por el contrario, comparto plenamente: «Este libro ha sido compuesto con una actitud de total simpatía, aun sin una total aprobación, ante el realismo exagerado. Para explicar esta simpatía se podría adelantar la siguiente tesis: la sola relación que puede comprenderse es la relación de implicación y de ex-plicación (en el sentido en el que Nicolás de Cusa utilizó este último término). Una explicación de tipo causal, o sea, una acción de una cosa sobre otra en el espacio y en el tiempo, no es en absoluto una ex-plicación sino, a lo sumo, una tentativa de ex-plicación [...] Más que caracterizarse por el hecho de hipostasiar los conceptos, el realismo exagerado debería señalarse como la doctrina que admite que sólo "lo racional" (mente, espíritu) es real». Y luego precisa, de modo más determinante y correcto: «El realismo exagerado es propiamente lo siguiente: la insistencia en el hecho de que la filosofía no debe ser una apelación ni debería tampoco negar a las ciencias positivas sus derechos de comprender la realidad; la insistencia en el hecho de que la tarea de la filosofía es comprender y que sólo ha se ha comprendido auténticamente aquello que puede explicarse en términos de implicación y ex-plicación "lógica"».[23]

En tercer lugar, quisiera llamar la atención del lector sobre un muy elocuente pasaje de Frege: «En la aritmética nos ocupamos de objetos [...] que son dados directamente a la razón, la cual los puede contemplar como lo más propio de sí misma. Y con todo, o mejor

355 y 408s (La mencionada traducción italiana es id., *Platone. Le dottrine scritte e non scritte. Con una raccolta delle testimonianze antiche sulle dottrine non scritte*, introducción y traducción de los testimonios antiguos sobre las doctrinas no escritas por G. Reale, traducción del texto inglés por R. Davies, Milano 1997).

22. P. Merlan, *Dal Platonismo al Neoplatonismo*, introducción de G. Reale, traducción de E. Peroli, Milano 1990, ²1994, 523 (< *From Platonism to Neoplatonism*, The Hague ³1968).

23. Op. cit., 52.

dicho, precisamente por esto, no son estos objetos fantasías subjetivas. No hay nada más objetivo que las leyes de la aritmética».[24]

Por último, justamente para seguir a Platón en su método de lanzar el flechazo irónico más agudo y más fuerte en el momento culminante del discurso contra aquellos que quisieran reducir todos los conceptos matemáticos a creaciones del intelecto humano, quisiera citar una bella y punzante afirmación de Bertrand Russell: «La aritmética debe ser descubierta en el mismo sentido en que Colón descubrió los indios del Oeste: nosotros no creamos los números más de lo que él creó a los indios».[25]

24. G. Frege, *Fundamentos de la aritmética*, traducción del alemán por Ulises Moulines, Barcelona: Laia, [2]1973, 123s (< *The Foundations of Arithmetic*, Oxford [2]1953 [reimpr. 1959] [edición bilingüe alemán/inglés, conteniendo el original alemán de la obra: *Die Grundlagen der Arithmetik*, Breslau 1884], 115/115e). Véase J. E. Annas, *Interpretazione dei libri M-N della "Metafisica" di Aristotele. La filosofia della matematica in Platone e Aristotele*, Introducción y traducción de los libros M-N de la "Metafísica" de Aristóteles por G. Reale, traducción del texto inglés por E. Cattanei, Milano 1992, particularmente 37-38 (< *Aristotle's Metaphysics M and N, translated with an introduction and notes*, Oxford 1976).

25. B. Russell, "Is Position in Space and Time Absolute or Relative?", en: *Mind* 10 (1901) 293-317; el pasaje citado: 312.

IX

ABSTRACCIÓN Y DIALÉCTICA. DEFINICIÓN DEL BIEN COMO «MEDIDA SUPREMA DE TODAS LAS COSAS»

METODOLOGÍA DE LA ABSTRACCIÓN SINÓPTICA Y DEL ANÁLISIS DIAIRÉTICO QUE LLEVA A LA DEFINICIÓN DEL BIEN

La postura de Havelock acerca de la «abstracción»

Tal como hemos tenido oportunidad de destacar en los capítulos precedentes, Havelock, al demostrar sus tesis, aplica de lleno ciertos métodos que, sobre la base de lo que nos ha enseñado la epistemología contemporánea, emergen a un primer plano. En particular, todos aquellos notables «hechos» que se presentan como «hechos contrarios» y no entran en el esquema categorial de su paradigma interpretativo, si no son directamente «des-hechos» y eliminados por Havelock (como lo hemos visto hacer con respecto a Pitágoras y el pitagorismo antiguo, al fenómeno de la religiosidad griega y a los «testimonios sobre sí mismo» de Platón), son ampliamente «re-hechos» y «arti-ficiados». Y esto acontece precisamente con respecto a la teoría de las ideas y del mundo inteligible, en particular por lo que concierne a la calificación de las ideas como «verdadero ser» y como realidades «en sí y por sí», que él intenta *vaciar ontológicamente y reducir a verdaderas y propias «abstracciones», entendidas en sentido moderno.*

Pero es precisamente este el punto en el cual su interpretación, radicalmente anti-metafísica y totalmente reduccionista frente a la teoría platónica de las ideas, se desploma por entero: *en efecto, en el mundo antiguo, «abstracción» (apháiresis) significaba algo totalmente distinto.*

Pero antes de explicar estas diferencias, será bueno recordar algunos pasajes de Havelock que ilustran bien su operación metódica consistente en presentar el «hecho» radicalmente «re-hecho» y «artificiado».

¿Cómo debería interpretarse el *paso del devenir al ser,* que, como hemos visto, constituye la gran travesía realizada por Platón con su «segunda navegación»? Havelock afirma: «Con tales palabras se describe la ruptura de unos hábitos mentales inveterados: la recordación y el discurso que se habían venido ocupando de los acontecimientos concretos, de los que "devienen". *Queda proclamado el aprendizaje de un nuevo hábito mental, el del pensamiento conceptual puesto en abstracciones extratemporales.* De ahí que la aritmética sea "absolutamente apta para atraer hacia la esencia". El intelectual "toca la esencia emergiendo del mar de la generación". La mente debe aprender a adentrarse en una nueva condición sintáctica: la sintaxis de la matemática, en lugar de la sintaxis del relato. El contenido de dicha esencia, se nos dice, *no es un conjunto de entes metafísicos, sino lo "grande", lo "pequeño" —y otras categorías y relaciones semejantes—, o "la naturaleza de los números [vista] con la sola ayuda de la inteligencia".* En resumen: el contenido está integrado por las abstracciones aisladas existentes *per se* por su desvinculación de todo contexto inmediato y de toda situación específica».[1]

Y, nuevamente Havelock: «La expresión "ser *per se*", al subrayar la simple pureza del objeto, aislado, por así decirlo, de toda contaminación por el contacto con cualquier otra cosa, *es indicativa de un acto mental que, literalmente, corresponde al término latino "abstracción".* Es decir: este "objeto" sobre el cual tiene que pensar el nuevo "sujeto" consciente de sí mismo, ha sido literalmente "arrancado" del contexto épico, para hallar nacimiento en un acto de integración y de deslinde intelectual. Por ejemplo: los diversos (y ocultos) casos de conducta adecuada se agrupan en la noción de "lo adecuado en sí",

---

1. Havelock, prefacio (nota I, 1) 214. Cursiva nuestra.

sin referencia a ninguna otra cosa. Este concepto de lo adecuado ha de desligarse y abstraerse de la corriente de acontecimientos y situaciones en que los agentes o actores hacen o dejan de hacer cosas adecuadas. Así pues, no está de más afirmar que el platonismo pone toda su insistencia en la solicitud de que *pensemos en entes o abstracciones mentales aisladas*, apelando al lenguaje abstracto para describir o explicar la experiencia».[2]

Por tanto, según Havelock, la «conversión» platónica del «devenir» al «ser» «equivale al abandono del mundo-imagen de la épica *para abrazar el mundo-abstracción de la descripción científica*, al abandono del vocabulario y la sintaxis de los acontecimientos narrativos acaecido en el tiempo para abrazar el vocabulario de las ecuaciones, de las leyes, de las fórmulas y de los asuntos situados fuera del tiempo».[3]

La postura de Havelock es, por tanto, la de un «conceptualista» moderno muy extremo: los variados términos metafísicos de los cuales se sirve Platón para indicar sus ideas no revelarían otra cosa que el lenguaje de las categorías y de los universales: «*El único término moderno susceptible de aplicarse a todos a la vez es la palabra "concepto"*. Todos ellos comparten la característica de que –en cuanto categorías, clases, relaciones, principios o axiomas– están acuñados en la mente para expresar y clasificar la experiencia sensible, o bien han sido extraídos de dicha experiencia, inferidos de ella».[4]

El término *forma* o *idea* no tendría, entonces, más significado que el *dramatúrgico*, y sería utilizado para producir una tensión comunicativa: «La teoría de las Formas resulta, pues, en una dramatización de *la zanja existente entre el pensamiento-imagen de la poesía y el pensamiento abstracto de la filosofía*. Dentro de la historia del pensamiento griego, la nueva doctrina apuesta por la interrupción de la continuidad: el suyo es un comportamiento típicamente revolucionario. Quienes llevan a cabo las revoluciones son, en su tiempo y para sus contemporáneos, profetas de lo nuevo, nunca reformadores de lo antiguo».[5]

2. Op. cit., 237. Cursiva nuestra.
3. Op. cit., 239. Cursiva nuestra.
4. Op. cit, 241. Cursiva nuestra.
5. Op. cit., 245. Cursiva nuestra.

Bastarían los textos de los autores citados en el último párrafo del capítulo precedente para responder a las afirmaciones de Havelock. Pero hemos querido recordar algunos de sus pasajes significativos que se centran en la abstracción, justamente para utilizar su error hermenéutico con fines mayéuticos: como ya he recordado más arriba, estoy profundamente convencido de la validez de la máxima de Bacon que dice: *citius emergit veritas ex errore quam ex confusione.*

Y, aquí, el error es notable: Havelock entiende «abstracción» en el sentido fijado particularmente por el empirismo inglés, mientras que, para los griegos, la abstracción tenía un sentido *dialéctico y metafísico* muy fuerte, tal como veremos.

El significado que tenía «abstracción» en el pensamiento antiguo en general, y en Platón en particular

Para Platón, el término *apháiresis* significa «detracción», «sustracción», «despojamiento» (en antítesis precisa respecto del término *prósthesis*, que significa «adición», «agregado»), tanto en el sentido cercano al matemático (resta/suma), cuanto en sentido dialéctico técnico, que es el que nos interesa. Ciertamente, se puede traducir *apháiresis* con el término «abstracción», pero especificando que el área semántica que este término cubre en Platón es, justamente, del todo distinta que la moderna: *la «abstracción» dialéctica, en su momento culminante, conduce al núcleo central del sistema platónico, o sea, a la idea del Bien, vale decir, directamente a la fuente misma del ser.*

Pero para comprender de manera adecuada la radical diferencia de perspectiva en la que uno debe colocarse para no malinterpretar los textos platónicos considero oportuno mencionar dos ejemplos extremos, aparentemente opuestos entre sí pero convergentes en el punto central, que pueden resultar particularmente iluminadores.

En la historia del platonismo, «abstraer» en sentido griego alcanza su punto extremo en Plotino. Su célebre máxima, que se coloca en el vértice de su mística e indica el procedimiento a seguir para reunirse con el Uno, o sea, el Absoluto, utiliza propiamente esta terminología: *aphele pantá* (*aphele* deriva del verbo *aphairo*, de donde proviene *apháiresis*), que significa «sepárate de todo», es decir, «despójate de todo». Por cierto, también se puede traducir «abstrae todo», «abstráete de todo» o «abstrae todas las cosas de ti mismo»: *la abstracción metafísica conduce a la esencia misma, al núcleo central y más verdadero del hombre, eliminando todo el resto para unificarse con el Absoluto*; y es bien evidente la abismal diferencia entre este procedimiento «abstractivo» y el moderno de tipo empírico.

En cierto sentido, la posición asumida por Aristóteles se ubica en las antípodas. Pero se trata de una posición que *se encuentra en el mismo plano* que la de Plotino. Además, Aristóteles nos interesa aquí particularmente en cuanto no acepta el «realismo exagerado» de Platón y, consiguientemente, no admite la existencia de entes matemáticos como tipo de ser existente en sí y por sí, como tampoco la existencia de ideas o formas en sí y por sí. *Pero Aristóteles se encuentra muy lejos de reducir estas realidades a puros conceptos.* La «abstracción» aristotélica conduce a «eliminar», a «sustraer» de las cosas toda una serie de caracteres, hasta alcanzar sus estructuras matemáticas, *aislándolas de las otras propiedades*; pero tales estructuras *subsisten en las cosas mismas*, es decir, *tienen una realidad precisa*.[7] Julia Annas, que es también de formación británica y proviene del grupo de los filósofos analíticos, ha puesto muy bien en evidencia que «si estamos propensos a entender "abstracto" como "simplemente abstracto", o como contrario de "concreto", ello radica en nuestros prejuicios. Aristóteles quiere decir algo completamente distinto».[8] En efecto, en Aristóteles, abstracción quiere decir algo completamente diferente de lo que entienden los empiristas ingleses y la mentalidad de los filósofos modernos y contemporáneos (que, en este punto, ha quedado en radical dependencia de aquellos).

6. Plotino, *Enéadas*, V 3, 17 (= Bréhier, V, 173). Traducción sobre la base del texto griego según la edición Bréhier. Para una versión en español puede verse Plotino, *Enéadas*, introducciones, traducciones y notas de Jesús Igal, 3 vols., Madrid: Gredos, 1982-1998).

7. Véase Aristóteles, *Metafísica*, XIII 3 pássim.

8. J. E. Annas, *Interpretazione dei libri M-N della "Metafisica" di Aristotele* (nota VIII, 24), 134.

Para Aristóteles, pues, la abstracción es «eliminación» o «sustracción» de algunos elementos respecto de otros, elementos que, sin embargo, tienen una muy precisa realidad propia. Los entes matemáticos no dependen, en su existencia, solamente del hecho de que alguien piense en ellos, es decir, del pensamiento mismo, sino de su efectiva subsistencia en la realidad sensible. Mientras que la opinión de Platón es que los entes matemáticos existen por sí como realidad, independientemente del mundo de la experiencia sensible, la opinión aristotélica es que ellos *existen de manera dependiente de lo sensible*: no son substancias existentes por sí mismas, tienen un modo de ser dependiente, no obstante lo cual *son*, y nosotros los conocemos, justamente, «abstrayéndolos», es decir, «aislándolos» de los otros, pero propiamente porque ellos poseen una realidad determinada.

Julia Annas comenta: «Muy lejos de ser un abstraccionismo, esta es más bien una forma ingenua de realismo. El matemático considera un objeto que se encuentra en el mundo como, por ejemplo, un ser humano como yo, y lo considera como algo extenso, o indivisible, etc. En consecuencia, él prescinde de aquellas propiedades mías que se pueden captar a través de los sentidos, para estudiar más de cerca mis propiedades geométricas y aritméticas. Con ello no se afirma en absoluto que estas propiedades no existan en la realidad, ni que las mismas no me pertenezcan realmente, ni tampoco que se encuentren subordinadas de alguna manera a las que se pueden captar por medio de los sentidos. Y menos aún implica esto que tales propiedades se tornen realidad para mí, si acaso, sólo en un segundo momento, cuando el matemático se ocupa de ellas».[9]

He hecho referencia a los entes matemáticos, en cuanto Aristóteles trae a colación expresamente el *proceso abstractivo* en el contexto de esta precisa problemática: pero el mismo razonamiento vale, y *a fortiori*, para las formas, y para todo el resto.

La posición de Platón es, obviamente, mucho más compleja, pero el procedimiento abstractivo sigue siendo el mismo: *el mismo conduce siempre y sólo a descubrir cosas reales, no a meros pensamientos*, y, así,

9. Op. cit., 146.

a algo completamente distinto de aquello a lo que conduce el procedimiento reduccionista de Havelock.

En conclusión: la abstracción en el sentido clásico no lleva a meros conceptos, sino a cosas que son, al ser. Por tanto, *la nueva sintaxis que introduce Platón y que revoluciona la del* epos *se debe al descubrimiento de una nueva dimensión del ser, la misma que él ha alcanzado con su «segunda navegación».*

Pero veamos más de cerca cómo, con el procedimiento abstractivo, Platón llega a la definición Bien-Uno.

El camino dialéctico-abstractivo que conduce al Bien y a su definición como Uno, medida suprema de todas las cosas

En un pasaje del libro séptimo de la República, Platón da, aunque sea de una manera predominantemente alusiva pero no por ello menos clara, algunas indicaciones bastante precisas sobre el camino dialéctico-abstractivo que conduce al conocimiento y a la definición del Bien, *con algunas afirmaciones directamente provocativas, dirigidas contra quien consideraba el Bien como no definible.*

Es «dialéctico», dice él, solamente quien sabe definir la esencia de las cosas con las que trata. Pues para conocer una cosa es preciso definirla; y si no se la define, no se la conoce. Esto vale en general para todas las cosas, y por ello también para el Bien; y *sólo se llega a la definición de la idea del Bien «abstrayéndola» de todas las otras*, después de haberlas examinado una a una. El que no sabe hacer esto mismo, o sea, «abstraer» (*sustraer, separar*) la idea del Bien de todas las otras no tiene conocimiento del Bien y, por tanto, no podrá vivir sino en una dimensión no filosófica, de manera que, como durmiendo y soñando, terminará su sueño descendiendo al Hades.

Leamos el punto clave del pasaje, con los irónicos dardos finales verdaderamente provocativos:

> El que no es capaz de definir la idea del Bien con el razonamiento, abstrayéndola de todas las otras, y que, como en la batalla, pasando por todas las pruebas, deseoso de experimentarla no según la opinión sino según la

esencia, no encare estas cosas con un razonamiento que no se derrumba, ¿no dirías que quien se encuentra en tal condición no conoce ni el Bien en sí ni ninguna otra cosa buena? ¿Y no dirías, tal vez, que, aun si aprehende alguna imagen de todo ello, la aprehende con la opinión y no con la ciencia, y que, durmiendo y soñando en esta vida, antes de poder despertarse aquí, terminará su sueño descendiendo al Hades?[10]

Este difícil pasaje ha sido interpretado de manera verdaderamente magistral por Krämer, en un ensayo cuya traducción he promovido y cuya introducción he escrito.

Aquí sólo puedo mencionarlo y completar las conclusiones.[11]

La dialéctica platónica, como ya hemos dicho, sigue dos procedimientos: uno de ascenso, *sinóptico-generalizador,* que procede de lo particular a lo cada vez más universal (de las cosas sensibles a las ideas y, en el ámbito de las ideas, de las *particulares* a las cada vez más *generales*), y otro *diairético,* que descompone las ideas generales en ideas cada vez más particulares, hasta llegar a las ideas ya no ulteriormente divisibles. En la mayoría de los casos, el procedimiento abstractivo es el diairético. En el pasaje que acabamos de leer, el procedimiento abstractivo es, en cambio, del primer tipo, y procede de abajo hacia arriba, es decir, procede, en el ámbito de las ideas, de las particulares a las generales, hasta alcanzar la última, el «principio a-hipotético»,[12] que ya no tiene necesidad de otro para ser explicado, pero del cual todo depende y por el cual se explica todo.

En este procedimiento que, mediante sustracción (abstracción), conduce a la idea suprema, se entrecruzan y convergen dos líneas: una de origen socrático y otra de origen pitagórico y matemático.

10. *República*, VII 534b-d.

11. H. Krämer, *Dialettica e definizione del Bene in Platone. Interpretazione e commentario storico-filosofico di "Repubblica" VII 534 B 3-D 2*, Introducción de G. Reale, traducción de E. Peroli, Milano 1989; 41996 (< [versión ampliada de] "Über den Zusammenhang von Prinzipienlehre und Dialektik bei Platon. Zur Definition des Dialektikers Politeia 534 B-C", in: *Philologus* 110 [1966] 35-70 [reimpreso en: J.Wippern (comp.), *Das Problem der ungeschriebenen Lehre Platons. Beiträge zum Verständnis der Platonischen Prinzipienphilosophie*, Darmstadt 1972, 394-444]).

12. Véase *República*, VI 510b-511c.

La línea de origen socrático, que lleva de los particulares a lo universal, es en general la que sigue Platón, sobre todo en sus escritos. Recuerdo aquí que, en Platón, «particular» y «universal» significan lo exactamente opuesto a lo que estos términos significan en el pensamiento moderno, del empirismo en adelante: *lo más universal es más real y lo universal en sentido supremo es ser en sentido supremo.*

La segunda línea, que consiste en el procedimiento metodológico inspirado en el proceso matemático, se desarrolla descomponiendo la cosa de la cual se trata (por vía de «abstracción» en el sentido clásico) en los elementos de los que se compone, *hasta llegar a los elementos más simples.* Este procedimiento «elementarizador» tiende, por tanto, a llegar a los «elementos primeros» o estructuras elementales, que son también las más reales, en cuanto todo depende de ellas.

Por lo tanto, para Platón, los primeros principios, tanto como «géneros generalísimos» cuanto como «elementos primeros», se configuran como lo más universal y más simple: el primer principio será, por tanto, género generalísimo y elemento primero.

Las ciencias matemáticas se presentan en la *República* con un procedimiento que se basa exactamente en el procedimiento metafísico elementarizador. En sus lecciones, Platón analizaba los diferentes ámbitos de la matemática de manera «abstractiva», de modo de llegar a la unidad que se encontraba en su fundamento. Él ligaba tales unidades recíprocamente mediante la analogía de su estructura ontológica, hasta llegar, mediante una abstracción última, a la unidad o medida originaria absoluta, de la cual dependen todas las otras unidades.

Vemos, entonces, cómo, abstrayendo las ideas más generales de las particulares y procediendo también más allá de estas ideas generales, se completa la *abstracción definitiva*, «separando» la idea del Bien incluso de sus determinaciones supremas, que se despliegan en las ideas generalísimas. En otros términos: procuramos comprender la manera en la cual Platón lleva a cabo esa operación cruzada de «generalización» sinóptica y de «elementarización», para llegar a aquella idea que es «principio» y «elemento primero» y supremo.

Naturalmente, en la *República*, es decir, por escrito, Platón nos brinda sólo referencias, que deben completarse con las noticias que nos han sido transmitidas por la tradición indirecta.

Siempre en el libro séptimo, introduciendo la problemática del Bien, Platón habla del «largo camino» que es preciso recorrer para llegar al «conocimiento supremo» y, sorprendentemente, menciona la «medida perfecta». Se trata propiamente de una indicación alusiva verdaderamente emblemática: en efecto, de los testimonios sobre las «doctrinas no escritas» se deduce no solamente que Platón identificaba el Bien con el Uno, sino que entendía el Uno como principio supremo precisamente como *medida suprema de todas las cosas*. Aristóteles mismo, que nos informa mejor que nadie acerca de la identificación realizada por Platón entre el Bien y el Uno, en un fragmento de un diálogo perdido de su autoría precisa lo siguiente: «el Bien es la medida exactísima de todas las cosas».[13]

Se ha de tener presente que Platón, en el ascenso dialéctico-abstractivo, contaba con la estructura de las ideas, estrechamente conectadas con los números ideales (que, como hemos visto, son los «productos primeros» de los principios primeros y supremos). Según Krämer, por tanto, la definición esotérica del Bien debía sonar más o menos de esta manera: «El primer principio es la medida exactísima, es decir, totalmente carente de partes, de primera multiplicidad y de número». Sin embargo, ya que la primera multiplicidad y el número de los que se habla son los ideales, de los cuales dependen todas las cosas, la definición, según mi parecer, debe ampliarse de la siguiente manera: «El Bien es *el Uno, medida absoluta de todas las cosas*».[14]

Por lo demás, en las *Leyes*, Platón mismo expresa este concepto con referencia a Dios, que, como veremos, es la Inteligencia que expresa el Bien en sentido supremo: «Dios es para nosotros la medida suprema de todas las cosas».[15]

Se trata de una definición que se impondrá como punto de referencia: todavía Proclo define expresamente el *Uno-Bien* como «medida de todas las cosas».[16]

13. Aristóteles, *Político*, fragm. 2 Ross.
14. Véase Reale, *Per una nuova interpretazione* (nota VII, 3) 357-361; 408-416; 451-453.
15. *Leyes*, IV 716c.
16. Proclo, *Elementos de Teología*, teorema 92. Traducción basada en el texto grie-

[Y en el *Filebo*, el último de los diálogos dialécticos, Platón brinda todos los elementos para recordar esa definición. Al concluir el diálogo, presenta una tabla de valores –es decir, de lo que es bueno– con cinco planos diferentes, en cuyo vértice coloca justamente la *medida*, que se despliega en grados diferentes de manera progresiva en los planos inferiores.

He aquí dicha tabla: en el primer nivel se encuentra la medida, lo medido y lo conveniente; en el segundo nivel, lo proporcionado y lo bello, lo completo y lo suficiente; en el tercer nivel, el intelecto y la sabiduría; en el cuarto nivel están las ciencias, las artes y las opiniones rectas; en el quinto, los placeres puros.[17]

Por tanto, el valor supremo, el Bien, es la medida. La definición esotérica que afirma que el Bien es el Uno, medida suprema de todas las cosas, se refleja aquí de manera perfecta.

Max Pohlenz, aun encontrándose todavía fuera de la nueva interpretación de Platón que relee los diálogos a la luz de las «doctrinas no escritas», comprendió, sin embargo, perfectamente el mensaje final del *Filebo* y escribió: «Nos resulta extraña la importancia atribuida a la medida, colocada en la cima de la escala de valores: pero, en realidad, Platón entiende por medida al Absoluto y escoge esta denominación porque el Absoluto incluye en sí mismo no solamente el Bien entendido en sentido final, sino también lo bello, y, así, un principio de orden y de proporción, constituyendo la causa primera de su existencia concreta y la norma de su exacta combinación».[18]

go según id. [Proclus], *The Elements of theology*, texto revisado y traducido al inglés, introducción y comentario de E. R. Dodds, Oxford 1963. Para una versión en español véase Proclo, *Elementos de teología*, traducción del griego, prólogo y notas de Francisco de P. Samaranch, Madrid: Aguilar, 1965.

17. Véase *Filebo*, 66a-d.

18. M. Pohlenz, *L'uomo greco*, Firenze 1962, 422 (< *Der hellenische Mensch*, Göttingen 1947).

Los libros centrales de la República *como imagen escrita
de los conceptos centrales de las «doctrinas no escritas»
y de las lecciones* En torno al Bien

Todo esto nos ayuda particularmente a comprender esta compleja relación cruzada entre escritura y oralidad mediante la cual se expresa Platón, y que confirma en gran medida muchas de las cosas que hemos dicho en los primeros capítulos y revela de manera casi perfecta la cifra de los diálogos platónicos.

Debo recordar que no solamente las lecciones tenidas dentro de la Academia versaban *En torno al Bien*, sino que también en todos los diálogos, de forma implícita o explícita, *el Bien aparece justamente como el punto axial en torno al cual gira toda la problemática filosófica, comenzando incluso por los primeros escritos.*

Ya Werner Jaeger, y sin hacer referencia a las «doctrinas no escritas», había comprendido que «la idea del bien es, en realidad, la meta que se alza detrás de las disquisiciones de todos los diálogos anteriores de Platón», y que el Bien se comprende propiamente en el sentido de medida absoluta.[19] Y, concluyendo su análisis del *Lisis*, Jaeger escribe: «Lo mismo que en los demás diálogos socráticos, se da por supuesta como punto fijo de orientación la idea del bien; esta constituye también la pauta absoluta y última en la investigación sobre el problema de la amistad, pues, aun sin necesidad de que Platón lo diera de modo expreso, el lector sagaz comprendería perfectamente que detrás de este "primer amado", por virtud del cual amamos todo lo demás, está el valor supremo, que es de por sí el bien. El *Lisis* abre, pues, la perspectiva que las dos obras fundamentales sobre el *eros* habrán de desarrollar: el establecimiento de toda comunidad sobre la idea de que lo que une a los seres humanos unos con otros es la norma y la ley de un bien supremo impreso en el alma, bien supremo que mantiene unido al mundo de los hombres y al cosmos entero.

19. W. Jaeger, *Paideia* (nota II, 2) véase 371; el pasaje citado: 3715b (en la edición citada, en lugar de «anteriores de Platón», dice «anteriores a Platón», lo que constituye, evidentemente, una errata. Véase el texto correcto en la edición separada del vol. II de la obra [= Libro III, "En busca del centro divino"], de 1944. *N. del T.*).

Y ya en el *Lisis* vemos cómo la eficacia del principio primordial amado por todos trasciende el mundo de los hombres: es el bien aspirado y apetecido no sólo por nosotros, sino por todos los seres y que aparece en cada uno de ellos como *su* perfección. Repudiando enérgicamente la tesis del derecho del más fuerte, también el *Gorgias* ordenaba ya el problema de las comunidades humanas dentro del marco de una simetría cósmica suprema, que aquí equivale a la armonía entre las cosas y su pauta última, no determinada con mayor precisión por el momento».[20]

Pero si existe acaso un escrito del cual esperamos, finalmente, una definición del Bien, este es precisamente la *República*, en particular en sus libros centrales, el sexto y el séptimo. En efecto, es precisamente sobre la idea del Bien y sobre su realización que se construye el estado ideal.

Platón, sin embargo, aplicando cuanto nos dice en el testimonio sobre sí mismo del *Fedro*, no ofrece tal definición de la idea del Bien, que para él es lo «de mayor valor», *sino que nos brinda solamente una «imagen», o sea, el «hijo» en lugar del «padre», y no paga, como veremos, la cuenta de base, sino solamente los «intereses».*[21]

Pues bien, el hecho de que Platón, en la *República*, evite brindar una definición de la esencia del Bien (y declare, por lo demás, que quien no sepa definir el Bien no es dialéctico ni, por tanto, filósofo), o sea, el hecho de que evite revelar propiamente el punto sobre el cual se sostiene todo el edificio que está construyendo, *constituye la más clamorosa desmentida de la pretendida «autarquía» de los escritos sobre la que se ha fundado la interpretación moderna de Platón desde Schleiermacher en adelante.* En realidad, el problema no se resuelve sino aportando aquella «ayuda» que Platón consideraba necesaria para comprender los escritos, a saber, «la ayuda del autor» acerca de los fundamentos que no se explicitan en los escritos. Él aportaba esta ayuda en el ámbito de la oralidad dialéctica, es decir, en sus leccio-

20. Op. cit., 566s (el traductor de la versión citada de *Paideia* utiliza «pauta» para traducir lo que en la presente obra se designa y traduce como «medida», que vierte a su vez el término griego usado por Platón: *metron. N. del T.*)
21. Véase Reale, op. cit., especialmente 317-323.

nes; nosotros sólo la podemos deducir de lo que él dijo en esas lecciones, valiéndonos de los testimonios de sus discípulos.

Pero procuremos suministrar detalladamente la documentación de lo que Platón dice expresamente a este respecto y tratemos de darnos cuenta del alcance de sus palabras esenciales, si es que queremos comprender a nuestro filósofo en general y su obra filosófica maestra en particular.

El «pasaje de omisión» más notable del libro séptimo de la República, donde se remite explícitamente a la oralidad

Platón dice con claridad que «tiene en mente», es decir, que sabe en qué consiste la idea del Bien, pero dice asimismo que no quiere dar su definición.

Y aduce dos razones muy precisas.

En primer lugar, afirma, irónicamente, que no sería capaz de hacerlo de manera convincente:

> Temo que no sería capaz de ello, y al intentarlo, exponiéndome a la ignominia, me pondría en ridículo.[22]

Conocemos bien las razones subjetivas de estas afirmaciones: en una conferencia (o en un ciclo de conferencias), Platón presentó la definición del Bien, y «algunos tuvieron desprecio por la cosa, y otros la criticaron».[23]

Pero la razón de fondo es la siguiente:

> Dejemos fuera de consideración, *por ahora*, qué es el bien. Pues llegar a lo que tengo en mente me parece una empresa superior al esfuerzo *que podríamos realizar aquí y ahora*.[24]

22. *República*, VI 506d.
23. Aristoxeno, *Aristoxeni Elementa harmonica* (nota VII, 32), 40. Véase la cita de este relato de Aristoxeno en la pág. 161.
24. *República*, VI 506d-e.

Se trata, en efecto, de un esfuerzo que requiere de medios y de tiempos superiores a los que pueden concretarse «ahora» y «aquí», es decir, *a través del medio de comunicación de la escritura.*

Por tanto, Platón no quiere poner por escrito lo que «tiene en mente» como filósofo. Está aplicando con absoluta exactitud lo que dice en el testimonio sobre sí mismo del *Fedro*:

> A aquel que no posee cosas que sean de mayor valor respecto de las que ha compuesto o escrito, y las da vuelta por mucho tiempo de un lado y del otro, uniendo una parte con otra o separándolas, ¿no lo llamarías, con justa razón, poeta, o compositor de discursos, o escritor de leyes?[25]

Nótese, asimismo, cómo esta operación que cumple el escritor «dando vuelta por largo tiempo de un lado y del otro» los rollos sobre los que escribe es también una indicación autobiográfica: las fuentes antiguas nos informan que Platón rehízo y corrigió varias veces el mismo comienzo de la *República*.[26] Además, como ya hemos recordado, él consideraba la escritura una narración por imágenes, es decir, en forma de mito, y la juzgaba como un juego muy bello pero inferior a la oralidad. Siempre en el *Fedro*, Platón dijo que el escrito es una «imagen» del discurso oral; y aquí dice:

> Pero lo que me parece ser como el hijo del Bien, semejante a él en grado sumo, eso quisiera decirlo, si es de vuestro agrado.[27]

Y a la respuesta de Glaucón, que acepta la limitación, aun cuando requiera escuchar «en otra oportunidad» la explicación sobre el padre, Sócrates replica:

> Bien quisiera pagaros la deuda y poneros en condición de cobrarla, y no limitarme, como ahora, solamente a los intereses. Pero, mientras tanto, tomad estos intereses y este hijo del Bien. Estaos atentos, sin embargo, a que yo no os engañe sin quererlo, dándoos una suma errónea de intereses.[28]

25. *Fedro*, 278d-e.
26. Véase Diógenes Laercio, *Vidas* (nota IV, 6), III 37 (= Loeb, tomo II, 310).
27. *República*, VI 506e.
28. Op. cit., VI 507a.

Y también después de la explicación sobre el hijo, o sea, después del pago de los «intereses», Platón reafirma que ha «dejado de lado muchas cosas» y que seguirá dejándolas de lado, pero agrega: «por lo que es posible actualmente, no las dejaré de lado con conocimiento de causa».[29]

He aquí, pues, que se nos revela el alcance filosófico de los escritos platónicos: *ellos presentan los «intereses», no la cuenta de base* (no el «capital», diríamos hoy), *pero pagan, no obstante, los intereses en su justa medida*, es decir, en la justa proporción que deben tener los pagos de intereses respecto del capital.

Pero las «cosas de mayor valor» se encuentran, obviamente, sólo en la cuenta de base, es decir, en el capital, cuyos intereses no son más que el fruto, o sea, el «hijo».

Este es el «pasaje de omisión» más notable y paradigmático en todo sentido: un propio y verdadero modelo hermenéutico para una adecuada relectura de Platón. No obstante, es un pasaje de omisión acompañado antes y después por una serie de indicaciones que remiten a la oralidad, como ahora veremos.

Mensajes transversales presentes en la República, con fuerte alusión a la definición del Bien, reservada a la oralidad dialéctica

Para aclarar las razones por las cuales no es suficiente el tratamiento dado a la virtud en los libros precedentes, Platón dice que, para explicar la virtud de manera adecuada, es preciso explicar qué es aquello de lo cual deriva todo valor, o sea, el Bien. Sin embargo, como ya he recordado más arriba, precisa de inmediato que, para hacerlo, es necesario recorrer un «camino más largo»,[30] o sea, el camino más exigente, que conduce al «conocimiento máximo».[31] Y para hacer comprender al lector que se trata del camino que puede recorrerse solamente en la dimensión de la oralidad dialéctica, Sócrates dice a

29. Op. cit., VI 509c.
30. Véase op. cit., VI 504b-d.
31. Op. cit., VI 504e; 505a.

su interlocutor: «Ya lo has oído no pocas veces»,[32] y agrega: «que la idea del Bien es el conocimiento máximo lo has oído decir muchas veces».[33]

Esta indicación remitiendo al «oír decir» es una referencia incontestable a las doctrinas expuestas en las lecciones orales dadas por Platón en la Academia. De hecho, no puede decirse en absoluto que los diálogos que preceden a la *República* hablen «no pocas veces», o hasta «muchas veces» de la idea del Bien. Antes bien, es propiamente aquí, en la *República*, que aparece por primera vez la discusión sobre el Bien en cuanto tal. Por lo tanto, de modo incontrovertible, se remite aquí con insistencia y precisión a las «doctrinas no escritas».

Pero he aquí cómo se efectúan los mensajes transversales.

En primer lugar, Platón presenta la imagen, o sea, «el hijo» del Bien, identificado con el sol. En la esfera de lo inteligible, el Bien se encuentra, con lo inteligible mismo y con la inteligencia, en una relación funcional y en una proporción análoga a aquella en la cual el sol, en la esfera sensible, se encuentra en relación con la vista y con lo visible. Cuando los ojos miran las cosas en la oscuridad de la noche, ven poco o nada; en cambio, cuando ven las cosas iluminadas por el sol, las ven con claridad, y la vista asume su papel adecuado. Y así sucede también con el alma, que, cuando mira lo que está mezclado de tinieblas, es decir, lo que nace y muere, sólo es capaz de opinar y de hacer conjeturas, pareciendo casi estar privada de inteligencia; en cambio, cuando contempla el ser verdadero, o sea lo inteligible, muy distintos son los resultados que obtiene. Por tanto, la idea del Bien da a las cosas conocidas la verdad y al alma que conoce la facultad de conocer la verdad: en consecuencia, la idea del Bien resulta ser *ella misma cognoscible*. Como la vista y lo visto no son el sol, sino que son afines al sol, así la verdad y el conocimiento no son el Bien, sino afines al Bien. Además, como el sol está por encima de la vista y de lo visto, así el Bien está por encima del conocimiento y de la verdad, y es, consiguientemente, de una belleza extraordinaria que supera incluso la del conocimiento y la de la misma verdad.

32. Op. cit., VI 504e.
33. Op. cit., VI 505a.

Pero esta explicación del «hijo» del Bien experimenta una súbita empinada: la narración mítica se interrumpe de improviso con la irrupción de un formidable concepto *que invierte la disposición de la imagen de manera repentina.* Se dice que el sol no sólo da a las cosas la capacidad de ser vistas, sino que produce su generación y su crecimiento y nutrición, aun no estando él mismo implicado en la generación. Y luego, imprevistamente, se afirma:

> Y así también, dirás de los cognoscibles que no sólo el ser conocidos proviene del Bien, sino que también el ser y la esencia provienen de este, aunque el Bien no sea ser, sino que esté por encima del ser, siendo superior en dignidad y poder.[34]

Como es obvio, se trata de un pasaje con comunicaciones alusivas muy fuertes: se afirma la función de fundamento del Bien, pero no se la explica en absoluto; el Bien es colocado incluso *por sobre el ser*, sin que se pueda comprender la razón.

Pero he aquí cómo Platón eleva la dosis de sus mensajes alusivos transversales. Presenta la reacción del segundo protagonista de la siguiente manera:

> Y Glaucón dijo, muy cómicamente: *¡Apolo! ¡Qué divina superioridad!*

Y hace decir a Sócrates, inmediatamente después:

> ¡Es tu culpa, dado que me obligas a decir mis opiniones sobre este punto![35]

Nótese que Platón nos había dicho que no quería decir aquí lo que tenía en mente, es decir, sus precisas opiniones sobre el Bien; ahora, en cambio, *confiesa haber expresado su opinión sobre este punto.*

Pero hay más aún. Nótese cómo Glaucón pronuncia el nombre de «Apolo» con énfasis exclamativo. En otro trabajo he examinado

---

34. Op. cit., VI 509b.
35. Op. cit., VI 509c.

todos los pasajes de los diálogos platónicos en los que aparece el término «Apolo», señalando que este uso exclamativo, con su correspondiente función dramatúrgica, aparece sólo en este pasaje.[36]

¿Por qué? Sabemos de Plotino que «Apolo» era el nombre simbólico con el cual los pitagóricos expresaban simbólicamente el «Uno».[37] Y, efectivamente, si se interpreta la «*A*» como alfa privativa, dado que el resto del nombre «*pollon*» corresponde al término que en griego designa lo «mucho», el sentido que se obtiene de ello es el de «supresión o quita de lo mucho», es decir, justamente el Uno. Es evidente, entonces: la alusión de la *definición del Bien como Uno se hace efectiva propiamente con la mención, en forma de exclamación, del Dios que era símbolo del Uno*, precedida de un corte de la narración por imágenes mediante conceptos alusivos de extraordinario alcance, que sólo podrían comprenderse con referencia al Uno. En un capítulo precedente vimos, en efecto, en qué sentido el Uno es causa del ser y está por encima del ser.

Pero, como ya he recordado, Platón, en un pasaje precedente a aquel en que se presentaba la imagen del sol, menciona de manera alusiva, para quienes conocían sus doctrinas por otro camino, precisamente el concepto de «medida exactísima» o «medida perfectísima».

Para explicar al interlocutor que las cosas dichas sobre la virtud no eran suficientes y que era preciso dar un largo rodeo para llegar a su fundamento, o sea, a la idea del Bien, mientras que Glaucón, en cambio, consideraba que las cosas habían sido dichas en su justa medida, Platón hace decir a Sócrates:

> Pero, amigo, una *medida* de cosas de este tipo, que fuera una parte cualquiera del ser, no es verdaderamente una *medida justa, pues nada incompleto puede ser medida de nada.*[38]

---

36. G. Reale, "L''henologia' nella 'Repubblica' di Platone: suoi presupposti e sue conseguenze", en: AA.VV., *L'Uno e i Molti*, a cargo de V. Melchiorre, Milano 1990, 113-153.

37. Véase Plotino, *Enéadas*, V 5, 6 (= Bréhier V, 98).

38. *República*, VI 504c.

Pero hay aún más. En el libro cuarto,[39] o sea, en una posición voluntariamente desplazada respecto de los libros centrales, en los que se habría debido definir el Bien, Platón dice que la fuente de los males de una ciudad se encuentra precisamente en la división diádica que la dispersa en una multiplicidad desordenada, rompiendo su unidad. Y en el libro quinto lo dice de manera aún más explícita, haciendo referencia a los dos principios primeros y supremos de manera extraordinaria. Sólo por el hecho de estar colocada conscientemente fuera de lugar en el juego dramatúrgico del escrito, esta referencia puede escapar al lector no preparado:

> No es este, entonces, el punto en el cual debemos comenzar para ponernos de acuerdo, a saber, el preguntarnos cuál es *el máximo Bien* para el ordenamiento de la ciudad, hacia el que debe mirar el legislador al poner las leyes, y cuál es *el máximo Mal*, viendo por tanto si aquello de lo que se ha tratado ahora se ajusta *a la horma del Bien* y no *a la del Mal*? [...] ¿Y acaso podremos tener en la ciudad *un mal mayor* que aquel que *la divide y que, en lugar de una, hace muchas*? ¿O un *Bien mayor* que el que *la vincula y hace de ella una*?[40]

Por último, hay que destacar también el pasaje contenido en el libro séptimo, en el que Platón indica en qué sentido la aritmética prepara para la dialéctica: en dicho pasaje se insiste de manera sorprendente precisamente sobre el Uno, mostrando *de qué modo la aritmética prepara para la comprensión del Uno*, al menos de manera preliminar (¡y justamente sobre esta base explica Platón las razones por las cuales el que no es geómetra no puede entrar en la Academia!):

> –Esto, en efecto, es lo que procuraba decir hace poco: que algunas cosas invitan a la razón, mientras que otras no lo hacen. Y las cosas que se presentaban a los sentidos en unión con sus contrarios las definí como estimuladoras de la inteligencia, mientras que las que no lo hacen las definí como no estimuladoras.
> –Ahora entiendo, dijo, y también a mí me parece que es así.

---

39. Véase op. cit., IV 422e – 423b.
40. Op. cit., V 462a-b.

–Entonces, el número y *lo uno*, ¿a cuál de estas cosas te parece que pertenecen?

–No lo entiendo, dijo.

–Obténlo de manera análoga a las cosas que hemos dicho anteriormente. Pues si *lo uno* se viese adecuadamente en sí y por sí mismo, o se lo percibiese con otro de los sentidos, no llevaría hacia el ser [...] Si, en cambio, se viese junto a él algo contrario, de manera que no aparezca lo uno en mayor medida que su opuesto, entonces sería necesario que se juzgase, y el alma se vería llevada a dudar de él y a investigar, *y, suscitando en sí la reflexión, a preguntarse qué es, en sí, lo uno; y, de este modo, entre las ciencias que conducen y convierten a la contemplación del ser estaría también la que versa sobre el uno.*[41]

Tenga presente el lector que la clara distinción que hace Platón entre «uno» y «número» corresponde al lenguaje matemático de su tiempo, que no veía el uno junto a los otros números, sino que le concedía una preeminencia ontológica y axiológica, en cuanto todos los números derivan precisamente del uno.

Creo que, en la *República*, dadas las restricciones comunicativas que Platón imponía a los escritos, él no habría podido darnos, para llegar a la definición del «Bien» como «Uno», mensajes transversales más sobresalientes que estos, *reservados, naturalmente, a quienes conocían sus doctrinas no escritas por otra vía (es decir, en la dimensión de la oralidad dialéctica), y a nosotros, que reconstruimos dichas doctrinas sobre la base de los testimonios indirectos de los discípulos que escucharon sus lecciones.*[42]

En los próximos capítulos tendremos oportunidad de ver en qué sentido este concepto de Bien como *Uno, medida suprema de todas las cosas*, lejos de ser un mero concepto filosófico abstracto, posee una gran trascendencia a varios niveles.

41. Op. cit., VII 524d – 525a.
42. Véase Reale, *Per una nuova interpretazione* (nota VII, 3), 710-712.

X

ERÓTICA, BELLEZA Y ANAMNESIS. ASCENSIÓN HACIA EL ABSOLUTO MEDIANTE LA BELLEZA

CONOCIMIENTO Y FRUICIÓN DEL BIEN, TAL COMO SE MANIFIESTA EN LO BELLO. LA ESCALERA DEL *EROS*

La erótica como fruición espiritual de lo Bello en las dimensiones ontológicas y axiológicas

Para leer y comprender los escritos de Platón dedicados a la problemática del *Eros* es necesario realizar un notable esfuerzo y colocarse en un plano muy distinto de aquel en el cual se mueve el hombre de hoy.

En primer lugar, debemos darnos cuenta de que, según Platón, la fruición de lo Bello no tiene lugar mediante el arte, es decir, en las dimensiones que hoy consideramos como pertenecientes a la esfera estética.

Ya hemos visto cómo la pintura y las distintas formas de poesía son imitaciones de imitaciones que se colocan a una triple distancia de la verdad, estando, así, muy lejos del descubrimiento de lo Bello. Esto último, como hemos visto ya en parte y explicaremos mejor en este capítulo, consiste en la armonía, en el orden, en la justa medida, vale decir, en la estructura misma del ser que, precisamente en cuanto tal, revela el Bien.

Nos colocamos, por tanto, en un plano muy distinto de aquel en el que se plantea la problemática estética a partir de la edad moderna.

Platón conectó la cuestión de lo Bello con el *Eros* y, en *particular, con el arte de amar de manera filosófica*. En consecuencia, algunos de los problemas de los que se ocupa la estética de hoy pertenecen, para Platón, al ámbito de la erótica, ámbito que, por otra parte, implica problemas mucho más vastos, con una fuerte carga axiológica y ontológica: como veremos, *Eros* es necesidad de lo Bello; y precisamente a través de lo Bello, es adquisición siempre creciente de aquello de lo que carece, con la meta puesta en la fruición de lo Bello absoluto.

Pero para poder moverse con agilidad en el plano en el que se coloca la erótica platónica, es preciso examinar las connotaciones esenciales del *Eros* y de lo Bello. Ya me he ocupado del problema en la obra *Eros dèmone mediatore*,[1] a la cual remito para un tratamiento analítico, limitándome aquí a agregar algunos complementos.

Dimensión cósmica del Eros entendido como ligazón que mantiene unido el universo

Uno de los caracteres más revolucionarios del *Eros* platónico con respecto al ámbito cultural griego consiste en su figura emblemática de «*demon*», y no de «dios» (una concepción decididamente «herética» para la teología y la mitología helénicas).

Pero ¿por qué Platón presenta al *Eros* como un *demon* y no como un dios?

Porque es una fuerza «intermedia» y «mediadora»: *Eros* no es ni inmortal ni mortal, sino «intermedio entre divino y mortal», *es una fuerza que conduce a la búsqueda y a la adquisición de lo inmortal*.

Platón escribe en el *Banquete*:

> *Eros* es un gran *demon*: en efecto, todo lo demónico es intermedio entre divino y mortal. […] Tiene el poder de interpretar y de llevar a los dioses las cosas que provienen de los hombres y a los hombres las cosas que provienen de los dioses: de los hombres las plegarias y los sacrificios, de los

1. Milano 1997, ya mencionado más arriba, en la pág. 134, con su título completo.

dioses, en cambio, los mandamientos, las recompensas y los sacrificios. *Y, estando en medio entre unos y otros, realiza un complemento, de modo que el todo se una consigo mismo.*[2]

Platón ilustra el concepto de *Eros* como *demon* mediador mediante una espléndida metáfora que, por medio de imágenes, presenta a los padres del mismo *Eros*, así como el momento, el modo y el lugar su nacimiento.

Mientras los dioses festejaban el nacimiento de Afrodita, diosa de la belleza, Penía, diosa de la pobreza, acudió a pedir limosna y, para liberarse de alguna manera de la carencia total en la que se encontraba, intentó unirse con Poros, que representa la capacidad de procurarse siempre aquello de lo que se carece. Penía tuvo éxito en su intento mientras Poros, ebrio de néctar, se había adormecido en el jardín de Zeus.[3]

Eros, en consecuencia, nace con una naturaleza doble, sintéticamente mediada, que deriva de la madre y del padre; además, se torna en seguidor de Afrodita, en cuanto es concebido justamente durante la fiesta natalicia de la diosa.

He aquí el espléndido retrato de *Eros* trazado por Platón:

> En cuanto *Eros* es hijo de Penía y de Poros, le ha tocado un destino de este tipo. Ante todo, es siempre pobre y está muy lejos de ser bello y delicado, como considera la mayoría. Por el contrario: es duro e insípido, descalzo y sin techo, se acuesta siempre sobre la tierra sin manta y duerme al descubierto, delante de las puertas o en medio de la calle, y, puesto que tiene la naturaleza de su madre, está siempre en compañía de la pobreza. En cambio, por lo que recibe de su padre, está al acecho de los bellos y de los buenos, es animoso, audaz, impetuoso, cazador extraordinario, siempre con la intención de tramar intrigas, apasionado por la sabiduría, lleno de recursos, filósofo para toda la vida, encantador extraordinario, hechicero y sofista. Y, por su naturaleza, no es mortal ni inmortal sino que, en un mismo día, a veces florece y vive, cuando logra sus intentos, y otras veces, al contrario, muere, volviendo, empero, después, a la vida, a raíz de la naturaleza de su padre. Y aquello que consigue

2. *Banquete*, 202d-e.
3. Véase *Banquete*, 203b-c.

se le escapa siempre de las manos, de modo que *Eros* no es nunca ni pobre ni rico de recursos.[4]

Las características esenciales expresadas en esta metáfora son fundamentalmente dos.

En primer lugar, *Eros es una fuerza dinámica y sintética, mediadora de los opuestos*; es un impulso irresistible que empuja sin cesar más allá, a ascender más hacia lo alto.

En segundo lugar, el concepto de *Eros* como «intermedio mediador» que *liga y unifica los extremos opuestos*, o sea, el devenir y lo eterno, lo mortal y lo inmortal, precisamente –como veremos– por intermedio de lo Bello, se asocia en Platón estrechamente a la función del Bien. En el *Fedón* leemos: «El Bien y lo conveniente son aquello que verdaderamente liga y mantiene unido el universo».[5]

Más abajo veremos las razones de esta estrecha ligazón. Pero ya desde ahora queremos citar, como anticipo, un penetrante juicio de Gadamer, que considera que lo Bello (y, por tanto, el *Eros*, que le está inseparablemente unido) «asume la función ontológica más importante que puede haber, la de la mediación entre la idea y el fenómeno».[6]

Procuremos comprender en qué sentido esto es así.

Eros, fuerza creadora en lo Bello y búsqueda de inmortalidad

Según Platón, *Eros* es, en sí, la fuerza que anima no sólo ciertas acciones particulares del hombre, sino todas las acciones con las que se busca el Bien y lo que se sigue de la posesión del Bien, o sea, la felicidad.

---

4. *Banquete*, 203c-e.
5. *Fedón*, 99c.
6. H.-G. Gadamer, *Verdad y Método I. Fundamentos de una hermenéutica filosófica*, traducción de A. Agud Aparicio y R. De Agapito, Salamanca: Sígueme, ⁶1996, 575 (< *Wahrheit und Methode. Grundzüge einer philosophischen Hermeneutik*, Tübingen 1960, ⁴1975 [con pequeños ajustes textuales y adición de notas = *Gesammelte Werke* I, Tübingen 1986, ²1990]).

Sin embargo, los hombres circunscribieron el significado del término *Eros*, que sería, en sí, el de una fuerza universal en el sentido indicado, a una forma particular de la misma, a saber, la búsqueda y fruición específica del Bien que tiene lugar mediante la belleza.

En particular, precisa Platón, *Eros*, en esta acepción específica, en su sentido más pleno, resulta ser *una búsqueda de procrear en lo Bello, sea a nivel físico o a nivel espiritual*.

Este deseo de *Eros* de engendrar en lo Bello constituye la potencia opuesta que libera de la muerte, o sea, que libera de la «carencia» o «deficiencia» más notable del hombre. Pues la generación lleva a cabo ese continuo nacer que constituye, en el ámbito de lo mortal, una reproducción de lo inmortal: la generación es una victoria de lo mortal sobre la muerte, *fuerza que garantiza una permanencia en el ser*.

Precisamente esto constituye la relación entre *Eros* y el Bien. En efecto, el Bien es eterno, e implica, por tanto, inmortalidad. Y en cuanto *Eros* es deseo y búsqueda del Bien, es, en consecuencia, también deseo y búsqueda de inmortalidad.

Por tanto, *buscar lo inmortal* es una exigencia estructural ínsita en la naturaleza de lo mortal, y *Eros* es la fuerza que satisface tal exigencia. Los mismos animales, mediante el *eros* físico, procuran dejar un retoño semejante a ellos y conservarse de ese modo a sí mismos mediante lo semejante: y esta es una forma mediante la cual también lo físico y material, de por sí mortal, participa de lo inmortal.

Pero también la generación en lo Bello al nivel espiritual de las almas tiende al mismo objetivo. Pues mediante esta forma de *eros*, el hombre procura otra forma de inmortalidad, a saber, la de carácter precisamente espiritual: mediante sus creaciones espirituales, busca el recuerdo en la posteridad.

El mismo morir por la salvación de otros constituye para el hombre una búsqueda de inmortalidad. El *eros* en esta dimensión es un amor que los hombres tienen por aquel recuerdo que, con sus extraordinarias acciones, dejarán en la posteridad: un recuerdo para siempre.

Morir por los otros en vista a la fama eterna que comporta es un tipo de amor que no tiene nada que ver con la *agape* cristiana: esta es una forma de amor *de entrega*, mientras que la otra es de amor *adquisitivo*; la *agape* cristiana ama para dar, el *eros* griego ama para recibir.

Eros en sentido helénico es siempre y sólo *fuerza que conduce a la adquisición de aquello de lo que se carece*, a nivel cada vez más elevado, hasta llegar al poder-no-morir que lleva al hombre a estar junto a los dioses.[7]

Belleza y «anamnesis» del mundo inteligible

Platón considera que la raíz última del conocimiento se encuentra en la «anamnesis», o sea, en un «recuerdo» de las ideas que, antes de nacer en los cuerpos, el alma había visto y contemplado en el «prado de la verdad», es decir, en el ámbito del *hiperuranio*.

Naturalmente, por ciertos aspectos, parecería más lógico hablar de la «anamnesis» en conexión con la problemática gnosceológica, particularmente con la dialéctica. La anamnesis es, de hecho, la fuerza espiritual que hace posible el momento «sinóptico» de la dialéctica, que consiste en proceder de lo particular a lo universal y, por tanto, de las cosas sensibles a las ideas. Pero Platón presenta esta doctrina suya de la manera más eficaz y convincente en estrecha conexión con el *Eros*. Por esa razón he considerado más oportuno hablar de ella en el contexto de esta problemática.

En primer lugar, es preciso subrayar que Platón presenta la doctrina de la «anamnesis» de dos maneras: una *mítica* y otra *dialéctica*.

Por un lado, él se remite a las creencias órfico-pitagóricas de la metempsícosis, de las cuales hablaremos más adelante: la muerte no es sino el término de una de las vidas del alma en el cuerpo; el nacimiento, a su vez, no es sino una nueva vida del alma en el cuerpo, que se agrega a las precedentes. En particular, el alma conoció las realidades que existen en el más allá y que olvidó al entrar en los cuerpos. Sin embargo, este «olvido» no es absoluto: invitada por los conocimientos suministrados por los sentidos, que presentan las cosas sen-

7. Véase *Banquete*, 207a ss.

sibles, las cuales son imágenes de las realidades ideales, el alma puede «recordar» esas verdades eternas, extrayéndolas de sí misma, en cuanto está en posesión de ellas desde siempre. Y, en este sentido, conocer es un «recordar».[8]

Pero ya a partir del *Menón*, donde tal doctrina se presenta por vez primera, esta argumentación mitológica se integra de inmediato con una *demostración paralela de naturaleza dialéctica*, y, por tanto, rigurosamente racional, o sea, mediante un «experimento mayéutico». Sócrates interroga a un esclavo, absolutamente ignorante de geometría, y logra hacer que, mediante el método mayéutico, resuelva un complejo problema geométrico que implica el conocimiento del teorema de Pitágoras. Y, desde el momento en que el esclavo jamás había aprendido geometría, el experimento demostraría que ha extraído ciertas verdades de su propia alma, de las cuales, por tanto, se ha «acordado».[9]

En el *Fedón*, Platón ofrece una demostración ulterior de esta doctrina. Conocemos mediante la experiencia sensible cosas iguales, cuadradas o circulares, las que, sin embargo, nunca son perfectamente tales. Sin embargo, tenemos conocimiento de lo igual perfecto, del cuadrado perfecto, del círculo perfecto, conocimiento que contiene un *plus* respecto del que nos brindan los sentidos. Evidentemente, este *plus*, en cuanto no puede derivar de la experiencia sensorial, *debe derivar de dentro de nosotros mismos*. Nuestra inteligencia, de por sí, no estaría en condiciones de crear un tal *plus*, que es de índole objetiva. Por tanto, en el conocer, el hombre encuentra en su propia alma, como una posesión originaria, ciertas verdades y, por tanto, las «recuerda».[10]

Y el mismo razonamiento vale no solamente para las verdades matemáticas, sino también para lo justo, lo santo, lo Bello, y así sucesivamente: el conocimiento de tales realidades, que trascienden las sensibles, no podría explicarse, dado su alcance, sino como «reminiscencia» de una posesión originaria de las mismas.[11]

8. Véase *Menón*, 80d – 81e.
9. Véase *Menón*, 81e – 86c.
10. Véase *Fedón*, 73e – 76a.
11. Esto vale para toda la esfera de las realidades inteligibles.

En el *Fedro*, Platón retoma la doctrina asociándola expresamente con el proceso sinóptico de la dialéctica que conduce de las cosas sensibles a las ideas y con la erótica.

Él escribe, en primer lugar:

> Es preciso que el hombre comprenda en virtud de aquella a la que se llama idea, procediendo de una multiplicidad de sensaciones a una unidad reunida mediante el pensamiento. Y esta es una reminiscencia de las cosas que nuestra alma vio en un tiempo, cuando iba en seguimiento de un dios y miraba desde lo alto las cosas de las que se afirma que son, elevando la cabeza hacia aquello que es verdaderamente.[12]

Y la anamnesis que conduce a esta ascensión hacia el ser verdadero es, sobre todo, producto de la solicitación del *Eros*, que devuelve las alas al alma y la hace retornar al lugar supra-celeste.

> Pero el acordarse de estos seres, procediendo a partir de las cosas de aquí abajo, no es cosa fácil para todas las almas: no lo es para las que vieron con una breve mirada las realidades de allá arriba, como tampoco para las que, caídas aquí abajo, tuvieron mala suerte y, arrastradas hacia la injusticia por malas compañías, cayeron en el olvido de aquellas realidades sagradas que habían visto entonces. Pocas almas quedan en la cuales está presente el recuerdo de manera suficiente. Estas, cuando ven alguna cosa que es imagen de las realidades de allá arriba, quedan estremecidas y no permanecen en sí mismas. Pero no saben lo que sienten, porque no lo han percibido a la perfección. Ahora, en las imágenes de aquí abajo no hay resplandor ninguno de la justicia, de la templanza y de todas las demás cosas que tienen valor para las almas. Sólo pocos, acercándose a las cosas, ven a duras penas mediante los órganos oscuros el modelo originario que se reproduce en esas copias. *En cambio, en aquel entonces la belleza se veía en su esplendor y, en el seno de un coro feliz, teníamos de ella una visión y contemplación beatífica*, mientras nosotros íbamos en seguimiento de Zeus y otros iban en seguimiento de otros dioses, y nos iniciábamos en aquella iniciación que es justo llamar la más beatífica, que celebrábamos siendo íntegros y estando intactos de los males que nos esperaban en el tiempo que habría de venir, contemplando en la iniciación mistérica visiones íntegras, simples, inmutables y beatíficas en una luz pura, siendo también nosotros puros

---

12. *Fedro*, 249b-c.

y no estando encerrados en este sepulcro que ahora llevamos adherido y que llamamos cuerpo, prisioneros en él como en una concha de ostra. Todo esto sea dicho, por tanto, en homenaje al recuerdo en virtud del cual, por el deseo que tenemos de las cosas de entonces, se ha hablado ahora más largamente. Por lo que toca a la belleza, pues, como hemos dicho, resplandecía entre las realidades de allá arriba como ser. Y nosotros, venidos aquí abajo, la hemos recogido con la más clara de nuestras sensaciones, en cuanto resplandece de modo luminosísimo. Pues la vista, para nosotros, es la más aguda de las sensaciones que recibimos mediante el cuerpo. Pero con ella no se ve la sabiduría, porque, llegando a la vista, si ofreciese una imagen clara de sí, suscitaría amores terribles; ni tampoco se ven todas las otras realidades que son dignas de amor. Ahora, en cambio, solamente la belleza recibió esta suerte de ser lo más manifiesto y lo más amable.[13]

Téngase presente que el tono de narración mítico-poética se sitúa en el marco del juego dramatúrgico en el cual está inserto en el *Fedro* el gran discurso de Sócrates sobre el amor, y que es en esta óptica, por tanto, en la que debe ser leído y entendido. A menudo sucede que los intérpretes no se esfuerzan en llegar a captar el núcleo teorético de esta metáfora del *Eros* que devuelve las alas, así como de la afirmación de que la belleza tuvo en suerte el privilegio de ser lo inteligible visible también en la dimensión de lo sensible, y hallan dificultad, por tanto, en entender que, en lo Bello, es el Bien mismo el que se manifiesta y atrae cada vez más hacia lo alto.

Así, quisiera concluir este párrafo con un pasaje de Gadamer, que, por el contrario, ha individualizado perfectamente, precisamente desde el punto de vista hermenéutico, la función anagógica de lo Bello y la perenne validez de esta doctrina platónica, en particular en el modo como se expresa en la página que acabamos de leer: «En la esencia de lo bello está el que se manifieste. En la búsqueda del bien lo que se muestra es lo bello, y ésta es su primera característica para el alma humana. Lo que se muestra en su forma más completa atrae hacia sí el deseo amoroso. Lo bello atrae inmediatamente, mientras que las imágenes directrices de la virtud humana sólo se reconocen oscuramente en el medio vidrioso de los fenómenos, porque ellas no po-

13. *Fedro*, 250a-e.

seen luz propia, y esto hace que sucumbamos muchas veces a las imitaciones impuras y a las formas sólo aparentes de la virtud. Esto no ocurre con lo bello. Lo bello tiene luz propia, y esto hace que nunca nos veamos desviados por copias aberrantes. Pues "sólo a la belleza se le ha dado esto, el ser lo más patente y amable"».[14]

Eros y filosofía: dos caras de la misma realidad

Justamente por su connotación esencial de «intermedio», *Eros* se identifica con el filó-sofo.

En efecto: los dioses son «sabios», es decir, están en posesión de la sabiduría en su totalidad, y, por tanto, no pueden ser «filó-sofos», en cuanto el filósofo está siempre en búsqueda de la sabiduría, asciende cada vez más hacia lo alto en el proceso de su adquisición, pero no la alcanza nunca por completo.

Sin embargo, no son sólo los dioses los que no ejercen la filosofía, en cuanto poseen la sabiduría por entero, sino que tampoco lo hacen los ignorantes, en cuanto están convencidos de no tener ninguna necesidad de ella y, por tanto, tampoco la desean.

Leamos el pasaje en el que Platón identifica al *Eros* con el filósofo, pasaje que se ha impuesto como una verdadera cifra del filosofar clásico de los griegos: *Eros* está entre la sabiduría y la ignorancia. Y he aquí cómo se explica esto mismo:

> –Ninguno de los dioses hace filosofía, ni desea llegar a ser sabio, desde el momento en que ya lo es. Y ningún otro que sea sabio filosofa. Pero tampoco los ignorantes hacen filosofía ni desean llegar a ser sabios. Pues la ignorancia tiene precisamente esto de penoso: el que no es bello ni bueno ni sabio considera serlo, sin embargo, de modo conveniente. Y aquel que no considera estar necesitado no desea aquello de lo que no considera tener necesidad.
>
> –¿Quiénes son, pues, Diotima, los que filosofan, si no los sabios ni tampoco los ignorantes?
>
> –Está claro hasta para un niño que son los que se encuentran en el

14. Gadamer, *Verdad y Método* (nota 6), 574s.

medio entre unos y otros, y precisamente uno de estos es *Eros*. Pues la sabiduría es una de las cosas más bellas, y *Eros* es amor por lo Bello. Por eso es necesario que *Eros* sea filósofo y que, en cuanto filósofo, sea intermedio entre el sabio y el ignorante.[15]

El mismo concepto expresa Platón en el *Fedro*, donde *Eros* se presenta como la otra cara de la verdadera filosofía: la pura razón abstracta no puede sino encerrar en los estrechos horizontes de pequeñeces humanas y mortales; es necesario alcanzar aquel influjo divino que proviene de la inspiración erótica, mediándola con una adecuada templanza.

Y en la plegaria final del diálogo, que es la plegaria del filósofo al dios Pan, Sócrates pide:

> Que pueda considerar rico al sabio y tener una cantidad tal de oro, que ningún otro pueda tomar ni llevarse, sino el que es templado.[16]

Lo que significa que el filósofo quiere obtener la mayor cantidad del oro de la sabiduría que le sea posible obtener al hombre «templado», o sea, al hombre que conoce sus propios límites, vale decir, que sabe bien que la posesión de la sabiduría en su totalidad sólo es propia del dios. Filosofía es, pues, *Eros*, *amor al saber*, con todas las implicancias y consecuencias que ello comporta.

Decía que esta es la cifra emblemática de la filosofía en sentido clásico. Pero la misma expresa también, según mi parecer, lo que la filosofía debe seguir siendo.

Igualmente emblemática es la inversión que ha intentado Hegel, que es útil citar aquí porque, *por antítesis*, permite comprender a la perfección la posición de Platón: «La verdadera figura en que existe la verdad no puede ser sino el sistema científico de ella. Contribuir a que la filosofía se aproxime a la forma de la ciencia –a la meta en que pueda dejar de llamarse *amor* por el *saber* para llegar a ser *saber real*: he ahí lo que yo me propongo. La necesidad interna de que el saber

---

15. *Banquete*, 204a-b.
16. *Fedro*, 279c.

sea ciencia radica en su naturaleza, y la explicación satisfactoria acerca de esto sólo puede ser la exposición de la filosofía misma. [...] El demostrar que ha llegado la hora de que la filosofía se eleve al plano de la ciencia constituiría, por tanto, la única verdadera justificación de los intentos encaminados a este fin, ya que, poniendo de manifiesto su necesidad, al mismo tiempo la desarrollarían».[17]

Esta es la imagen invertida de la *filosofía como Eros* expresada por Platón: es una tentativa de transformar al hombre de *homo viator* en un dios, y, por tanto, una pretensión de querer «tomar y llevarse» todo el «oro de la sabiduría», que para Platón es posesión exclusiva de Dios.

Subida por la «escalera de Eros» y ascensión por el camino de la dialéctica

Pero aún hay más. La figura de *Eros* corresponde a la del filósofo en el contenido y en la forma, a tal punto que, también por el camino de las imágenes, en un pasaje leído más arriba, Platón refleja en la figura de *Eros* algunos rasgos de la del mismo Sócrates, presentando así al mismo *Eros* como «muy lejos de ser bello», «duro», «insípido» y, en particular, «descalzo».

Pero el camino que conduce por medio de *Eros* a la visión y fruición de lo Bello absoluto corresponde al mismo camino de la dialéctica, con sus procedimientos diairéticos y sobre todo sinópticos, que procuran alcanzar el Uno.

El camino erótico que lleva a la visión y a la fruición de lo Bello absoluto, es decir, la «escalera de *Eros*», es la siguiente.[18]

El primer peldaño de esta escalera consiste en el amor por la belleza que se encuentra en los cuerpos, no tanto el placer ligado al sexo cuanto la búsqueda de aquella emoción (de aquel shock metafísico,

17. G. W. F. Hegel, *Fenomenología del Espíritu*, traducción de Wenceslao Roces, México D.F.: Fondo de Cultura Económica, 1966, 9 (< *Phänomenologie des Geistes* = *Sämtliche Werke* (Hoffmeister) II, Hamburg 1949).

18. Véase *Banquete*, 210a – 212c.

podríamos decir) que produce la visión y la fruición de la belleza ya a partir de la que se manifiesta en los cuerpos, o sea, ya a partir de la *forma* de la belleza que se encuentra en un cuerpo y en todos los cuerpos bellos. Y mediante el amor de la belleza presente en los cuerpos de los jóvenes bellos es preciso hacer nacer en ellos la virtud, siendo preciso, por tanto, saber crecer con ellos.

Pero el hombre, como hemos de ver, no es su cuerpo, sino su alma. Por tanto, la verdadera belleza del hombre no es la de su cuerpo, sino la de su alma: la primera es la *apariencia de lo Bello*, la segunda es la *verdadera belleza* del hombre. Y mediante esta relación con la belleza del alma nacen, en la dimensión del *Eros*, los discursos capaces de hacer crecer a los jóvenes en la virtud y al amante junto a ellos.

El tercer peldaño es el de la belleza de las actividades y de las leyes humanas. Y es sobre este tercer peldaño que se colocan las creaciones en la belleza que son fecundas como lo fueron Licurgo en Esparta y Solón en Atenas. Y esta belleza consiste en la *armonía* y, por tanto, en la *justa medida* que produce la virtud, en particular la templanza y la justicia, que hacen que los estados estén bien ordenados.

El cuarto grado podría ser el más difícil de entender para el hombre de hoy, en cuanto consiste en las ciencias y en la belleza que les es propia. Pero Aristóteles nos ha brindado la explicación más penetrante, hablando en particular acerca de la matemática.

> Las formas supremas de lo Bello son: el orden, la simetría y lo definido. Y las ciencias matemáticas las hacen conocer más que todas las otras ciencias.[19]

El «orden», lo «definido» y la «justa medida» son precisamente connotaciones esenciales de lo Bello, connotaciones que las ciencias, las matemáticas en particular, sacan a la luz y hacen comprender en vastas dimensiones.

El grado quinto y máximo coincide con la visión de lo Bello, o sea, con aquel momento en el cual lo Bello se manifiesta en sí mis-

---

19. Aristóteles, *Metafísica* XIII 3, 1078a 37 – 1078b 1.

mo, por sí mismo, consigo mismo, en aquella unidad de forma que existe siempre.

He aquí, pues, las conclusiones que extrae Platón:

> ¿Qué deberíamos pensar, entonces, si a uno le sucediera que viese lo Bello en sí absoluto, puro, no mezclado, no contaminado en absoluto de carnes humanas ni de colores u otras pequeñeces mortales, sino que pudiese contemplar como forma única lo mismo Bello divino? ¿O consideras, acaso, que sería una vida que vale poco la de un hombre que viera y contemplara aquello Bello con lo que se lo debe contemplar, permaneciendo unido a ello? ¿No piensas, antes bien, que quien, mirando la belleza solamente con aquello con lo que es visible, dará a luz no ya meras imágenes de virtud, desde el momento en que no se acerca a una mera imagen de lo Bello, sino que dará a luz virtudes verdaderas, desde el momento en que se acerca a lo Bello verdadero? ¿Y no crees que, engendrando y cultivando verdadera virtud, será caro a los dioses y también, si acaso lo ha sido alguna vez hombre alguno, él mismo inmortal?[20]

Pero precisamente en la medida en que *lo Bello no es sino el Bien que se manifiesta*, la subida por la escalera de *Eros* hacia lo Bello absoluto viene a coincidir, tal como decía, con la ascensión de la dialéctica, que parte de las cosas sensibles para llegar a las formas y a las ideas y, pasando justamente a través de las ciencias matemáticas, llega a la visión del Bien, que es el Uno, medida suprema de todas las cosas.

Se trata de aquel Uno y de aquella medida que *se manifiestan precisamente como visibles mediante lo Bello*.

Por lo demás, es el mismo Platón el que revela esta coincidencia cuando, en el *Fedro*, muestra a Sócrates como hombre amante de lo Bello y, al mismo tiempo, *amante de la dialéctica*, poniendo expresamente en boca de Sócrates estas palabras, dirigidas a Fedro:

> *Yo soy precisamente un amante* de estas formas de procedimiento, o sea, de las divisiones y de las unificaciones, a fin de ser capaz de pensar y de hablar. Y si considero que algún otro es capaz de mirar hacia el Uno a la vez que a los muchos, voy tras él «siguiendo sus huellas como las de un

---

20. *Banquete*, 211d – 212a.

dios». Y a aquellos que están en condiciones de hacerlo –si digo lo correcto o no, lo sabe un dios– hasta ahora los llamo *dialécticos*.[21]

Eros como nostalgia del Uno

Es evidente, por tanto, que la escalera de *Eros* conduce a la visión y a la fruición de aquella belleza absoluta que, como dije, siendo reveladora del Bien, es reveladora del Uno, medida suprema de todas las cosas. Pero en uno de los discursos más espléndidos sobre el *Eros* contenidos en el *Banquete*, Platón, con un bellísimo y vivacísimo juego dramatúrgico inspirado en la musa del arte cómico, pone en boca de Aristófanes precisamente el concepto de *Eros* como *nostalgia del Uno*.

En mi más arriba citada obra *Eros dèmone mediatore* he demostrado esta tesis que, a modo de resumen, cito aquí en sus puntos esenciales.

Como vimos, precisamente a consecuencia del choque entre las doctrinas que él reservaba para la oralidad dialéctica y los prejuicios de los que lo criticaban y rechazaban su enseñanza, Platón se limitó en sus diálogos a alusiones y referencias transversales, sobre la base de su crítica a la escritura y de su decisión de no confiar a los escritos las cosas de mayor valor. Y en el *Banquete*, para comunicar su tesis esotérica sobre el *Eros* como nostalgia del Uno, se valió de la máscara del más grande comediógrafo, que le permitía hacer alusión, mediante bellísimas imágenes de comedia, precisamente a aquellas cosas «de mayor valor» que reservaba a la sola oralidad, presentándolas de manera disimulada, de todos modos sólo reconocible para aquellos que ya tenían conocimiento de ellas por otra vía.

En efecto, se trata de un discurso construido con absoluta perfección mediante una imitación perfecta de los cánones y del lenguaje de la *comedia*, con el cual Platón podía permitirse hablar solamente a quienes lo podían entender, o sea, a los discípulos. Y, al mismo tiempo, se trataba de un tipo de discurso con el que él podía también burlarse de todos aquellos que no lo entendían y, de ese modo, reírse de quienes se reían de él.

---

21. *Fedro*, 266b-c.

En los orígenes, los hombres eran de forma esférica y dobles (con dos cabezas, cuatro manos y cuatro piernas), y eran, por tanto, sumamente fuertes y potentes, a tal punto que intentaron asaltar a los dioses del Olimpo. Zeus, para defenderse, decidió cortar a cada uno en dos pero, dándose cuenta de las graves consecuencias que ello implicaba, decidió hacerlo de tal manera que las dos mitades pudiesen reunirse debidamente. El *Eros* es precisamente esto: búsqueda que impulsa a hacer «de dos uno», «de dos, tornarse uno solo».

Con insistentes e incluso martilladas menciones del «dos» y del «uno», Platón hacía precisas alusiones a la doctrina de los dos principios, de la cual hemos hablado más arriba. Y con *Eros* como búsqueda de aquella mitad que le falta a cada uno, o sea, como la *búsqueda del retorno al Uno*, Platón señalaba la *búsqueda del Bien*. Dice, más aún, que todos los amantes, aun si no lo saben, lo presienten, y de alguna manera lo dicen «en forma de enigmas».[22] Pero, por boca de la sacerdotisa Diotima de Mantinea, resuelve el enigma con las siguientes palabras:

> Sin embargo, se escucha hacer un cierto discurso según el cual los que aman buscan su propia mitad. Mi discurso dice que el amor no es amor de la mitad ni del todo, a menos, querido amigo, que ambos sean el Bien. [...] No hay otra cosa que amen los hombres sino el Bien.[23]

Lo Bello como manifestación del Bien-Uno a varios niveles

Para completar lo dicho, es necesario que precisemos el significado y el alcance de la coincidencia estructural entre lo Bello y el Bien.

Como hemos visto también por otros puntos clave de la doctrina de Platón, se trata de una interpretación, a nivel metafísico, de uno de los rasgos más característicos de la espiritualidad y de la cultura de los griegos, que se expresaba de modo característico en la misma lengua con un término verdaderamente emblemático: *kalo-*

22. *Banquete*, 192d.
23. *Banquete*, 205e – 206a.

kagathía. Este término no tiene un correlato en las lenguas modernas, y significa belleza-bondad, expresión de una verdadera cifra reveladora de la cultura clásica.

En un pasaje clave del *Filebo*, Platón dice que, mientras estábamos cerca del Bien y nos encontrábamos a su lado, él huyó y se escondió en la naturaleza de lo Bello, o sea, en la «medida» y la «proporción». Se trata de uno de aquellos extraordinarios juegos irónico-dialécticos en los que Platón revela por escrito su pensamiento, fingiendo esconderlo. Pues lo Bello no esconde el Bien, sino que lo revela.

He aquí el texto:

> Y ahora, el poder del Bien huyó a la naturaleza de lo Bello: pues la medida y la proporción resultan ser, en todas partes, belleza y virtud.[24]

Y en el *Timeo* confirma:

> Todo lo que es bueno es bello, y lo bello no carece de medida.[25]

Precisamente esto explica con claridad la razón por la cual lo *Bello inteligible* ha tenido, según Platón, el privilegio de ser también *visible*.

Hace ya tiempo, en efecto, que se ha puesto bien de relieve la importancia directamente «hermenéutica» de este esplendor de la belleza.

Gadamer, en las páginas finales de su obra principal, afirma que la esencia de lo Bello consiste precisamente en ser «por sí mismo "lo más patente"».[26] Además, puntualiza lo siguiente: «El "aparecer" no es sólo una propiedad de lo que es bello, sino que es lo que constituye su verdadera esencia. La capacidad de lo bello de atraer inmediatamente el deseo del alma humana está fundada en su mismo modo de ser. Es la canonicidad del ser, que no le deja ser sólo lo que es, sino que lo hace aparecer como un todo medido en sí mismo, armonioso. Esta es la patencia *(alétheia)* de la que habla Platón en el Filebo

---

24. *Filebo*, 64e.
25. *Timeo*, 87c.
26. Gadamer, op. cit., 576.

y que forma parte de lo bello. La belleza no es sólo simetría, sino que es también la apariencia que reposa sobre ella. Forma parte del género "aparecer". Pero aparecer significa mostrarse a algo y llegar por sí mismo a la apariencia en aquello que recibe su luz. La belleza tiene el modo de ser de la *luz*».[27]

Pero estas bellísimas observaciones se hacen aún más consistentes justamente sobre la base de la que hemos visto como definición esotérica del Bien como uno, medida suprema de todas las cosas.

En cierta medida, Gadamer acepta la nueva interpretación de Platón, que en parte él mismo anticipó a partir de los años veinte, pero no acepta el momento final, es decir, la definición del Bien como Uno-medida, alcanzada por Platón, y deja la cuestión socráticamente abierta, o mejor aún, la deja abierta en el sentido de su hermenéutica, que, en cuanto tal, resulta ser una tarea finita y nunca puede alcanzar una solución de modo concluyente y definitivo.

En efecto, Gadamer escribe: «Lo bello se distingue así del bien, que es lo completamente inapresable, porque se apresa más fácilmente».[28]

No obstante, a pesar de estas afirmaciones de contenido negativo, Gadamer se refuta de hecho a sí mismo, admitiendo que lo Bello es «el modo de aparecer de lo bueno en general, del ser tal como debe ser»,[29] y que «lo bello, el modo como aparece lo bueno, se hace patente a sí mismo en su ser, se representa».[30]

En conclusión, el Bien, justamente como Uno, puede asirse *mediante lo Bello que es su más conspicua revelación*.

En efecto, siempre en el *Filebo*, y siempre con aquel juego del «revelar escondiendo», destinado a los que no estaban en conocimiento de sus doctrinas orales por otra vía, Platón confirma de modo sorprendente precisamente la coincidencia del Bien y de lo Bello con el Uno:

27. Ibídem.
28. Op. cit., 574.
29. Op. cit., 577.
30. Op. cit., 581.

Por tanto, si no podemos asir el Bien con una idea única, tomándolo en tres, o sea, en la belleza, en la proporción y en la verdad, decimos que a este, *como Uno* [!], es correctísimo que lo consideremos como causa de lo que está en la mezcla, y es por su causa, *en cuanto Bien*, que la mezcla deviene tal.[31]

Entonces, el Bien es aprehensible propiamente como Uno y como medida suprema de todas las cosas en cuanto se revela a distintos niveles, a través de lo Bello, como *Uno que se despliega en los muchos* mediante la medida, la proporción y el orden. En particular, el Uno se manifiesta mediante las figuras, los números y las relaciones numéricas en todo su despliegue armónico y dinámico.

Y *Eros* es precisamente *la búsqueda continua de este Bien a través de lo Bello* en su despliegue en esta compleja trama de relaciones, búsqueda que se da en las reiteradas tentativas de alcanzar, en forma gradual y sucesiva, la cumbre, o sea, la fruición de lo Bello absoluto, que revela el Bien absoluto.[32]

31. *Filebo*, 65a.
32. En la búsqueda continua del Bien a través de lo Bello, el Bien, en cierto sentido, está cada vez más cerca y, en cierto sentido, se lo hace propio en forma dinámica.

XI

CONTEMPLACIÓN Y MIMESIS
EN LAS DIMENSIONES AXIOLÓGICAS Y ONTOLÓGICAS

FUNDACIÓN, POR OBRA DEL HOMBRE,
DEL COSMOS ÉTICO-POLÍTICO,
BASADO EN LA «JUSTA MEDIDA»,
Y FUNDACIÓN DEL COSMOS FÍSICO POR OBRA DEL DEMIURGO

*El sentido helénico de la «contemplación», llevado por
Platón y Plotino a sus últimas consecuencias*

Uno de los conceptos que Havelock amputó de la manera más drástica es el de la «contemplación» (*theoría*), que él siempre conecta con la *doxa* cuya expresión paradigmática era el *epos*. Sin embargo, *este concepto tenía para los griegos un alcance mucho más amplio, mucho más allá de la dimensión de la opinión.*

En cuanto se trata de un verdadero eje de sustentación del pensamiento griego en general y de Platón en particular, debemos procurar ilustrarlo de manera convincente.

Leamos una página de Havelock, que servirá en buena medida para comprender, justamente por antítesis, la posición histórica que a este respecto asumieron los griegos en general y Platón en particular.

Retornando a su reducción del proceso «abstractivo» a la dimensión empirista moderna, el estudioso explica el lenguaje de Platón relacionado con la visión de las ideas y de las formas inteligibles considerando poder afirmar que en Platón existe una «tendencia (en el transcurso de su búsqueda de un lenguaje capaz de describir el nuevo nivel de actividad que denominamos abstracto) a incurrir en metáforas de visión, cuando habría sido menos equívoco no confiar sino en tropos que pusieran de manifiesto el esfuerzo crítico de análisis y síntesis. El ejemplo más importante está en su uso de la palabra griega para "visión" o "contemplación" *(theoria)*, que, por supuesto, se ha convertido, con toda facilidad, en nuestra palabra "teoría", por la que denotamos un nivel de discurso totalmente abstracto, pero que Platón utiliza para sugerir la "contemplación" de realidades que, una vez alcanzadas, están ahí para ser vistas. La condición mental es de pasividad, aunque tal vez de una nueva especie. La receptividad poética a la que se accedía mediante la imitación era un estado emocionalmente activo, incluso de excitación. La nueva contemplación ha de ser serena, tranquila e imparcial. Ha de ser como la "inspección" de un rito religioso, en cuanto opuesta a la participación en un drama humano. Platón ha modificado el carácter de la representación, reduciéndonos a la condición de espectadores silenciosos. Pero no menos espectadores que antes. *¿No es como si se nos invitara a ahorrarnos quebraderos de cabeza, a buscar apoyo en una nueva forma de sueño que sea, en vez de poética, religiosa?*[1]

Havelock agrega, a continuación, que esto «nos llevaría por un camino que desemboca en la contemplación mística de la verdad, de la belleza y de la bondad» pero, según su parecer, esto mismo sería un error. Reconoce que, algunas veces, Platón nos invita a recorrer ese camino, juzga los procedimientos que se encuentran en el *Timeo* directamente como «la traición última de la dialéctica», y considera que los resultados alcanzados en este escrito, fundados sobre conceptos matemáticos, son «una especie de álgebra» que, con todo, «apenas si puede discernirse bajo las capas de sueños mitológicos que la cubren».[2]

En realidad, Havelock no comprendió, precisamente desde la óptica reduccionista cientificista en la que se coloca, el enorme alcance *axiológico* y *ontológico* que la «contemplación» *(theoría)* tiene para los griegos, tal como veremos enseguida.

Recordemos, en primer lugar, más allá del significado cognoscitivo, el significado moral del término: «contemplar» significa asumir,

1. Havelock, *Prefacio* (nota I, 1), 248. Cursiva nuestra.
2. Op. cit., 248s. Cursiva nuestra.

sobre la base del conocimiento, *una precisa actitud práctica con respecto a la vida*, por lo cual, la *theoría* griega está muy lejos de tener un carácter meramente intelectual y abstracto, sino que es siempre, al mismo tiempo, *una doctrina de vida*. Cornelia de Vogel ha precisado lo siguiente: «Decir que, para los griegos, la filosofía significaba una reflexión racional sobre la totalidad de las cosas es algo bastante exacto, aun si se limita a esto. Pero si queremos completar la definición, debemos agregar que, en virtud de la envergadura de su objeto, *esta reflexión implicaba una determinada actitud moral y un estilo de vida que tanto los filósofos cuanto sus contemporáneos consideraban esenciales*. En otras palabras, esto significa que la filosofía no era nunca un hecho puramente intelectual».[3]

Como veremos en el próximo apartado, este concepto, válido para todos los filósofos griegos, ya desde los primeros, alcanza cimas extraordinarias en Plotino, con la doctrina de la *contemplación creadora*:

> La creación se nos ha mostrado claramente como «contemplación». Pues ella es producto de la contemplación, de una contemplación que sigue siendo pura contemplación y que no hace otra cosa que crear siendo «contemplación».[4]

La verdadera fuerza creadora no es la «praxis», sino la «teoría».

La explicación detallada de esta doctrina sería bastante compleja, por lo que remitimos a quien desee conocerla en detalle a otros trabajos. Baste aquí esta referencia para comprender la tesis que estamos desarrollando.[5]

---

3. C. de Vogel, *Philosophia. Studies in Greek Philosophy*, Assen 1970, 22-23. Cursiva nuestra.

4. Plotino, *Enéadas* (nota IX, 6), III 8, 3 (= Bréhier III, 157).

5. Véase G. Reale, *Storia della filosofia antica*, vol. IV, Milano 81995, particularmente 612ss.

La emblemática figura de Tales, presentado
por Platón en el Teeteto *como aquel que contempla*
y que representa al filósofo
en cuanto tal

La tradición reconoce como ya encarnada en Tales esta «cifra teorética» del *filosofar como contemplar.*

He aquí cómo Platón presenta precisamente a Tales como símbolo de la «vida teorética» en su dimensión existencial:

> Sócrates – [...] Según creo, los verdaderos filósofos, en primer lugar, ya desde jóvenes no conocen la calle que conduce a la plaza, ni dónde se encuentra el tribunal o el palacio del Concejo, u otra sede de reuniones públicas de la ciudad: no ven ni oyen leyes ni decretos, sean orales o escritos. Ni en sueños se les ocurren intrigas de asociaciones políticas por cargos públicos, ni convenciones, comidas y festines con flautistas. El que alguno, en la ciudad, sea de estirpe noble o innoble, o que tenga alguna mancha derivada de sus abuelos o de su padre o de su madre, lo sabe menos aún que el número de vasos de agua que contiene el mar –como suele decirse–. Y ni siquiera es consciente de no saber todo esto. Pues no se abstiene de estas cosas con el fin de ganar reputación, sino porque, en realidad, es sólo el cuerpo el que se encuentra en la ciudad y reside en ella, mientras que su mente, juzgando todas estas cosas como de valor escaso o incluso nulo, no las estima en nada, y vuela por todas partes, como dice Píndaro, «bajo la tierra», midiendo las superficies como un geómetra, estudiando los astros «arriba, en el cielo», y explorando en todas partes la naturaleza entera de las cosas existentes, de cada una en su integridad, sin descender a ninguna de las que le están cerca.
>
> Teodoro – ¿Qué quieres decir con ello, Sócrates?
>
> Sócrates – Lo que se cuenta también de Tales, Teodoro, el cual, mientras estudiaba los astros y estaba mirando hacia lo alto, cayó en un pozo: una joven servidora suya de Tracia, inteligente y graciosa, se burló de él, observando que se preocupaba tanto de conocer las cosas que están en el cielo y, en cambio, no veía las que tenía delante, entre los pies. La misma burla puede trasladarse a todos los que dedican su vida a la filosofía. En realidad, a un hombre semejante se le escapa no solamente qué hace su prójimo, hasta su vecino de casa, casi ni siquiera si es un hombre o algún animal. En cambio, va en búsqueda de qué es un hombre y qué conviene hacer o sufrir a la naturaleza humana, a diferencia de las demás naturale-

zas, y se empeña a fondo en la investigación. Tú entiendes, supongo, ¿no es así, Teodoro?

Teodoro – Sí, y dices la verdad.[6]

Semejante era el rasgo característico que la tradición atribuía también a Pitágoras y a Anaxágoras, tal como surge de este fragmento del *Protréptico* de Aristóteles:

> ¿Cuál es, entonces, el objetivo en vista del cual nos han engendrado la naturaleza y Dios? Interrogado al respecto, Pitágoras respondió: «observar el cielo», y solía decir que él era alguien que especulaba sobre la naturaleza, y que para esto había venido al mundo. Y dicen que Anaxágoras, interrogado acerca de cuál era el objetivo en vista del cual uno podía desear haber sido engendrado y vivir, respondió a la pregunta: «el observar el cielo y los astros que están en su entorno, y la luna y el sol», como si no estimase de valor alguno todas las demás cosas.[7]

Platón reafirma en la *República* de la siguiente manera la concepción expresada en el pasaje del *Teeteto* leído más arriba:

> Los verdaderos filósofos son los que aman *contemplar la verdad*.[8]

Pero es justamente en la importancia y en el alcance de esta «contemplación de la verdad» para Platón donde debemos detenernos ahora.

La contemplación de la verdad, presentada por Platón en el Fedro como hacedora de hombres

Platón ha sido, tal vez, el primer filósofo que puso en plena evidencia la relación ontológica estructural que subsiste entre la *contemplación de la verdad y el ser hombres*. En el gran mito del *Hiperuranio* presentado en el *Fedro*, narra cómo las almas, antes de su

---

6. *Teeteto*, 173c – 174b.
7. Aristóteles, *Protréptico*, fragm. 11 Ross.
8. *República*, V 475e.

nacimiento en los cuerpos, procuran ver y contemplar lo más posible lo que se encuentra en la «llanura de la verdad», por el siguiente motivo:

> El alimento adecuado a la mejor parte del alma proviene del prado que hay allá, y la naturaleza del ala con la cual el alma puede volar se nutre precisamente de él.[9]

Pues bien, según Platón, al diferente grado de verdad que ha visto el alma corresponde el diferente espesor ético que ella adquiere: al más alto grado de visión y contemplación de la verdad corresponde el ser filósofos, al grado más bajo de visión de la verdad corresponde el grado más bajo de vida ética del hombre, que es la vida del tirano.

Leamos el pasaje, decisivo para comprender el alcance del concepto de *theoría* en Platón:

> Es ley que el alma que ha visto el mayor número de seres se transplante en una simiente de hombre que deberá convertirse en amigo del saber y amigo de lo Bello, o amigo de las musas, o deseoso de amor. La que viene en segundo término es ley que se transplante en un rey que respete las leyes o en un hombre hábil para la guerra y capaz de llevar el comando. La tercera, en un hombre político, en un economista o en un financista. La cuarta, en un hombre que ame las fatigas, o en uno que practique la gimnasia o se dedique a la curación de los cuerpos. La quinta está destinada a tener la vida de un adivino o de un iniciador a los misterios. A la sexta convendrá la vida de un poeta o de algún otro de los que se ocupan de la imitación. A la séptima, la vida de un artesano o de un agricultor. A la octava, la vida de un sofista o de un cortejador del pueblo. A la novena, la vida de un tirano.[10]

El concepto de fondo expresado por Platón es, por tanto, el siguiente: *eres hombre solamente por la verdad, y sin la contemplación de la verdad puedes ser hombre.* He aquí sus palabras, categóricas y fustigantes:

---

9. *Fedro*, 248 b-c.
10. *Fedro*, 248d-e.

El alma que no haya contemplado nunca la verdad no podrá alcanzar jamás la forma de hombre.[11]

Verdaderamente, entre la *theoría* platónica y el reduccionismo cientificista de Havelock existe una incompatibilidad estructural.

La contemplación del ser en la República *como hacedora del filósofo político*

Por lo tanto, la «contemplación» del ser y de la verdad es la fuerza que construye al hombre. En la *República*, Platón precisa también cuáles son las razones por las que la «contemplación del ser» es hacedora del filósofo y, en consecuencia, del verdadero político. Leamos el pasaje clave:

–En efecto, Adimanto, el que tiene su pensamiento verdaderamente vuelto hacia las cosas que son no tiene siquiera el tiempo para mirar hacia abajo a los quehaceres de los hombres y para llenarse de envidia y de hostilidad litigando con ellos sino que, mirando y contemplando cosas que están bien ordenadas y que son siempre del mismo modo, que no comenten ni sufren injusticia entre ellas sino que están siempre en orden y dispuestas de acuerdo a la proporción, él imita precisamente estas cosas y se hace semejante a ellas lo más posible. ¿O crees tú que exista acaso alguna posibilidad de que quien tiene familiaridad con una cosa y la admira, no la imite?

–No es posible, dijo.

–Por eso, el filósofo, teniendo familiaridad con lo que es divino y ordenado, se torna él mismo también ordenado y divino, en la medida en que es posible a un hombre.[12]

Apuntando su atención hacia las cosas en las cuales el filósofo fija su propia «contemplación», Platón las define como «ordenadas», seres que «son siempre del mismo modo», que no comenten ni sufren injus-

---

11. *Fedro*, 249b.
12. *República*, VI 500b-d.

ticias y que están todas en un determinado orden «de acuerdo a la proporción», vale decir, estructuradas según la relación de tipo numérico que ya conocemos.

Se explica aquí en qué consiste esta «imitación de lo divino» a la que Platón regresa otras veces y que se tornará en un punto de referencia en todo tiempo, y sobre lo cual tendremos ocasión de volver también más adelante. *Se imita a Dios poniendo orden en la vida, o sea, introduciendo en la ética y en la política aquella trama ontológica de relaciones en justa medida.*

Es la estructura misma del *logos-arithmós*, que es propia del mundo ideal –despliegue del Bien-Uno, Medida suprema de todas las cosas–, que, penetrando en la vida del hombre *por «imitación» mediante la contemplación*, organiza de la mejor manera la vida misma del hombre, llevando a su pensamiento y a sus acciones precisamente orden en el desorden, mesura en la desmesura, unidad en la multiplicidad.

Como se habrá constatado, no existe *communicatio idiomatum* entre estas tesis de Platón, tal como se expresan en textos como el leído más arriba, y la posición del abstraccionismo conceptual de Havelock, con sus implicancias y consecuencias.

La construcción de la ciudad ideal en el alma del hombre

Hay todavía un punto que considero oportuno recordar y poner de relieve.

Havelock comprendió muy bien que, a pesar del título, la *República* de Platón no es en absoluto un tratado de política como lo entenderíamos hoy. Pues, como ya dije más arriba, sólo alrededor de un tercio de la obra trata de cuestiones propiamente políticas, mientras que, a lo largo de dos tercios, trata de cuestiones que tienen que ver con la condición humana en general, con toda una serie de problemas anexos a la misma. Sin embargo, a mi juicio, se puede decir también algo más: Platón trata la misma problemática política según una óptica que trasciende aquella con la cual el hombre de hoy habla de política.

En efecto, la *República* de Platón expresa, en definitiva, un verdadero ideal ético que resulta realizable aun si el estado ideal no existe históricamente. De hecho, *este estado ideal tiene su verdadera y última sede en la interioridad del hombre, vale decir, en su alma.*

El razonamiento que hace Platón es, por tanto, el siguiente: si el estado ideal no ha existido jamás en el pasado, no existe en el presente, y si tampoco fuese realizable en el futuro en ningún lugar del mundo, se lo puede construir, no obstante, *dentro de nosotros*, siguiendo las reglas de las cuales hemos hablado en este apartado.

La página final del libro IX de la *República*, lamentablemente muy poco tenida en cuenta, presenta este grandioso mensaje de Platón de manera extraordinaria:

–¿No conviene acaso que el hombre sensato deba vivir con todas sus energías vueltas predominantemente a honrar aquel tipo determinado de estudio que perfecciona su alma, descuidando los otros?

–Es evidente.

–Y luego, el hombre sensato no orientará su vida confiando la responsabilidad de la alimentación y del comportamiento de su cuerpo a un placer bestial carente de razón, ni tendrá tampoco como objetivo la salud, ni sobreestimará el hecho de ser vigoroso, sano y bello, si de ello no proviene un incremento de la templanza. Antes bien, él aparecerá siempre en el acto de ajustar la armonía del cuerpo con la del alma para obtener una única consonancia.

–Hará exactamente eso si es que aspira a ser un auténtico músico.

–En consecuencia, ¿no deberá conseguir tal equilibrio y tal consonancia también en el procurarse riquezas? ¿Y te parece que, dejándose condicionar por aquello que la masa considera una fortuna, querrá aumentar hasta el infinito la consistencia de estos bienes, para obtener después otros tantos males?

–No lo creo, precisamente.

–Sino que, fijando la atención en la constitución que tiene en su interior, y procurando no generar allí descompensaciones por exceso o por defecto de bienes, seguirá una conducta que le permita obtener o gastar dinero en proporción a sus posibilidades.

–Eso es.

–Pero también por cuanto concierne a los cargos honoríficos, siguiendo el mismo criterio, el hombre sensato asumirá algunos y disfrutará de ellos –y serán los que juzgará capaces de tornarlo mejor–, evitando, en cambio, otros –precisamente los que pueden comprometer el equilibrio que se ha instaurado en su interior–, tanto en lo público cuanto en lo privado.

–Y entonces, si estos son sus intereses, no querrá ocuparse jamás de política.

–¡Por el perro que se lanzará en la vida política, y cómo! ¡Pero en su ciudad interior! En cambio, probablemente procurará no ocuparse de ello en su patria, a menos que lo asista una particular suerte divina.

–Comprendo. Tú intentas hablar de la ciudad que hemos descrito hace poco, que existe en nuestros discursos, y que dudo que pueda existir en algún lugar de la tierra.

–Pero, tal vez, su paradigma se encuentra en el cielo a disposición de quien desee contemplarlo y, contemplándolo, fijar en él su morada. Por tanto, no tiene importancia que una ciudad tal exista actualmente o pueda existir en el futuro, porque, de todas maneras, él podría ocuparse sólo de esta ciudad y no de otra.[13]

Werner Jaeger fue uno de los pocos estudiosos que comprendió adecuadamente este pasaje, verdaderamente esencial para comprender a Platón. Jaeger escribe: «Intérpretes antiguos y modernos, que esperaban encontrar en la *República* un manual de ciencia política acerca de las varias formas constitucionales existentes, han intentado una y otra vez descubrir aquí y allá, en esta tierra, el estado platónico, y lo han identificado en esta o aquella forma real de estado que les parecía asemejarse en la estructura. Pero la esencia del Estado de Platón no se encuentra en la estructura externa, si es que acaso tiene una tal estructura, sino en su núcleo metafísico, en la idea de realidad absoluta y de valor, sobre las que está construido. No es posible realizar república de Platón imitando su organización externa, *sino sólo cumpliendo la ley del Bien Absoluto, que constituye su alma.* Por eso, el que haya logrado actualizar este orden divino en su propia alma individual, ha hecho una aportación más grande a la realización del estado platónico que aquel que edifica una ciudad entera, se-

---

13. *República*, IX 591c – 592b. [«¡Por el perro!»: interjección y juramento usual en el lenguaje de Sócrates, tal como lo transmiten los diálogos platónicos, p. ej., *Apología de Sócrates*, 22a; *Gorgias*, 482b, y utilizada familiarmente en Atenas: véase, por ej., Aristófanes, *Las avispas*, 83. *(N. del T.)*]

mejante en lo exterior al esquema político de Platón, pero privada de su esencia divina, la Idea del Bien, fuente de su perfección y beatitud».[14]

Pero la contemplación y la imitación del ser no son solamente el fundamento de la construcción de la vida moral y política: son también el fundamento de la construcción del cosmos físico, del mundo en general.

Veamos cómo.

El Demiurgo y la producción del cosmos físico mediante la visión del modelo inteligible y su realización en la dimensión de lo sensible

Según Platón, el cosmos físico, en cuanto está en continuo devenir, como todas las realidades que devienen, es *generado por una causa*, en la medida en que es imposible que algo sea generado sin tener una causa.

Toda realidad, como sabemos, está constituida según una *estructura bipolar*, o sea, por un elemento material y un elemento formal (que corresponden a los dos principios primeros y supremos). Las realidades inteligibles (las ideas) son eternas y, por tanto, no tienen necesidad de una causa que las produzca; en cambio, el cosmos físico, en cuanto afectado por el devenir, tiene necesidad de una causa que produzca esa «mezcla» de los dos principios, imprimiendo las formas sobre el principio material informe, haciéndolo ser precisamente un «cosmos».

Platón escribe:

---

14. W. Jaeger, *Paideia. La formazione dell'uomo greco*, tomo II, traducción al italiano de Alessandro Setti, Firenze 1954, 621. Cursiva nuestra. [El pasaje, vertido aquí al español a partir del texto italiano, no se encuentra en la edición en español (véase nota II, 2). En el *impressum* se advierte que se han incorporado las ampliaciones que Jaeger incluyó en la edición de la obra en inglés publicada en New York en 1950. La primera edición del vol. II en inglés es de 1943 en New York y 1944 en Oxford. *N. del T.*].

La generación de este cosmos se ha producido como mezcla constituida por una combinación de necesidades y de inteligencia. Y ya que la inteligencia dominaba la necesidad persuadiéndola a conducir hacia lo óptimo la mayor parte de las cosas que se generaban, de esta manera y por tales razones, por medio de la necesidad vencida por la persuasión inteligente, fue constituido desde el principio este universo.[15]

Y más adelante:

> Antes de esto, todas las cosas se encontraban sin razón y sin medida. Pero cuando Dios comenzó a ordenar el universo, el fuego en primer lugar y la tierra, el agua y el aire, tenían por cierto algún indicio de sí mismos, pero se encontraban en el estado en el que se encuentran todas las cosas cuando Dios está ausente. Por tanto, él modeló las cosas que se encontraban en este estado en primer lugar con formas y números. Que Dios haya constituido estas cosas en el mundo más bello y mejor que fuese posible, partiendo de una condición de las mismas que no era en absoluto así, también esto ha de quedar en firme respecto de cada cosa, como dicho de una vez por todas.[16]

Y he aquí algunas observaciones muy significativas para el tema que estamos tratando, realizadas por el mismo Platón. El Demiurgo divino, como todo artífice, produce «mirando», o sea, *contemplando un modelo*. Pero el artífice podría referirse a dos diferentes tipos de modelo: al que existe siempre y del mismo modo, o bien al que deviene. Si el artífice toma como modelo el ser eterno, lo que produce resulta bello. En cambio, si toma como modelo una realidad que se genera, lo que produce no es bello.

Si es así, la «visión» preliminar del Demiurgo resulta ser una *condición determinante*. De la visión o contemplación de lo que es siempre del mismo modo deriva, así, la capacidad de llevar al acto la idea y la potencia de ese modelo; y, por tanto, necesariamente, la obra producida resulta bella. La visión del modelo y la consecuente potencia generativa que tal visión produce son, pues, los ejes de sustentación de la creación de la cosa.

15. *Timeo*, 48a.
16. *Timeo*, 53a-b.

Leamos el texto platónico más significativo al respecto:

De lo que es generado hemos dicho que es necesario que sea generado por una causa. Pero el Hacedor y Padre de este universo es muy difícil de encontrar, y, habiéndolo encontrado, es imposible hablar de él a todos. Y esto es lo que se debe investigar del universo: observar cuál de los modelos miró el que fabricó el universo cuando lo realizó: si el modelo que es siempre del mismo modo e idéntico, o el que es generado. Pero si este mundo es bello y el artífice es bueno, es evidente que él miró el modelo eterno; en cambio, si el artífice no es tal –lo que a nadie está permitido aseverar–, miró al modelo generado. Sin embargo, es a todos evidente que él miró al modelo eterno, pues el universo es la cosa más bella que se haya generado y el Artífice es la mejor de las causas. Por tanto, si el universo ha sido generado de esta manera, fue realizado por el artífice mirando a lo que se comprende con la razón y con la inteligencia y que siempre es del mismo modo. Así pues, es absolutamente necesario que *este cosmos sea imagen de alguna cosa*.[17]

Por tanto, la «visión» o «contemplación» y la «imitación» tienen una dimensión y un alcance ontológicos verdaderamente extraordinarios, más allá de su dimensión y su alcance axiológicos.

Y esto mismo constituye la inversión exacta del reduccionismo metódico del empirismo abstractivo en el que Havelock encierra a Platón como en una verdadera cama de Procrustes.

Los entes matemáticos como instrumentos de los que Platón se sirve en la construcción del cosmos físico

Naturalmente, se plantea de inmediato la pregunta: ¿de qué manera pudo el Demiurgo introducir los inteligibles en un principio material, desordenado y descompuesto, creando así las cosas como «imitaciones» de los modelos inteligibles?

Platón trató ampliamente en el *Timeo* acerca de las realidades materiales sensibles, vale decir, de la Díada al nivel más bajo. He aquí una de sus precisiones:

17. *Timeo*, 28c – 29b.

Es preciso decir que ella es siempre la misma cosa, porque no sale nunca de su propia naturaleza. Pues ella recibe siempre todas las cosas y no ha tomado nunca, en ningún caso y de ninguna manera, una forma similar a alguna de las cosas que entran en ella. En verdad, ella está por naturaleza como material de impronta en cada cosa, movida y *modelada por cosas que entran en ella*, y aparece por causa de ellas una vez de un modo y otra vez de otro. Y las cosas que entran y salen son *imitaciones de las cosas que siempre son*, acuñadas por ellas de una manera difícil de explicar y maravillosa.[18]

Y todavía:

A aquello que le conviene recibir, muchas veces y en cada parte de sí mismo, *imágenes de todos los seres eternos*, le conviene estar, por su naturaleza, más allá de todas las formas. Por eso, a la madre, o sea, al receptáculo de lo que se genera y es visible y enteramente sensible, no la llamemos ni tierra, ni agua, ni fuego, ni aire, ni otra de las cosas que nacen de estas o de las que estas nacen. En cambio, si la llamamos una especie invisible y amorfa capaz de recibir todo, que *participa de un modo muy complejo de lo inteligible*, y que es difícil de concebir, no nos engañaremos. Y en la medida en que, ateniéndose a las cosas que se han dicho anteriormente, es posible alcanzar su naturaleza, del modo más correcto podría decirse de la siguiente manera: en cada oportunidad, aparece como fuego la parte de ella que está encendida, y como agua la parte líquida, y así con la tierra y el aire, en la medida en que recibe *imitaciones* de estos.[19]

Entonces, el punto más delicado está en establecer de qué modo el Demiurgo efectúa la *participación* entre esta realidad material y los modelos inteligibles o, por decirlo en los términos utilizados por Platón, *de qué modo opera el Demiurgo esta imitación de los inteligibles en lo sensible*.

La respuesta que brinda Platón es extraordinaria. La inteligencia demiúrgica se vale de los entes matemáticos «intermedios», que, como sabemos, son *inteligibles*, pero cada uno de ellos es *múltiple*. Y precisamente mediante estos entes matemáticos, el Demiurgo estruc-

18. *Timeo*, 50b-c.
19. *Timeo*, 51a-b.

tura la materia sensible informe de modo de reproducir en forma de imagen el modelo ideal, produciendo así un ente «mixto» con una estructura bipolar análoga a la de las realidades inteligibles.

Téngase presente lo que hemos dicho ya más arriba, a saber, que un tratamiento que tenga en cuenta la realidad sensible en devenir no puede ser sino una narración con caracteres «míticos», o sea, un discurso verosímil, y, en consecuencia, con un valor diferente, en cuanto a verdad, respecto del conocimiento de las ideas. No obstante, en el desenvolvimiento de este «discurso verosímil» en el *Timeo*, Platón avanza mucho más, haciendo un discurso «no usual» en los escritos, acercándose así al nivel protológico de las «doctrinas no escritas», aunque permaneciendo aún un escalón más abajo. Así se expresa él con claridad:

> Y ahora es preciso que haga la prueba de demostraros con un discurso no usual el ordenamiento de cada una de estas cosas y su generación; sin embargo, ya que conocéis también los métodos del saber mediante los cuales es necesario demostrar las cosas que se han dicho, me seguiréis.[20]

En particular, Platón introduce en su discurso los triángulos y los cuerpos geométricos regulares que fueron estudiados en la Academia por Teeteto, explicando mediante ellos la formación de los cuatro elementos naturales: agua, aire, tierra y fuego. No avanza hasta los principios primeros y supremos y hasta la deducción de los triángulos a partir de aquellos. Manteniendo la discriminación entre la comunicación de los mensajes escritos y los orales, escribe:

> Supongamos, pues, que este [el triángulo] es el principio del fuego y de los otros cuerpos, procediendo con el razonamiento probable en conjunto con el razonamiento de necesidad. Pero los principios que están por encima de estos los conoce Dios y aquel de entre los hombres a quien él aprecia.[21]

---

20. *Timeo*, 53b-c.
21. *Timeo*, 53d.

El Demiurgo parte de las dos formas más bellas de triángulo: del isósceles y del que se obtiene dividiendo el triángulo equilátero con una perpendicular (o bien, dividiendo el mismo triángulo en seis triángulos, trazando una perpendicular desde cada vértice al lado opuesto). Combinando seis triángulos del segundo tipo (en el cual el lado mayor es el triple del cuadrado del menor), se tiene un triángulo equilátero que, multiplicado y combinado de manera exacta (que Platón explica puntualmente), da origen al tetraedro, del cual se vale el Demiurgo para formar el fuego; luego, al octaedro, del cual se vale para formar el aire, y, finalmente, al icosaedro, del cual se vale para formar el agua. Con el triángulo equilátero, combinando cuatro de ellos, el Demiurgo construye primeramente un cuadrado, que multiplica después por seis construyendo el cubo, con el cual forma la tierra.

Evidentemente, estos cuerpos regulares de estructura geométrica, que constituyen los cuatro elementos, no son visibles a raíz de su pequeñez: ellos constituyen como una estructura atómica que, formando masas, torna visibles los cuerpos.

Por tanto, el Demiurgo modeló la realidad informe que estaba en total desorden mediante formas geométricas y números. De ese modo, la racionalidad de los cuerpos sensibles y del mundo corpóreo sensible en general *depende exactamente de la estructura geométrica y matemática, que hace posible la «imitación» de los modelos inteligibles*. Números, punto, línea, superficie, estructura tridimensional y cuerpos geométricos son, al nivel de los entes matemáticos, puramente inteligibles; sintéticamente combinados y sintetizados con la realidad material sensible, dan origen a los cuerpos que vemos y tocamos mediante una penetración capilar que ordena hasta en los mínimos detalles el de por sí caótico principio material sensible, según una estructura atomística sobre la base de los cuerpos geométricos regulares.

Téngase presente el hecho de que los elementos geométricos derivan, a su vez, de los primeros principios, con su vértice, naturalmente, el Uno. Por tanto, la inteligencia demiúrgica centra toda su obra en el Uno y en su despliegue a varios niveles, es decir, en el Uno como Medida suprema de todas las cosas, llevando consecuentemente la multiplicidad desordenada a la unidad, a varios niveles y de diferentes modos.

Dice Platón:

> Dios posee en medida adecuada la ciencia y, al mismo tiempo, el poder para mezclar muchas cosas en unidad, y para separarlas nuevamente de la unidad en muchas. Pero no hay ningún ser humano que sepa hacer ni una cosa ni la otra, ni lo habrá tampoco en el futuro.[22]

Naturalmente, no hay hombre alguno que, si se toma a sí mismo como medida de todas las cosas (como lo había hecho Protágoras), sepa hacer lo que hace Dios; pero las cosas pueden cambiar radicalmente si el hombre toma a Dios como modelo:

> Dios es para nosotros la medida suprema de todas las cosas, mucho más de lo que lo es hombre alguno —como se sostiene—; el que quiera, por tanto, llegar a ser amigo de alguien como Él, será preciso que procure llegar a ser semejante a Él lo más posible.[23]

El mensaje emblemático del Demiurgo a los dioses creados y a las almas

Un último punto merece destacarse: el Demiurgo creó seres divinos, que corresponden en particular a los astros y a los cuerpos celestes, y les comunicó un mensaje muy elocuente: los invitó a «imitarlo» y, por tanto, a desarrollar la obra que deberían desarrollar tomando como modelo la potencia que él puso en ejercicio en la creación de ellos mismos. Por tanto, una vez más, *la imitación alcanza vértices ontológicos y axiológicos verdaderamente emblemáticos.*

> Por lo tanto, una vez que todos los dioses que circulan por el cielo y cuantos aparecen en forma visible de la manera que quieren fueron generados, el Generador del universo les dijo las siguientes palabras: «Oh dio-

---

22. *Timeo*, 68d.
23. *Leyes*, IV 716c.

ses, hijos de dioses, yo soy el Artífice y Padre de obras que, generadas por mi intermedio, no son disolubles si yo no lo quiero. Pues todo lo que se ha unido puede disolverse; pero querer disolver lo que ha estado conectado de manera bella y en buena condición es cosa de un ser malvado. Por estas razones, y ya que habéis sido engendrados, no sois totalmente indisolubles. Pero no seréis disueltos y no os tocará un destino de muerte, *porque tenéis por ventaja mi voluntad, que es una ligazón aún mayor y más fuerte que aquellas por las cuales estabais ligados en el momento que nacisteis.* Ahora, entonces, aprended lo que os digo e indico. Faltan generar aún tres géneros de mortales. Y si estos no son generados, el mundo estará incompleto, pues no tendrá en sí mismo todos los géneros de vivientes. Debe tenerlos, empero, si ha de ser perfecto de modo conveniente. Pero si estos se generaran y tuviesen vida por obra mía, llegarían a ser iguales a los dioses. Por tanto, para que sean mortales y este universo sea verdaderamente completo, ocupaos vosotros, de acuerdo a la naturaleza, de la constitución de los vivientes, *imitando la potencia que yo puse en ejercicio en vuestra generación.*[24]

Además, después de haber creado las almas racionales de los hombres, el Demiurgo

les mostró la naturaleza del universo y les indicó las leyes del destino.[25]

De esta manera, el alcance de la «visión», de la «contemplación» y de la «imitación» es verdaderamente muy notable: tanto, que su limitación cientificista implica una verdadera y radical incomprensión del pensamiento metafísico y axiológico de Platón.

24. *Timeo*, 41a-c.
25. *Timeo*, 41e.

XII

EL HOMBRE BIDIMENSIONAL.
NATURALEZA Y SIGNIFICADO
DEL ALMA Y DE LA VIRTUD.

ANTÍTESIS DUALISTA
ENTRE CUERPO Y ALMA.
IGUALDAD ENTRE HOMBRE Y MUJER
Y VIRTUD COMO ORDEN EN EL DESORDEN

Cómo nació el concepto occidental de alma en el ámbito de la cultura griega

Según una tesis hermenéutica revolucionaria introducida por primera vez por Burnet y Taylor, fue con Sócrates que la cultura occidental adquirió el nuevo concepto de *psyché*, es decir, de «alma» como capacidad de entender y de querer, identificando la esencia del hombre, o sea, lo que diferencia al hombre del resto de los seres, precisamente con el alma.[1]

---

1. Véase J. Burnet, *Interpretazione di Socrate*, con introducción, traducción y aparatos críticos de F. Sarri, Milano 1994 (< [volumen que integra] *Greek philosophy: Thales to Plato*, London 1924; "The Socratic doctrine of the soul", en: *Proceedings of the British Academy*, 7 [1915/1916 = 1916], ensayo en el que Burnet había presentado por primera vez su tesis [> *Doctrina socrática del alma*, conteniendo también "Biografía platónica de Sócrates", de Alfred E. Taylor, presentación y traducción de Antonio Gómez Robledo, México D.F.: Universidad Nacional Autónoma de México, 1990]; "Socrates", en: *Encyclopaedia of religion and ethics*, tomo XI, Edinburgh 1920). La obra más significativa de A. E. Taylor sobre este tema es *El Pensamiento de Sócrates*, traducción de Mateo Hernández Barroso, México D. F.: Fondo de Cultura Económica, 1961 (< *Socrates*, Edinburgh 1933, con varias reimpresiones).

El término *psyché* es muy antiguo. Se lo encuentra ya varias veces en los poemas homéricos. Pero tanto en la *Ilíada* cuanto en la *Odisea*, el término cubre un área conceptual completamente diferente y hasta en neta antítesis con la consciencia y la capacidad de entender y de querer. Homero, en efecto, habla de *psyché* solamente en los momentos en los que el hombre pierde el sentido o está a punto de morir, y, en particular, cuando pasa a la otra vida. El alma homérica sale de la boca con el último suspiro, o bien de la herida mortal del cuerpo, y se va volando al Hades, donde permanece como imagen o como sombra vana del difunto *en estado de inconsciencia*. El alma, por tanto, lejos de representar lo que constituye la naturaleza específica del hombre, es una larva del mismo, un fantasma. Se puede decir aún más: Homero considera como «verdadero hombre» justamente el cuerpo del hombre, en contraposición a una *psyché* que es su sombra. Se podría decir que el alma, en Homero, representa la imagen emblemática del no-ser-más del hombre.[2]

En la doctrina órfica, a partir del siglo VI a. C, se produce un giro y una mutación radical en el significado del término *psyché*. Según los órficos, en el hombre se esconde un *demon*, caído en el cuerpo para expiar una culpa cometida originariamente. El alma, en cuanto es precisamente de origen divino, no sólo preexiste sino que sobrevive al cuerpo, y se distingue del mismo como algo totalmente diferente. De este modo, nace la contraposición de alma y cuerpo que da a la vida un significado totalmente distinto del que expresaban los poemas homéricos. El hombre debe vivir purificando el alma para liberarla de la prisión del cuerpo en la que ha caído. Y, justamente con este fin, el alma se reencarna varias veces hasta concluir su purificación. Esta concepción, como veremos más abajo, tuvo gran influencia en Platón, pero pasando a través de la innovación socrática. En efecto, el alma de los órficos sigue aún totalmente separada de la inteligencia y de la consciencia, y, en ciertos aspectos, en antítesis con ellas.[3]

2. Los distintos documentos fueron presentados e interpretados por F. Sarri, *Socrate e la nascita del concetto occidentale di anima*, con introducción de G. Reale, Milano 1997, 57-70.

3. Los documentos más importantes han sido presentados e interpretados por Sarri, op. cit., 71-83.

Una etapa ulterior en la evolución del concepto de *psyché* se da con los presocráticos, que asociaron de varias maneras el alma con el principio eterno del cual derivan todas las cosas y, por tanto, también con la inteligencia. Pero algunos presocráticos no dudaron en acoger los mensajes órficos, mezclándolos con sus principios físicos, con el resultado de inevitables e insuperables aporías.

La innovación más notable fue por cierto la que introdujo Heráclito, también en forma independiente de lo que había tomado de los órficos. Heráclito imprimió así al concepto de *psyché* un carácter que, en cierto sentido, invertía sus relaciones con el cuerpo y con lo corpóreo. En un admirable fragmento suyo leemos:

> Las fronteras del alma no podrás encontrarlas andando, por más que recorras el camino: tan hondo es su *logos*.[4]

Las extraordinarias novedades de este fragmento de Heráclito han sido puestas de relieve por primera vez y de manera perfecta por Bruno Snell: «La nueva concepción del alma está representada por primera vez en Heráclito. Él llama al alma del hombre vivo *psyché*; para él el hombre consta de alma y cuerpo, y el alma posee cualidades que se distinguen fundamentalmente de las del cuerpo y de los órganos corpóreos. Estas nuevas cualidades son tan radicalmente distintas de todo lo que Homero puede concebir, que no se encuentran en éste ni siquiera los presupuestos lingüísticos para poder expresar lo que Heráclito atribuye al alma. Tales presupuestos se fueron formando en el tiempo que media entre Homero y Heráclito, a saber, en la lírica».[5] Snell precisa, más adelante: «Esta idea de la profundidad del alma es corriente entre nosotros, y en ella se halla algo esencialmente extraño a los órganos corpóreos y a su función. No tiene sentido decir que fulano tiene una mano profunda o un oído profundo; y si habla-

---

4. Heráclito, fragm. 45 Diels-Kranz.
5. B. Snell, *Las fuentes del pensamiento europeo. Estudios sobre el descubrimiento de los valores espirituales de occidente en la antigua Grecia*, traducción de J. Vives, Madrid: Razón y Fe, 1965, 37s (< *Die Entdeckung des Geistes. Studien zur Entstehung des europäischen Denkens bei den Griechen*, Hamburg 1946).

mos de un ojo "profundo", la expresión tiene un significado totalmente distinto, pues se refiere a la expresión y no a la función. La imagen de la dimensión en profundidad se buscó para designar lo característico del alma, a saber, que ella tiene su dimensión peculiar que no es ni espacial ni extensiva, aunque necesariamente hemos de usar una metáfora espacial para designarla. Lo que Heráclito quiere expresar es que el alma, precisamente en contraposición al cuerpo, es algo ilimitado».[6]

Respecto de sus predecesores, Sócrates adquiere consciencia precisa y clara de que el alma es la actividad inteligente y moral del hombre, e invierte así no sólo la visión homérica, sino también la de los órficos, que consideraban, como se ha destacado, que el alma «manifiesta su actividad precisamente cuando lo que llamaríamos el yo "normal" de la vigilia está en suspenso –en sueños, visiones, trances».[7] Por cierto, hay impulsos de los filósofos presocráticos y de los poetas líricos que contribuyeron a la innovación socrática. Pero nuestras fuentes, cuando se las entiende correctamente, nos hacen comprender, aunque de diferentes maneras y desde distintas ópticas, que es justamente con Sócrates que tiene lugar la revolución del significado del término *psyché*, y que tal revolución se impuso de manera decisiva precisamente por influencia suya: el hombre es su alma, y la tarea suprema del hombre consiste en el «cuidado del alma».

El siguiente pasaje de la *Apología de Sócrates* resume el núcleo del mensaje socrático del cual Platón tomó su punto de partida:

> Yo deambulo no haciendo otra cosa que intentar persuadiros a vosotros, jóvenes y ancianos, de que no debéis tener cuidado de vuestros cuerpos, ni de las riquezas, ni de ninguna otra cosa antes y con mayor empeño que del alma, de modo que se vuelva buena lo más posible, insistiendo en que la virtud no nace de las riquezas, sino que de la misma virtud nacen las riquezas y todos los otros bienes para los hombres, tanto en lo privado cuanto en lo público.[8]

6. Op. cit., 38.
7. Taylor, op. cit., 113.
8. *Apología de Sócrates*, 30a-b.

La posición correcta asumida por Havelock respecto del concepto de alma y de la función que tuvo Sócrates

Como esta exégesis es verdaderamente innovadora desde muchos puntos de vista e implica la eliminación de no pocos prejuicios, imponiendo por ello una nueva lectura de la historia de la filosofía antigua, no pocos estudiosos la han rechazado o puesto entre paréntesis. Muchos se basaron en el hecho de que Burnet y Taylor, que fueron los primeros en introducirla, la habían presentado junto a otra tesis según la cual Platón, excepto en los diálogos de su vejez, fue fiel expositor de tesis auténticamente socráticas, incluyendo entre ellas la teoría de las ideas. En realidad, esta tesis decididamente inaceptable no está para nada asociada a la primera, que, por el contrario, es apoyada por muchos otros documentos históricos. Ya en mi *Storia della filosofia antica*, demostré la coherencia y consistencia de la primera de estas dos tesis,[9] y Francesco Sarri, alumno mío, publicó el ya citado volumen[10] que contiene toda la documentación sobre la historia del concepto de *psyché* en sus varias fases, con confirmaciones cruzadas de la tesis de la creación del nuevo concepto por parte de Sócrates.

Con gran satisfacción he constatado que Havelock dio verdaderamente en el blanco en este punto, del modo que veremos de inmediato.

En particular, él comprendió muy bien, precisamente sobre la base del estudio de la técnica de la comunicación sobre el cual se centra su obra, que en la historia del espíritu griego debe procederse tomando consciencia del modo en que, partiendo de conceptos aún no realizados y de una terminología aún no fijada, se forman los nuevos conceptos, y, por tanto, la nueva terminología. Particularmente, Havelock comprendió muy bien cómo la constitución de un vocabulario técnico en la lengua griega anterior a Platón implica una reestructuración de los recursos conceptuales existentes y, por tanto, radicales innovaciones.

---

9. G. Reale, *Storia della filosofia antica*, vol. I, Milano 81991, 399ss.
10. Véase más arriba, nota 2.

Havelock escribe: «En un momento dado, a finales del siglo V antes de Cristo, empezaron a surgir griegos capacitados para hablar de sus "almas" como poseedoras de un yo o de una personalidad autónoma: no como fragmentos de la atmósfera ni de la fuerza vital del cosmos, sino como entes, como substancias reales. Al principio, este concepto sólo estaba al alcance de los más refinados. Todavía en el último cuarto del siglo V hallamos pruebas de que la noción no era entendida por la gran mayoría de los hombres, y que los términos mediante los cuales se expresaba sonaban extraños a casi todos los oídos. Pero no había concluido el siglo IV cuando el concepto ya estaba integrado en la lengua griega, constituyendo uno de los presupuestos básicos de su cultura. Los estudiosos han tendido a relacionar este descubrimiento con la vida y enseñanzas de Sócrates, identificándolo con el cambio radical por él introducido en el significado de la palabra griega *psyché*. Esta, en lugar de referirse ya al espíritu o espectro del hombre, ya a su aliento vital o incluso a su sangre –cosas, todas ellas, desprovistas de sentido y conocimiento de sí mismas–, pasó a significar "espíritu pensante", capaz de tomar decisiones en el plano moral y también de alcanzar el conocimiento científico –sede de la responsabilidad moral, algo infinitamente precioso, esencia única en todo el ámbito de la naturaleza».[11]

Havelock piensa que, aun si fue proclamada oficialmente por Sócrates, esta concepción presupone un notable trabajo previo, como por ejemplo el de Heráclito, al que él agrega el de Demócrito. Havelock considera que en la misma lengua griega se perciben notables cambios: los pronombres personales y reflexivos comienzan a usarse en antítesis al cuerpo o al cadáver, de modo que tropezamos aquí con un cambio en algunos puntos esenciales de la lengua griega y su sintaxis.[12]

Él conectó este hecho con la revolución que se estaba produciendo en la cultura con el pasaje de la oralidad a la escritura. El concepto del hombre que se identifica con su propia alma y con su «yo» implicaba una separación de la personalidad respecto de la trama música

---

11. Havelock, *Prefacio* (nota I, 1), 187.
12. Véase ibídem.

y del flujo de las acciones del *epos* así como de la trama hipnótica que a él se asociaba. Para adquirir ese tipo particular de experiencia cultural que se impone a partir de Platón, el espíritu griego «debe dejar de identificarse sucesivamente con toda una serie de vívidas situaciones narrativas polimórficas; tiene que dejar de revivir toda la escala de sentimientos en que se ven envueltos los héroes de la epopeya: el desafío, el amor, el temor, el odio, el miedo, la desesperanza y la alegría. *Tiene que dejar de escindirse en una interminable sucesión de temperamentos*».[13] Sustancialmente, debe aprender a considerarse una fuerza capaz de pensar y de actuar de manera autónoma. «Ello supone la aceptación de una premisa: la de que existe un "yo", un "alma", una consciencia que a sí misma se gobierna y que *en sí misma halla los motivos de sus propios actos, sin necesidad de acudir a la imitación de la experiencia poética. La doctrina de la psyche autónoma surge en contrapartida al rechazo de la cultura oral*».[14]

Por supuesto, estrechamente asociado a este descubrimiento está el paso a primer plano de la actividad del pensamiento y del cálculo razonado. Y la identificación socrática de la «virtud», o sea, del carácter que hace del hombre un hombre verdadero, con el «conocimiento» es ciertamente emblemática. El descubrimiento del «sujeto» implicaba su distinción del «objeto» y un hábito mental revolucionario de entender de modo totalmente nuevo también aquello a lo cual se dirige el pensamiento, implicando por tanto asimismo el nacimiento de la teoría de las ideas, del cual ya hemos hablado más arriba.

Havelock pone en evidencia el alcance revolucionario del descubrimiento del concepto de alma sobre todo en la óptica de la metodología de la comunicación y en la dinámica de ambas culturas —la de la oralidad y la de la escritura— puestas una frente a la otra. Pero ese alcance es de un significado aún mucho más vasto. Cabe recordar que la doctrina del alma fue presentada también por el primer pensamiento cristiano; pero el mismo pensamiento cristiano la tomó precisamente de los griegos, con todas las consecuencias que ello implica. Werner Jaeger puso muy bien de relieve algunos de los ele-

---

13. Op. cit., 189. Cursiva nuestra.
14. Ibídem. Cursiva nuestra.

mentos que Havelock descuida: «[...] nos damos cuenta de que Sócrates, lo mismo en Platón que en los demás socráticos, pone siempre en la palabra "alma" un acento sorprendente, una pasión insinuante y como un juramento. Ninguna boca griega había pronunciado antes así esta palabra. Tenemos la sensación de que nos sale al paso aquí, por vez primera en el mundo occidental, algo que aún hoy designamos en ciertas conexiones con la misma palabra [...]. La palabra "alma" tiene siempre para nosotros, por sus orígenes en la historia del espíritu, un acento de valor ético o religioso. Nos suena a cristiano, como las frases "servicio de Dios" y "cura del alma". Pues bien, este alto significado lo adquiere por vez primera la palabra "alma" en las prédicas *protrépticas* de Sócrates».[15]

Lo que acabo de decir demuestra *ad abundantiam* el peso que tuvo el mensaje de Sócrates expresado *mediante la oralidad dialéctica* y el giro decisivo que él imprime en la cultura griega, sobre todo específicamente en la filosófica, pero también en la cultura general. Por tanto, la distinción entre el «antes» y el «después» de Sócrates se impone, y la calificación de los pensadores que lo precedieron como «presocráticos», contrariamente a lo que piensa Havelock, es totalmente correcta, aun si, cronológicamente, algunos de esos pensadores son contemporáneos de Sócrates: de hecho, la distinción no es de carácter cronológico, sino de carácter conceptual.

Y precisamente el alcance revolucionario que imprimió Sócrates en su mensaje del hombre como alma ha marcado un giro decisivo en la historia de la filosofía: la máscara de Sócrates como encarnación del verdadero filósofo dialéctico, con todas las innovaciones que la misma implica, es por cierto una creación poética de Platón, pero construida sobre bases históricas precisas e incontestables.[16]

15. Jaeger, *Paideia* (nota II, 2), 417.
16. Véase en particular el ensayo de Sarri, *Socrate* (nota 2), pássim.

Innovaciones radicales de carácter metafísico aportadas
por Platón al concepto de alma

Sócrates había brindado una definición del alma de carácter predominantemente operativo, o sea, funcional, subrayando sobre todo lo que el hombre hace mediante el alma, es decir, conocer y realizar el bien, y los efectos que estas operaciones producen en el hombre. No había encarado el problema ulterior, a saber, el que concierne a la estructura misma del alma y, en particular, a su naturaleza ontológica. Por otra parte, tampoco habría podido hacerlo, en cuanto, sea para el planteamiento, sea para la solución de ese problema, eran necesarias adquisiciones metafísicas muy refinadas que sólo Platón alcanzó, tal como hemos visto en capítulos precedentes, y que él aplicó al alma sobre todo a partir del *Fedón*.[17]

El punto del cual es preciso partir para individualizar los caracteres ontológicos del alma reside en colocarla en relación con el cuerpo. Por su naturaleza, el cuerpo es un «compuesto», pero totalmente particular. Sabemos, en efecto, que toda la realidad, a todo nivel, tiene una estructura bipolar y que, por tanto, es una mezcla de los dos principios. Pero los cuerpos sensibles son compuestos particulares, o sea, implican un principio material de carácter sensible que, como hemos visto, se deja «embridar» y dominar por lo inteligible, pero en la dimensión del devenir. Por tanto, los cuerpos sensibles, incluidos precisamente en el devenir, son mutables y están sujetos a descomposición, mientras que las realidades inteligibles, que no están compuestas con materia sensible sino sólo inteligible, trascienden el devenir y permanecen siempre idénticas a sí mismas, es decir, en las mismas condiciones.

Ahora bien, las cosas sujetas a devenir son perceptibles con los sentidos, mientras que las realidades que permanecen siempre idénticas pueden captarse solamente con el pensamiento y con la inteligencia, y son invisibles. Pero el cuerpo pertenece a la forma de ser en devenir, captable con los sentidos y visible; en cambio, el alma no resulta ser visible y, en consecuencia, es similar a la otra forma de rea-

17. Y, después, en la *República*, en el *Fedro*, y en el *Timeo*.

lidad. Por tanto, el alma es «similar» a lo que no está sujeto a descomposición y disolución, y, por consiguiente, es similar a lo inmutable.

También en razón de otro aspecto el alma es similar a lo divino: justamente en cuanto es capaz, como la realidad divina, de mandar y dominar sobre el cuerpo, más que ser dominada y mandada por él.

En conclusión:

> «El alma es similar en grado sumo a lo divino, inmortal, inteligible, uniforme, indisoluble e idéntico a sí mismo».[18]

Nótese lo siguiente: el alma resulta ser *similar*, pero no *idéntica* a lo divino. Veremos en qué sentido. Pero antes debemos ver en qué medida, en la concepción platónica del alma, además de los elementos estrictamente metafísicos, ingresan también elementos órficos.

Antítesis entre alma y cuerpo y concepción «dualista» del hombre

Más arriba hemos visto en qué sentido debe entenderse correctamente el «dualismo» metafísico de Platón, y cómo el mismo no significa sustancialmente otra cosa que lo siguiente: lo sensible se explica sólo suponiendo la existencia de realidades suprasensibles; las «causas» empíricas no son «verdaderas causas», sino sólo «concausas», porque las verdaderas causas pertenecen a la dimensión de lo inteligible.

Muy distinta es la posición que asume Platón a propósito de la concepción del hombre: en este ámbito, el «dualismo» adquiere una relevancia y un alcance mucho más fuertes; el «dualismo» metafísico, en este caso, se colorea de fuertes tintes órficos y, por tanto, se une a un «dualismo» religioso-misterosófico, con toda una serie de consecuencias, como enseguida veremos.[19]

Comencemos leyendo un pasaje del final del *Fedón*, muy significativo en cuanto representa *la inversión radical del modo homérico*

---

18. *Fedón*, 80b.
19. Sólo en el *Timeo* se atenúa, al menos en parte, el dualismo.

y tradicional de entender el hombre: se afirma, en efecto, con imágenes poéticas muy bellas, que el hombre no es su cuerpo, sino aquello que, con la muerte, deja el cuerpo y se va. A la pregunta de Critón acerca del modo como Sócrates desea ser sepultado después de la muerte, Platón hace responder a Sócrates:

> Oh amigos, no logro convencer a Critón de que Sócrates soy yo mismo, este que aquí discute y dispone las cosas que dice ordenadamente una por una. Por el contrario, él cree que soy aquel que él verá muerto dentro de poco y, por este motivo, me pregunta cómo deberá darme sepultura. Entonces, aquello que desde hace mucho tiempo he enseñado continuamente, vale decir, que no permaneceré ya más con vosotros una vez que haya bebido el veneno, sino que me iré de aquí hacia ciertos lugares felices de los bienaventurados, me parece que para Critón ha sido inútil: como si, hablando, yo hubiera querido consolarme un poco a mí mismo y un poco a vosotros. [...] Ahora debéis haceros vosotros garantes ante Critón, y haceros garantes de la garantía contraria a la que él ofreció por mí a los jueces: él garantizó que yo permanecería aquí, y vosotros le garantizaréis, por el contrario, que yo no permaneceré aquí después de mi muerte, sino que me iré, a fin de que Critón soporte la pena con mayor facilidad y, viendo mi cuerpo en el momento en que será incinerado y sepultado, no se entristezca por mí, como si yo sufriera penas terribles, y no diga durante mi funeral que él expone a Sócrates o se lo lleva y lo sepulta. Pues bien sabes, querido Critón, que hablar incorrectamente no sólo es una cosa por sí misma inconveniente, sino que, además, daña a las almas. Tú, en cambio, debes munirte de valor y debes decir que sepultas el cuerpo de Sócrates; y lo debes hacer de la manera que más te agrade o en el modo que creas más conforme a las costumbres.[20]

El pasaje es muy elocuente, pero el dualismo no queda evidenciado, aun estando implícito. En cambio, resuenan de manera emblemática las imágenes del cuerpo como «tumba» y como «prisión» o «concha de ostra».

En el *Gorgias* se afirma que «el cuerpo (*soma*) es para nosotros una tumba (*sema*)».[21] En el *Cratilo* se dice lo siguiente:

20. *Fedón*, 115c – 116a.
21. *Gorgias*, 493a.

Algunos llaman al cuerpo (*soma*) tumba (*sema*) del alma, como si ella se encontrara allí sepultada en la vida presente. [...] Me parece que este nombre se lo asignaron sobre todo los seguidores de Orfeo, dado que, para ellos, el alma purga la pena de las culpas que debe expiar y tiene esta envoltura, imagen de una prisión. El nombre de cuerpo sugiere que el mismo es una custodia del alma, hasta que haya pagado su deuda.[22]

En el *Fedón*, haciendo expresa referencia a los «misterios», se afirma: «Nosotros, los hombres, estamos como encerrados en una custodia».[23] Y en el *Fedro* se reafirma que, antes de encarnarse, nuestras almas eran simples, felices, y estaban en una luz pura, siendo nosotros, por tanto,

puros y no estando encerrados en este sepulcro que ahora llevamos adherido y que llamamos cuerpo, prisioneros en él como en una concha de ostra.[24]

Téngase presente que esta concepción del alma, contrariamente a lo que por lo común se cree, ejerció una fuerte influencia en Aristóteles, tal como surge de sus obras publicadas, que, a diferencia de lo que se creía en el pasado, hoy ya no son consideradas como simples obras juveniles, en cuanto en ninguna parte se afirma semejante cosa y, sobre todo, en cuanto Aristóteles jamás las repudió y remitió varias veces a ellas.

En el *Eudemo* leemos:

Para las almas, la vida sin el cuerpo, que es la vida conforme a su naturaleza, es similar a la salud, mientras que su vida en el cuerpo se asemeja a una enfermedad, en cuanto es ajena a su naturaleza.[25]

Y en el *Protréptico* se afirma incluso que la vida del alma en el cuerpo es como un suplicio que se asemeja a la cruel tortura a la que sometían los piratas etruscos a quienes caían en sus manos: jun-

22. *Cratilo*, 400c.
23. *Fedón*, 62b.
24. *Fedro*, 250c.
25. Aristóteles, *Eudemo*, fragm. 5 Ross.

taban sus cuerpos aún vivos con cadáveres, haciendo que coincidan las distintas partes, con las imaginables consecuencias:

> Y de manera semejante, nuestras almas están unidas con los cuerpos, así como los vivos son unidos con los muertos.[26]

Naturalmente, estas son imágenes voluntariamente chocantes y provocativas, pero son expresión de un pensamiento muy preciso, o sea, que el mayor de los males que padece el alma deriva del cuerpo:

> Este mal consiste en que el alma del hombre, sintiendo un fuerte placer y un fuerte dolor a causa de alguna cosa, es llevada por esto a creer que lo que le hace sentir sus afectos es la cosa más evidente y más verdadera, mientras que no es así. Ahora, esto nos sucede especialmente con las cosas visibles. [...] ¿Y acaso no es por estos afectos suyos que el alma está sobre todo ligada al cuerpo? [...] Y lo está porque todo placer y todo dolor, como si tuviese un clavo, clava y hace penetrar el alma en el cuerpo, haciendo que se torne casi corpórea y que crea que es verdadero lo que el cuerpo le dice que es tal. Y de este tener las mismas opiniones que el cuerpo y gozarse de los mismos goces del cuerpo, pienso yo, se ve constreñida también a adquirir los mismo modos y las mismas tendencias que el cuerpo, de tal modo que ya no puede llegar pura al Hades, sino que saldrá del cuerpo toda llena de deseo corporal, cayendo así de inmediato nuevamente en otro cuerpo y, como si fuese una semilla, germinará en él; por esto, nunca podrá tocarle en suerte la participación del ser divino puro, uniforme.[27]

Y también en la *República*, Platón presenta con extraordinarias figuras poéticas una imagen del alma en el cuerpo incrustada de una infinidad de males, como el dios Glauco, incrustado de conchillas, algas y piedras, irreconocible, por tanto, en su verdadera forma:

> Vemos el alma en las condiciones en las que los viajeros ven al Glauco marino, es decir, sin posibilidad de discernir fácilmente su forma primitiva, porque, de sus miembros originarios, algunos cayeron en fragmentos, otros han sido totalmente consumidos o completamente deformados

---

26. Aristóteles, *Protréptico*, fragm. 10*b* Ross.
27. *Fedón*, 83c-e.

por efecto de las olas. Hasta incrustaciones, conchillas, algas y piedras se les han agregado, haciendo que se parezca más a un monstruo que a aquello que era en su origen. Y así vemos también el alma reducida a estas condiciones, incrustada de una infinidad de males. Por tanto, querido Glaucón, es hacia allá que debemos volver la atención. [...] Hacia allá, hacia su amor por el saber. Además, es necesario prestar atención a los ideales a los que adhiere y a las compañías a las que quiere unirse, teniendo en cuenta su afinidad con el ser divino, con lo inmortal, con el ser que siempre es. Habría que imaginarse todavía cómo aparecería si se dejase atraer totalmente por tales realidades, dejándose sacar por esta aspiración suya del mar en que se encuentra, y si se quitara de encima las piedras y las conchillas que le han brotado ahora por todos lados a consecuencia de los así llamados alegres banquetes; todas estas, en verdad, son concreciones terrosas, rocosas y toscas, precisamente, cosas para un alma que se alimenta de tierra. Sólo entonces uno podría ver finalmente su verdadera esencia [...].[28]

Se trata de una concepción «dualista» del hombre que se apoya en gran medida en la *concepción negativa del cuerpo*. Plotino retoma y reafirma la concepción dualista de Platón, reaccionando en contra de los cristianos que, al contrario, sostendrán un concepto positivo totalmente diferente acerca del cuerpo, y que proclamarán la resurrección de los mismos cuerpos. Plotino, en efecto, sostiene que la verdadera resurrección «es resurrección *del* cuerpo, no resurrección con el cuerpo».[29]

Las pruebas de la inmortalidad del alma

Sobre la inmortalidad del alma, Sócrates había asumido una posición que podríamos llamar intermedia: con la pura razón la presentaba como un avanzar hacia la nada absoluta, representándola, así, como un sueño sin fin, no perturbado ni siquiera por los sueños. Pero, con la fe, la representaba como pasaje a una vida mejor en compañía de los bienaventurados.[30] Pero a Sócrates le faltaban los instrumen-

28. *Republica*, X 611d – 612a.
29. Plotino, *Enéadas* (nota IX, 6), III 6, 6 (= Bréhier III, 104).
30. Véase *Apología de Sócrates*, 41a-c.

tos ontológicos necesarios para adquirir esta creencia a nivel de puro razonamiento teórico.

Platón, en cambio, precisamente con resultados alcanzados mediante su «segunda navegación», estaba en posesión de los instrumentos metafísicos necesarios para proceder a una demostración de la inmortalidad del alma a nivel del *logos*.

Las pruebas a favor de la inmortalidad del alma propuestas en el *Fedón* se fundan sobre la teoría de las ideas. En particular, la última y más amplia de las pruebas se presenta como una consecuencia de los resultados alcanzados por la «segunda navegación», o sea, del descubrimiento de las ideas como «causas verdaderas» de las cosas.

Platón confirió gran importancia a esta prueba, que se puede resumir de la siguiente manera.

Habiendo establecido que las ideas son las «verdaderas causas» de las cosas, Platón determina una de sus características esenciales: las ideas contrarias no pueden combinarse y estar juntas, tanto en su pureza, en cuanto se excluyen estructuralmente entre sí, cuanto tampoco en su presencia por participación en las cosas sensibles. En consecuencia, cuando una determinada idea entra en una cosa, necesariamente la idea contraria que estaba presente en la misma cosa no puede permanecer en ella, sino que le cede el lugar y se retira. No solamente la idea de grande y la de pequeño no pueden combinarse entre ellas, excluyéndose mutuamente en sí y por sí, sino también en las cosas sensibles: apareciendo una desaparece la otra y nunca una cosa puede ser grande y pequeña al mismo tiempo bajo el mismo aspecto. Lo mismo acontece no solamente para las ideas que son en sí y por sí contrarias, sino también para aquellas que tienen atributos contrarios entre sí. La idea de fuego no admite nunca la idea de frío y la idea de nieve no admitirá jamás la idea de calor, tanto en sí cuanto en su manifestación en las cosas sensibles: al sobrevenir el calor, la nieve se derrite, y al sobrevenir el frío, el fuego cesa de arder. Apliquemos ahora al alma en particular lo que se ha establecido en general. El alma tiene como su carácter esencial la idea de vida (se recordará que, en griego, *psyché* es directamente sinónimo de vida). Y como la muerte es lo contrario de la vida, en virtud del principio establecido, el alma, en cuanto tiene como carácter esencial el de la vida, no podrá acoger nunca en sí misma la muerte. El alma, por tanto, no puede recibir estructuralmente en sí la muerte, siendo entonces inmortal e incorruptible. Cuando en el hombre sobreviene la muerte sucede lo siguiente: lo que en él es corruptible, o sea, el cuerpo, recibe a la muerte; en cambio, lo que en él no es corruptible, o sea, el alma, se sustrae, en virtud de su misma naturaleza, a la muerte, y se va del cuerpo. Alma muerta es, desde el punto de vista ontológico, algo verdaderamente absurdo, en cuanto el alma es por naturaleza aquello que es y da vida, y que, por lo tanto, no puede ser sino incorruptible e inmortal.[31]

En la *República*, Platón presenta una tesis desde ciertos puntos de vista aún más fuerte. Los males del cuerpo, cuando llegan a determinados niveles, lo hacen morir. Pero el alma no resulta atacada, corrompida y destruida por ninguno de los males del cuerpo, por grandes que sean. A su vez, el alma, que puede estar afectada de sus grandes males, o sea, de vicios, sobre todo de la injusticia, no puede ser destruida ni siquiera por estos males suyos, por grandes que sean. He aquí, pues, las conclusiones que extrae Platón:

> Cuando una cosa no muere por efecto de algún mal, ni del suyo específico ni del de otros, evidentemente es necesario que sea siempre: y si es siempre, es inmortal.[32]

En el *Fedro* (retomándolo también en las *Leyes*), Platón encara el problema desde un punto de vista todavía diferente, a saber, apuntando al concepto de movimiento (por lo demás, estrictamente conectado con el concepto de vida). Se presenta al alma como principio de movimiento que se mueve a sí mismo y mueve las demás cosas. Ahora bien, en la medida en que todo lo que se genera lo hace a partir de un principio, este, precisamente en cuanto principio, debe ser no sólo no generado, sino también incorruptible. Pues si el principio pereciese, no sólo no se tendría otro del cual el mismo pudiese generarse, sino que tampoco existiría absolutamente nada, en cuanto todas

31. Véase *Fedón*, 102a – 106b.
32. *República*, X 610e – 611a.

las cosas que se generan lo hacen a partir de un principio. Y he aquí el momento culminante y conclusivo del raciocinio platónico:

> Ya que se ha demostrado que aquello que se mueve por sí mismo es inmortal, nadie sentirá vergüenza en afirmar que precisamente esta es la esencia y la definición del alma. Pues todo cuerpo al que el estar en movimiento le proviene de fuera es inanimado; en cambio, aquel al que le proviene de dentro y de sí mismo es animado, porque la naturaleza del alma es precisamente esa. Pero si es así, o sea, si lo que se mueve por sí mismo no puede ser otra cosa sino el alma, entonces, necesariamente el alma deberá ser no generada y, además, inmortal.[33]

Según mi modo de ver, la demostración más concisa es, desde cierto punto de vista, la segunda presentada en el *Fedón*, que yo mantuve para el final porque, en cierto sentido, no carece de valor persuasivo.

El hombre conoce cosas que son siempre idénticas a sí mismas y que permanecen siempre en las mismas condiciones, inmutables e incorruptibles, como la idea de Bello, de Bien, y muchas otras similares a estas. Se trata de realidades que el hombre sólo capta con la inteligencia, y no con los sentidos, o sea, con el cuerpo. Pero, para poder captar estas realidades, la inteligencia del hombre, es decir, su alma, debe tener caracteres análogos a estas mismas realidades, que se diferencian de las sensibles. Justamente esta capacidad de conocimiento de realidades metasensibles implica necesariamente que el alma tenga caracteres análogos a esas realidades. Y desde el momento en que esas realidades son incorruptibles, se puede pensar que también el alma del hombre, que tiene en sí la capacidad de captarlas, sea tal.[34]

---

33. *Fedro*, 245e.
34. Véase *Fedón*, 78b – 80b.

La estructura del alma y la metáfora del carro alado con el cual Platón expresa su naturaleza

En el *Fedro*, Platón dijo claramente que explicar la idea del alma

> sería tarea de una exposición divina en todo sentido y larga; pero decir *a qué se asemeja* es una exposición humana y más bien breve. Hablemos de ella, pues, de esta manera.[35]

En general se piensa que la *República* presenta la explicación más detallada de la estructura del alma y se hace referencia a esta obra también para entender lo que Platón dice en el *Fedro*. Pero, por el contrario, también en la *República* Platón procede de manera análoga, presentando la división tripartita del alma –acerca de lo cual hablaremos enseguida– de la misma manera reductiva, y claramente:

> Ten en cuenta, Glaucón, que, a mi juicio, con el método que utilizamos ahora en el razonamiento, no llegaremos nunca a captar de manera exacta el objeto de la búsqueda. El *camino que debería conducir al mismo sería mucho más largo y exigente*. Tal vez, llegaremos a captar nuestro objeto solamente en proporción a nuestros presupuestos y a nuestras premisas.[36]

Más aún: en el libro X dice que para presentar el alma en su esencia, sería necesario considerarla libre del cuerpo, mientras que en el curso de la obra se la presentó sólo en las formas que asume en conexión con el cuerpo.

> Sólo entonces [es decir, considerada en sí y por sí, libre de sus relaciones con el cuerpo] uno podría ver finalmente su esencia, si es múltiple o simple, cómo es, qué características posee. Pues, a mi juicio, *nos hemos limitado por ahora a desarrollar un examen adecuado a las condiciones y formas que el alma asume en la vida humana*.[37]

---

35. *Fedro*, 246a.
36. *República*, IV 435c-d.
37. *República*, X 612a.

Sólo en el *Timeo* toma Platón un camino más largo y presenta profundizaciones ontológicas muy hondas y reveladoras. Como se trata de una temática considerada por todos como muy interesante, seguiremos tanto el camino «breve» cuanto el «largo», procurando captar los mensajes transversales con los que Platón los conecta y los modos en los cuales se esclarecen recíprocamente.

Mediante un atento análisis psicológico de las acciones humanas, Platón establece que las mismas no pueden derivar todas de la misma facultad del alma, sino de tres facultades distintas:

> Nosotros aprendemos con una parte de nuestra alma, con otra nos airamos y con aún otra deseamos los placeres de la comida, del sexo y otros más.[38]

La razón sobre la cual se basa Platón para fundar esta triple distinción es el principio de no contradicción en una de sus primeras formulaciones: si no se admitieran diversas partes del alma, sería preciso admitir que una misma facultad puede hacer al mismo tiempo cosas opuestas en la misma parte y bajo el mismo aspecto.[39] Los impulsos opuestos que operan en nosotros no pueden explicarse sino mediante correspondientes facultades diversas.

He aquí cómo resume el mismo Platón esta doctrina suya:

> –Así como la ciudad está dividida en tres partes, así también el alma de cada individuo es tripartita. A mi juicio, si se tiene en cuenta esto, existe la posibilidad de aducir una segunda demostración.
> –¿Cuál?
> –Esta: así como son tres partes, tres me parecen ser los placeres, uno para cada una de las partes, y otros tantos los deseos y las formas de gobierno.
> –¿Qué quieres decir con ello?
> –Con una parte, el hombre aprende, con la otra se aira; a la tercera, en cambio, a raíz de su variedad, no logramos darle un nombre propio y específico, sino que la hemos indicado a partir del elemento que resultaba en ella más marcado y predominante. Por tanto, la hemos denominado

38. *República*, IV 436a.
39. Véase *República*, IV 436e – 437a.

concupiscible por su deseo irrefrenable de comida, de bebidas, de sexo y de todos los otros placeres relacionados con estos. Por otro lado, la hemos llamado también ávida de dinero, porque es precisamente el dinero el que permite satisfacer todo deseo de este género.

–Hemos hecho bien al hacerlo.

–Entonces, si atribuyésemos el placer y el amor típico de esta parte específicamente a la ganancia, tendremos un único punto de apoyo para nuestro razonamiento, de tal modo que tendremos una referencia clara cuando mencionemos esta parte del alma. Y entonces, ¿no te parece que es una buena idea llamarla amante de la riqueza y del dinero?

–Diría que sí.

–¿Y no diremos que la parte irascible es llevada siempre a buscar con todas sus fuerzas la prepotencia, la victoria y la gloria?

–Ciertamente.

–Entonces, ¿no estaría bien el nombre de amante de la victoria y del honor?

–Muy bien.

–Por lo demás, todos saben que el alma con la que aprendemos tiende siempre totalmente a conocer la verdad y su naturaleza y, respecto a las otras partes, su interés por la riqueza y por la fama es mínimo.

–Indudablemente.

–Entonces, llamándola amiga del estudio y filósofa ¿le daremos su nombre adecuado?

–¡Por cierto que sí!

–¿Y no se da el caso de que en el alma de ciertos hombres prevalece una parte y en la de otros otra?

–Sí.

–¿Diremos, entonces, que hay tres tipos de hombre: el filósofo que ama el saber, el hombre que ama la victoria y el que ama la ganancia?

–Es obvio.

–¿Y pondremos también tres especies de placeres que subyacen a cada uno de estos tres tipos de individuos?

–Absolutamente.

–Puedes imaginarte con facilidad que, si debieses interpelar a cada uno de ellos y preguntarles cuál es la vida mejor, cada uno encomiaría en primer lugar la propia. ¿No crees, pues, que el hombre que aspira al dinero, en cuanto juzga todo con el criterio del dinero, desestimará completamente lo justo del honor o del saber, en la medida en que no le rinden beneficios?

–Es cierto.

–¿Y el amante de la gloria? ¿No considerará tal vez el placer que proviene de las riquezas como un sentimiento vulgar, y no considerará asimismo el gusto por el saber como humo y sin sentido, en cuanto no procura la fama?

–Así es.

–Y entonces, ¿cómo pensamos que el filósofo puede considerar los otros placeres, si los pone en comparación con el conocimiento de la verdad y de su naturaleza, y con la actitud de emplear su tiempo en estos estudios? ¿No los juzgará mil millas distantes del auténtico placer? Y, en cuanto no siente atracción por ningún otro placer que no sea necesario, ¿no llamará verdaderamente necesarios sus deseos?

–Debe tener muy clara esta definición.[40]

Y he aquí la espléndida metáfora con la que Platón presentó esta doctrina en el *Fedro*. El alma puede representarse como compuesta por un carro alado, tirado por dos caballos y guiado por un auriga. Los dos caballos simbolizan las fuerzas irracionales de lo irascible y concupiscible, el auriga la fuerza de la razón. El primer caballo, símbolo de la fuerza irascible, es bueno y

se encuentra en la mejor posición, en forma lineal y bien estructurado, con el cuello recto, con nariz aguileña, de color blanco y con ojos negros, amante del honor con templanza y con pudor y amigo de la recta opinión, no requiere la fusta sino que se lo guía con la sola señal de comando y con la palabra.[41]

El otro caballo, símbolo de la fuerza concupiscible,

en cambio, es torcido, grueso, mal formado, de dura cerviz y de cuello corto y ancho, de pelo negro, ojos grises, inyectados de sangre, amigo de la maldad y la impostura, velloso alrededor de las orejas, sordo, con dificultad obedece a una fusta con púas.[42]

Platón describe la dinámica de estas fuerzas de manera espléndida, en una de las páginas que anticipan las más profundas investigaciones psicológicas.

40. *República*, IX 580d – 581e.
41. *Fedro*, 253d-e.
42. *Fedro*, 253e.

Pero aquí nos interesa ir al fondo del problema de la estructura del alma. A menudo se ha considerado que las tres formas de alma serían formas del alma inmortal. Pero, por el contrario, Platón dice claramente en el *Timeo* que el alma irascible y la concupiscible son formas de alma ligadas a lo corporal que el Demiurgo ha hecho producir por los dioses creados.

Y ya en el pasaje de la *República* que hemos leído, Platón dice haber hablado de las *formas que el alma asume en la vida humana en el cuerpo.*

Al leer bien el *Fedro* se advierte que Platón presenta la metáfora del alma como carro alado en dos modalidades y en dos tiempos: uno para representar el alma en el *Hiperuranio* y otra para representar el alma en este mundo. En el *Hiperuranio*, la metáfora del carro alado representa directamente también el alma de los dioses, con la diferencia de que los aurigas y los caballos de las almas de los dioses son todos buenos y de buena procedencia, mientras que los de las otras almas son mixtos:

> En primer lugar, en nosotros el auriga guía un carro con dos caballos; además, de los dos caballos, uno es bello y bueno y su procedencia es de bellos y buenos; el otro, en cambio, procede de opuestos y es opuesto. Necesariamente es arduo y dificultoso, por lo que nos concierne, el manejo del carro.[43]

Precisiones conceptuales contenidas en el Timeo acerca de la estructura ontológica del alma

Tal como he demostrado en otra obra,[44] las dificultades son explicables si se remite precisamente al *Timeo*, donde Platón brinda una explicación muy compleja de la naturaleza del alma, explicación que él presenta estructurada de la siguiente manera.

El Demiurgo efectúa, en primer lugar, una «mezcla» de ideas

43. *Fedro*, 246b.
44. Véase Reale, *Per una nuova interpretazione* (nota VII, 3), especialmente 657-675.

opuestas: las del ser, de la identidad y de la diferencia «indivisibles» y las correspondientes «divisibles», obteniendo de ese modo las ideas de ser, identidad y diferencia «intermedias». Después, «mezcla» las tres ideas intermedias, de modo de formar una idea unitaria que derive de estas tres realidades, y estructura convenientemente esta mezcla según complejas relaciones numéricas armónicas.

Como toda forma de ser, el alma tiene una estructura bipolar, pero de modo especial, o sea, doble. En efecto: el alma, al igual que los entes matemáticos, es intermedia-mediadora entre el mundo inteligible y el sensible. De ese modo se explica por qué razones, a partir del *Fedón*, Platón afirma no que el ser del alma sea *idéntico* al ser de las ideas, sino que es *afín* y *similar* a él, vale decir, que tiene correspondencias analógicas con él.

De algún modo, el alma refleja la realidad entera y es exactamente aquello que los filósofos platónicos del renacimiento llamarán *copula mundi*.

De ese modo, las relaciones de esta concepción con la metáfora del carro alado se aclaran: los dos caballos simbolizan la «dualidad» que implica diferencia de forma, desigualdad, mientras que el auriga representa la fuerza racional que impone orden y «unidad». Ya Robin había advertido esto hace mucho tiempo: «El carro del alma, según el *Fedro*, tiene siempre dos corceles, también para las almas divinas; pero esta dualidad no es en sí misma un peligro, siempre que la desigualdad se subordine al orden: la dualidad no deviene un peligro sino en las almas en las que esta subordinación ha sido destruida, es decir, en términos míticos, desde el momento en que el auriga no es ya el patrón de sus caballos; la caída de los caballos es, por tanto, efecto del [...] principio del desorden. Así, los dos caballos del *Fedro* parecen representar exactamente la esencia de lo diverso [...], a veces dominada por la razón, a veces en rebeldía contra ella».[45]

Por tanto, la metáfora del carro alado representa la esencia misma del alma; después, representa sobre todo el alma racional, que Pla-

45. L. Robin, *La teoria platonica dell'amore*, traducción al italiano de D. Gavazzi Porta, con prefacio de G. Reale, Milano 1964, 184 (< *La théorie platonicienne de l'amour*, Paris 1908; ³1964).

tón, en la *República*, considera como un *compuesto de muchos* y una *bellísima síntesis*.[46] Las almas concupiscibles y las irascibles no son sino un despliegue, en la dimensión sensible, de fuerzas contenidas en el modelo originario del alma cuando esta se une con los cuerpos; o sea, como dice expresamente Platón, son «condiciones y formas que el alma asume en la vida humana», es decir, en la vida terrena.[47]

Y he aquí cómo se confirman y aclaran en el *Timeo* las analogías y diferencias entre las almas de los dioses y las de los hombres, mencionadas en el *Fedro*:

> El Demiurgo vertió en la misma crátera de antes, en la que había mezclado el alma del universo, las cosas que habían sobrado de las usadas anteriormente, pero mezclándolas casi de la misma manera, aunque no eran puras del mismo modo sino de segundo o tercer grado de pureza.[48]

El hombre y la mujer y su igualdad

Las almas humanas de segundo grado en pureza son las de los hombres, y las de tercer grado en pureza son las de las mujeres. En efecto, en el *Timeo* presenta la primera generación de hombres en forma masculina, o mejor, asexuada. Y puntualiza que estos hombres que en la primera vida no supieron vivir según la virtud, en la segunda generación se verán transformados en mujeres, con el consiguiente surgimiento de la distinción de los sexos. Exactamente, dice lo siguiente:

> De los hombres que nacieron, los que fueron viles y pasaron su vida de manera injusta, de acuerdo a un razonamiento verosímil, en la segunda generación se transformaron en mujeres. Y en ese tiempo, los dioses idearon la relación erótica, constituyendo un ser viviente dotado de alma dentro de nosotros y otro en las mujeres.[49]

46. Véase *República*, X 611b 5-6.
47. *República*, X 612a.
48. *Timeo*, 41d.
49. *Timeo*, 90e – 91a.

Naturalmente, si uno se queda en este texto y lo asocia quizá con aquellos en los que se afirma que el amor masculino es más elevado que el femenino, se puede acusar a Platón, como se lo ha hecho, de antifeminismo a ultranza. Pero, en realidad, como veremos en seguida, es precisamente lo contrario.

Mientras tanto, se ha de recordar que el amor masculino que él considera superior al femenino no es el amor sexual, sino, como hemos visto, el amor sublimado mediante la ascensión cada vez más elevada en la escalera de *Eros*. Pero en la *República*, él sostiene de manera verdaderamente extraordinaria la tesis de la igualdad del hombre y la mujer, aunque tal tesis no haya tenido recepción en la *communis opinio*.

En primer lugar, hay que recordar que, en Grecia, la mujer vivía mayormente encerrada dentro de los muros domésticos. Le estaba confiada la administración de la casa y la crianza de la prole hasta la mayoría de edad; por eso se la mantenía alejada tanto de las actividades gimnásticas cuanto de las bélicas, tanto de las culturales cuanto, obviamente, de las políticas.

Ahora bien, en la *República*, fundándose en el hecho de que la esencia del hombre es idéntica tanto en el varón cuanto en la mujer, Platón considera injustificada esta separación radical de ambos papeles. Cada vez que la mujer demuestre estar en posesión de ciertas dotes que posee el varón, y en igual medida, debe poder desarrollar también los mismos papeles que el varón.

He aquí el espléndido texto:

–Entonces, querido amigo, no hay función pública alguna que esté reservada a la mujer en cuanto mujer o al varón en cuanto varón, sino que la naturaleza distribuyó en forma semejante las aptitudes entre ambos sexos, de tal modo que la mujer, justamente por su naturaleza, puede desarrollar todas las mismas tareas que desarrolla el varón, sólo que, en cada una de las mismas, ella se revela como menos fuerte que el varón.

–Con seguridad.

–¿Haremos, pues, hacer todo a los hombres y nada a las mujeres?

–¿Cómo?

–Se puede afirmar, me parece, que, entre las mujeres, una puede tener aptitudes para la medicina y otra no, y puede haber también mujeres que por naturaleza tiendan a la música y otras que no.

–¿Quién puede negarlo?

–¿Y no podrá haber una mujer amante de la gimnasia y de la guerra y otra que les tenga aversión, sea a una, sea a la otra?

–Bien lo creo.

–¿Y amante del saber y con aversión al saber? ¿Animosa o falta de espíritu?

–Esto también.

–En consecuencia, ¿habrá también una mujer capaz de tener la custodia de la ciudad y otra que, en cambio, sea incapaz? Y, por lo demás, ¿no hemos seleccionado acaso la misma predisposición natural en lo que se refiere a los hombres destinados a ser custodios?

–Sí, la misma.

–Entonces, las mujeres tienen la misma aptitud que los varones para defender el estado, sólo que las mujeres tienen menos vigor, y los varones más.[50]

Por lo tanto, Platón propone elegir en el estado ideal también a las mujeres como custodios del estado y, por consiguiente, educarlas de la misma manera que a los varones, tanto en las prácticas musicales cuanto en las gimnásticas.

Y en contra de quienes consideraban esta elección como contraria a las buenas costumbres y tenían por absurdo hacer desvestir a las mujeres y hacerlas ejercitarse en las palestras como los hombres, Platón escribe:

> Que se desvistan, pues, las mujeres de los custodios, siendo que, más que las ropas, debe cubrirlas la virtud; y que tomen parte en la guerra y en las otras tareas de la defensa de la ciudad, sin ocuparse de otra cosa [...]. Y el hombre que ríe al ver a las mujeres hacer gimnasia, desnudas pues tienen en mira un fin superior, es como si «con su risa cogiese el fruto del saber cuando aún no está maduro»; o sea, por decirlo como es, este no entiende nada, ni aquello de lo que ríe, ni lo que está haciendo.[51]

Pero más alto que los custodios están los gobernantes (¡los filósofos!). ¿Qué relación vienen a tener las mujeres en el estado ideal con esta más alta función?

50. *República*, V 455d – 456a.
51. *República*, V 457a-b.

También en este caso, la respuesta de Platón es categórica: así como para la clase de los custodios del estado no es preciso hacer distinciones de sexo y, a paridad de dotes, hombres y mujeres deben recibir la misma educación y ejercer las mismas funciones, así vale el mismo principio también a nivel de gobernantes.

He aquí el texto, que es verdaderamente revolucionario y que cabe verdaderamente destacarse como merece:

> –Habiendo llegado a los cincuenta años, aquellos que se hayan mantenido íntegros y hayan dado excelentes pruebas de sí mismos tanto en su vida práctica cuanto en las ciencias, se considerará que han llegado finalmente a la meta de su formación, o sea, deberán volver el ojo del alma a aquella realidad que ilumina cada cosa. En este punto, después de que hayan contemplado el Bien en sí, sirviéndose de él como de un modelo, deberán, por el tiempo que les resta de vida, dar ordenamiento al estado, a los ciudadanos y a sí mismos, a cada uno la parte que le compete, empeñándose preferentemente en el estudio de la filosofía [...]
> –Cierto, querido Sócrates: nos has plasmado, como un escultor, bellos gobernantes.
> –Sin embargo, querido Glaucón, si es por esto, también mujeres gobernantes. Pues no debes creer que todo lo que he dicho lo he referido más a los hombres que a las mujeres, al menos para aquellas que, por su naturaleza, estén a la altura de estas tareas.
> –Y es justo, admitió Glaucón, si es verdad, como sostuvimos, que *las mujeres deben tener los mismos derechos y deberes que los hombres.*[52]

Esta es ciertamente la revalorización más audaz del papel de la mujer que se haya realizado en el mundo antiguo, cuya cultura era en gran medida misógina. Se recordará, por ejemplo, cómo incluso Hesíodo, cuyos textos estaban en la base de la formación helénica, consideraba a las mujeres «expertas sólo en las obras malvadas», y una «desgracia para los mortales».[53] Y esto sin tener en cuenta el famoso

---

52. *República*, VII 540a-c.
53. Hesíodo, *Teogonía*, vv. 593, 595. Véase 570ss. Traducción sobre la base de la edición del texto griego en: Hesíodo [Hesiod], *The Homeric Hymns and Homerica*, with an English Translation by Hugh G. Evelyn-White (= *The Loeb Classical Library* 57), Cambridge-London, 1914. Para una edición en español puede verse Hesíodo, *Obras y*

poema antifeminista de Semónides de Amorgos, que consideraba a las mujeres «el mayor de los males».[54]

Por tanto, también en este campo se revela Platón como un gran revolucionario.

La virtud como un poner orden en el desorden, unidad en la multiplicidad, y un realizar la justa medida

Justamente en la perspectiva de todo lo dicho hasta aquí podemos concluir este capítulo con el concepto de «virtud», que predomina en la mayor parte de los escritos de Platón. El hombre moderno entiende la «virtud» sobre todo en su significado religioso, significado que el término ha asumido particularmente en el pensamiento cristiano. Con la palabra «virtud» se traduce el término griego «*areté*». Pero, en el pensamiento helénico en general, este término tiene un significado mucho más vasto, y particularmente en Platón se impone incluso como un concepto base de su ontología, y no se lo entiende sino reconstruyendo el área semántica que cubre.

El concepto griego de virtud (*areté*) se extiende a toda la realidad y, por ello, desde las cosas más pequeñas hasta las más grandes, extendiéndose también al cosmos en su conjunto.

Leamos un pasaje del *Gorgias* que ilustra muy bien este punto:

> –Nosotros y todas las otras cosas buenas, ¿somos buenos por una cierta *virtud*?
> –Me parece necesario que así sea, Calicles.
> –Pero la virtud de cada cosa, de una herramienta, de un cuerpo, de un alma y de todo animal, no se da, por cierto, de manera perfecta en forma casual, sino que se produce con *orden, con precisión y con arte, como adecuada a cada una de ellas*. ¿O no es así?
> –Así es.

---

fragmentos, introducción, traducción y notas de Aurelio Pérez Jiménez y Alfonso Martínez Díez, Madrid: Gredos, 1990 (2ª reimpr.).

54. Fragm. 7 vv. 72, 96 y 115 West. Tal vez, este texto de Semónides es, en el mundo helénico, el documento del antifeminismo llevado hasta el extremo.

–La virtud de cada cosa, entonces, ¿es algo dispuesto con orden y regulado?
–También yo lo afirmo.
–Por tanto, un orden presente en cada uno y peculiar de cada uno es lo que hace bueno a cada uno de los seres.
–También a mí me lo parece.
–Entonces, el alma que posea el orden que le es propio ¿es mejor que la desordenada?
–Necesariamente.
–¿Y la que posee orden es ordenada?
–¿Cómo podría no serlo?
–¿Y la que es ordenada es también temperante?
–Es absolutamente necesario que lo sea.
–Entonces, el alma temperante es buena.[55]

Y veamos ahora de qué modo Platón extiende, como decía más arriba, el concepto de templanza y justicia, o sea, de virtud, al mismo cosmos:

> Y los sabios dicen que el cielo, la tierra, los dioses y los hombres se mantienen juntos por medio de la comunidad, la amistad, la templanza y la justicia: y es precisamente por esa razón que ellos llaman a este universo entero «cosmos», orden, y no desorden o disolución.[56]

En la *República* se confirma marcadamente este mismo concepto: virtud es orden, proporción, armonía, justa medida. La virtud es la actuación, en las cosas en general y en el alma en particular, del Bien, que, como hemos visto, es Uno, medida suprema de todas las cosas.

Refiriéndose a la virtud de la justicia, que es la virtud suprema que sintetiza todas las otras, Platón puntualiza lo que sigue. Un estado justo es aquel en el que cada clase y cada individuo desarrolla de manera adecuada su propia tarea y sólo esa, sin invadir las tareas ajenas. Análogamente, un hombre justo es aquel en el que cada parte de su propia alma desarrolla las funciones que le competen en armonía con las otras, con equilibrio justo y justa medida, procurando realizar así de manera adecuada «la unidad en la multiplicidad».

55. *Gorgias*, 506d – 507a.
56. *Gorgias*, 507e – 508a.

Leamos el texto, que es realmente ejemplar:

En verdad, según parece, la justicia era algo análogo; sólo que ella no tiene que ver con la acción externa de las facultades del individuo, sino *con la interior, que concierne a él mismo y a las cosas que le competen.* De tal modo, el individuo no permite que cada una de sus partes realice oficios que son propios de otras partes, o que las diferentes especies de alma invadan una el campo de la otra, sino que, disponiendo en buen orden las propias cosas y tomando el comando de sí mismo, dándose un equilibrio y recuperando la paz interior –o sea, poniendo nuevamente de acuerdo las tres partes del alma como si fuesen sonidos de una armonía: lo alto, lo bajo, lo medio y otros intermedios, si los hubiera–, unidos estos elementos y *llegando a ser uno a partir de muchos,* templado y equilibrado, obra de ahí en más en esa forma, cuando decide obrar, sea para la adquisición de riquezas, o para el cuidado del cuerpo, o para cualquier cosa que concierna la vida pública, o para las actividades comerciales privadas.[57]

La «virtud», pues, consiste en la actuación del Bien en el alma y en la vida del hombre, y se realiza precisamente poniendo *orden en el desorden y unidad en la multiplicidad.*[58]
Esta es una teoría que podría curar verdaderamente no pocos de los males que padece el hombre de hoy.

57. *República,* IV 443c-e.
58. Véase Reale, op. cit., 710-712.

XIII

MYTHOS Y *LOGOS.*
SUS NEXOS ESTRUCTURALES
SEGÚN PLATÓN

EL MITO COMO
UN «PENSAR POR IMÁGENES»
EN SINERGIA CON EL *LOGOS*

Mythos *y* Logos *en Platón*

A propósito de no pocos problemas, y precisamente en el punto culminante de la discusión, mientras se prepara para señalar su solución, Platón introduce el mito, instaurando entre *logos* y mito un nexo estructuralmente indisoluble. Es preciso comprender bien las razones que fundamentan este nexo, si se quiere leer y entender la obra platónica de modo adecuado.

A partir de la Edad Moderna y, en consecuencia, de la «revolución científica», la filosofía se interpretó, en general y en particular, como un pasaje histórico del *mythos* al *logos*, entendiéndose por tanto la evolución de la filosofía como un desarrollo del mismo *logos* y como su separación cada vez más marcada del *mythos*. En consecuencia, el lenguaje propio del mito se consideró como *pre-filosófico*, cuando no directamente como *a-filosófico*, o sea, como una forma de mensaje imaginativo y fantástico privado de carácter científico generador de verdad.

Naturalmente, también Platón fue releído en esta óptica, y numerosos mitos que se encuentran en sus obras fueron considerados como algo que interesa mucho más al literato que al filósofo, quien debería considerar como significativo en los diálogos solamente lo que depende del *logos*.

Una notable responsabilidad en la difusión de tal convicción ha tenido Hegel, aunque con motivaciones que no se relacionan tanto con la revolución científica cuanto con el momento «especulativo» de su dialéctica. A su juicio, la exposición de los filosofemas en forma de mitos, tal como la presenta Platón, constituye ciertamente un atractivo en la lectura de los diálogos, pero se trataría más bien de una fuente de malentendidos. Por lo tanto, los mitos platónicos no deberían considerarse, desde el punto de vista teórico, como algo importante.

Hegel sostiene que el mito suscita imágenes sensibles adecuadas a la *representación*, y no al pensamiento especulativo, que se expresa siempre y solamente mediante *conceptos*, con una eliminación total de las representaciones de imágenes. El pensamiento especulativo debería liberarse de los mitos en todo sentido, en cuanto los mismos no pueden, por su naturaleza, expresar lo que quiere expresar el pensamiento.[1]

Sobre la base de tales premisas, las conclusiones que Hegel cree poder sostener son categóricas: «Por tanto, para captar la filosofía de Platón a base de sus diálogos, es necesario que sepamos *distinguir lo que es simple representación, sobre todo allí donde se recurre a los mitos para exponer una idea filosófica, y lo que es la idea filosófica misma*; sólo entonces es posible saber que lo que se refiere a la representación como tal, y no al pensamiento, no es lo esencial. En cambio, si no se conoce para sí lo que es concepto, lo que es especulativo, se expone uno inevitablemente al peligro de que, dejándose llevar por los mitos, se extraigan de los diálogos toda una serie de tesis y teoremas, viendo en ellos filosofemas platónicos, cuando en realidad no son tal cosa, sino simples representaciones».[2]

Pero desde hace algún tiempo se viene produciendo, en dirección contraria a lo que se había sostenido en las huellas de la revolución científica y sobre la base de las afirmaciones de Hegel, una verdadera revalorización de valor cognoscitivo del mito en general y, por tanto, también del de Platón en particular.

---

1. Véase Hegel, *Lecciones sobre la historia de la filosofía* (nota VII, 36), 151s.
2. Op. cit., 152. Cursiva parcialmente nuestra.

Walter Hirsch, que es seguidor de Heidegger, ha puesto esta cuestión en primer plano.[3] A decir verdad, la tesis de Hirsch tiene el riesgo de caer en excesos opuestos a los arriba indicados, pero constituye un mensaje significativo que puede operar de manera correctiva ante los errores opuestos.

Según Hirsch, el mito platónico no es un residuo de reflexión pre-filosófica ni una formulación protréptica y, por tanto, provisoria de problemas que se tratan en lo sucesivo al nivel del puro *logos*. Pero el mito tampoco es una forma de conocimiento trans-conceptual o meta-conceptual de tipo místico y, en consecuencia, de carácter irracional.

¿Qué es, entonces, el mito?

Es un método para entender y para expresar *algunos aspectos de la realidad que, por su misma naturaleza, no pueden captarse ni expresarse mediante el puro* logos. El mito es interpretación y expresión de la «vida» y de sus problemas, en la compleja dinámica que la caracteriza. Más precisamente: el pensamiento explica con el *logos* el mundo de las ideas y del ser mediante un conocimiento puramente conceptual. Pero, justamente al confrontarse con las ideas y con el ser, el pensamiento descubre que tiene una característica esencial que lo diferencia del ser mismo, a saber, la «vida». En cuanto portador de la diferencia esencial de la vida respecto del puro ser, el pensamiento comprende la imposibilidad de concebir una idea de alma en el sentido estricto del *logos* conceptual, por cuanto la idea es un ser «inmóvil», mientras que el alma implica «movilidad» y «vida».

Por consiguiente, el mito viene a imponerse como *«una historia del ser-aquí del alma* (historia que, para el *logos*, sigue siendo paradójica) *en la unidad de sus orígenes y de su fin, unidad que perdura más allá del tiempo y trasciende todo devenir».*[4] Y, en Platón, efectivamente, la gran mayoría de los mitos, y los más grandiosos, del *Gorgias* al *Fedón*, de la *República* al *Fedro*, se refieren precisamente al alma.

Según Hirsch, entonces, *la vida y los problemas asociados a ella no pueden comprenderse con el logos, sino sólo con el mito*: por tanto, en

3. Véase W. Hirsch, *Platons Weg zum Mythos*, Berlin 1971.
4. Op. cit., X.

este ámbito, el mito supera claramente al *logos* y se torna en mito-*logía*, o sea, en *una forma de logos que se expresa mediante el mito*. Entendido de este modo, el mito resultaría incluso la expresión más alta de la metafísica platónica.

Obviamente, aun si Hirsch hace justicia a lo que Hegel había negado, por el otro lado se excede, terminando en una sobrevaloración del mito a expensas del *logos*.

Pero ¿qué significa, en realidad, el mito en Platón?

Los varios y diferentes significados que tiene el mito en Platón

El término «mito» cubre en Platón un área semántica muy amplia.

Antes que nada, es oportuno poner en primer plano el hecho de que Platón *consideraba todos sus escritos como formas de mito*, hecho este que la *communis opinio* de los estudiosos está aún lejos de haber comprendido, en cuanto resulta estar en estrecha conexión con la compleja cuestión de las «doctrinas no escritas» y, en particular, con la concepción platónica de las relaciones entre escritura y oralidad.

En efecto: como se ha visto en un capítulo precedente, los diálogos platónicos son «poesía filosófica», o sea, una transformación filosófica de la comedia y la tragedia, y, por tanto, una reinterpretación en clave dialéctica del modelo del teatro ateniense.

Para reforzar la tesis que sostenemos será útil leer una página tomada del libro póstumo de Havelock, que, precisamente sobre la base de la metodología de las investigaciones sobre las técnicas de la comunicación y del pasaje de la técnica de comunicación oral a la escrita en el mundo antiguo, muestra de manera muy eficaz las conexiones de los diálogos platónicos con la comedia y con el mimo.

Havelock escribe: «El escenario doméstico y a veces también las personalidades que Platón dispone en sus diálogos están tomadas mayormente de la comedia: el *Protágoras*, un ejemplo iluminador, reproduce de cerca la *mise en scène* de *Los adoradores* de Eupolis. Y lo mismo puede decirse de la forma retórica que él adopta: un ejemplo relevante de esto mismo se encuentra en el *Critón* (si bien es un aspecto totalmente ignorado en la cosecha de los tratados modernos sobre esta obra), donde la personificación de las "Leyes" (*Nomoi*) se modela sobre las correspondientes figuras puestas en escena por Cratino en la comedia homónima (fragms. 133-35 k-a), al igual, tal vez, del discurso que ellas pronuncian, desarrollado ahora en términos platónicos (50 A 6ss).– Este uso que hace Platón de convenciones ya muy reconocidas en Atenas en el campo de la composición poética para sus fines prosaicos conduce a una conclusión inevitable. Los nombres de personas conocidas por otra vía como figuras históricas que él introduce en sus composiciones deben interpretarse en relación al lenguaje y a las acciones inventadas para ellos. Al mismo tiempo, se debe admitir que sus invenciones recordaban con fuerza la memoria de las auténticas personas. Esta memoria brindaba un arquetipo, pero no necesariamente los detalles de una situación o de un discurso. "Sócrates" quedará feo y descalzo, y concentrado al límite de la extravagancia en cuanto al comportamiento del lenguaje y al valor de las palabras. Pero las convenciones empleadas no nos llevan a creer que él haya preguntado verdaderamente, o que haya sido interrogado a su vez por Eutifrón o Critón o Diotima o por quien fuese, y menos aún que él haya dicho realmente lo que Platón le hace decir. Ni tampoco se requiere que creamos, por ejemplo, que un diálogo desarrollado entre Sócrates y Trasímaco en un ambiente doméstico o bien en la cárcel con un grupo de devotos seguidores haya tenido lugar alguna vez, como no sea en la fantasía filosófica de Platón. Para él era entonces tanto más simple enfatizar el papel de su "Sócrates" porque, además del hecho de que Sócrates estaba a buen recaudo en la tumba, la ausencia de todo tipo de documentación le permitía todo tipo de libertades. Estas conversaciones y discursos en prosa, plasmados según modelos teatrales preexistentes, deben incluirse en la categoría de las composiciones identificadas por Aristóteles como "mimos"».[5]

Pero es mucho más lo que hay que poner de relieve: es el mismo Platón el que llama «mito» incluso a su obra más grande,[6] más

5. Havelock, *Alle origini* (nota I, 16) 52-54.
6. El primer estudioso que puso esto bien en evidencia fue W. Luther, en el ensayo "Die Schwäche des geschriebenen Logos", en: *Gymnasium* 68 (1961) 526-548.

rica y más articulada, o sea, la *República*, justamente en el testimonio sobre sí mismo al final del *Fedro*[7] y con explícitas confirmaciones en la misma *República*.[8]

Recordemos que la *República* parte de la base temática de la «justicia», para llegar al vértice supremo de la idea del «Bien», que, como sabemos, coincide con la de lo «Bello» (lo Bello es un modo de desplegarse del Bien, así como la justicia es un modo de desplegarse del Bien y de lo Bello, en cuanto hace prevalecer el orden sobre el desorden y pone, por tanto, unidad en la multiplicidad). Pues bien, en el mencionado testimonio sobre sí mismo del *Fedro*, Platón escribe:

> ¿Diremos que aquel que tiene la ciencia de lo justo, de lo bello y de lo bueno tiene menos sentido para sus asuntos que un agricultor para sus semillas? [...] Y entonces, si quiere hacerlo seriamente, no los escribirá con agua negra, sembrándolos mediante el cálamo.

No los escribirá porque, como sabemos, los discursos escritos no saben «defenderse» por sí solos. Y si el que posee la ciencia de lo justo lo hace, lo hará por juego y para traer estas cosas a la memoria, en el momento oportuno, para sí mismo y para sus discípulos. Además, Platón coloca este «juego» muy por encima de todos los demás, pero lo califica precisamente como «un narrar por mitos» (*mythologein*) acerca de la justicia, del bien y de lo bello; y puntualiza que el filósofo considera de mayor valor sólo los discursos dichos en el contexto de la enseñanza con el fin de hacer aprender, y que, por tanto, *considera que solamente hay claridad, integridad y seriedad en torno a lo justo, al bien y a lo bello en los discursos escritos realmente en el alma, o sea, en el ámbito de la oralidad dialéctica.*[9]

En conclusión, estos, y sólo estos, los realizados en el contexto de la oralidad, son, según Platón, *los verdaderos discursos serios y los hijos legítimos del filósofo.*

En el *Fedro* se menciona la *República* mediante la cita de su con-

---

7. Véase *Fedro*, 276c – 277a.
8. Véase más abajo, las notas 10 y 11.
9. Véase *Fedro*, 276c – 277a.

tenido, pero en la misma *República*, Platón no duda en afirmar que está escribiendo un «mito». Precisamente al hablar de la crianza y de la educación, dice que está presentando «un relato en forma de mito».[10] Y con referencia incluso al tratamiento entero del tema del estado ideal, y, por tanto, al marco general de la obra, dice que está haciendo un discurso «mitologizando», o sea, «un discurso por vía de imágenes».[11]

Si se ha comprendido bien la diferencia que establece Platón entre la comunicación mediante la escritura y la que se realiza mediante la oralidad, se entiende a la perfección el sentido en el cual Platón considera el mismo escribir como un *mythologein*.

Pero el mito no tiene que ver solamente con la forma –o sea, con la comunicación de mensajes mediante la escritura, en cuanto sólo en la dimensión de la oralidad dialéctica se impone el discurso como coherente, sólido y completo–, sino que *tiene que ver también con ciertos contenidos, o sea, con ciertas temáticas que, por su naturaleza, no pueden expresarse en rigurosos conceptos dialécticos.*

En primer lugar, es preciso destacar que todas las formas de realidad ligadas al devenir no se pueden expresar sino en forma de mito, en cuanto la pura *nóesis* y el puro saber dialéctico *son posibles solamente en relación al ser inmóvil y eterno*, y, por tanto, al mundo de las ideas. En consecuencia, todas las problemáticas relacionadas con el cosmos y las relacionadas con las almas y, en general, con la historia, son tratadas por Platón haciendo uso del mito, o sea, en la dimensión de lo verosímil, tal como veremos más adelante.

Además, hay que recordar que Platón asocia también el *mythos* con el *discurso que encanta*, como una suerte de «canto mágico», en cuanto el mismo se dirige no solamente al alma racional, sino también a las otras fuerzas del alma, ejerciendo así persuasión con una particular eficacia. Pero también sobre esto hemos de volver más adelante.

Para concluir esta cuestión, recordemos que, así como hay un *logos* bueno (el filosófico) y uno malo (el retórico, ligado a la sofísti-

---

10. *República*, II 376d 9.
11. *República*, VI 501d-e.

ca, y el erístico), existe, de manera análoga, un mito bueno (el ligado a la filosofía, que respeta los parámetros que hemos indicado más arriba) y un mito malo (el de muchos poetas, que sería directamente eliminado en el estado ideal, tal como hemos visto). Y como el *logos* bueno es el que mira a alcanzar la verdad, así, análogamente, el *mythos* válido es el que mira a la representación de la verdad misma.

¿Cuál es, entonces, la relación entre estos dos caminos que llevan a la verdad, o sea, entre el buen *logos* y el buen *mythos*?

«Logos» y «mito» como «sístole» y «diástole» del filosofar platónico

Ya hemos visto más arriba las posiciones opuestas asumidas por Hegel y por el heideggeriano Hirsch, y hemos indicado implícitamente cómo, para Platón, mito y *logos* son *caminos paralelos, ambos indispensables para acceder a la verdad.*

También se podría hablar de caminos que tienen *funciones complementarias*, porque, como alguno ha destacado con razón, precisamente en cuanto tales no pueden ser eliminados en su diferenciación estructural. El error hermenéutico más grave que no pocos cometen en la interpretación de Platón consiste en realizar sofisticadas tentativas de desmitificación de sus mitos a fin de transformarlos en puro *logos*, o en intentar ponerlos entre paréntesis, cuando no directamente eliminarlos de manera sistemática en nombre de una comprensión considerada «científica».

Pero ¿sobre qué se basa la complementariedad de los dos caminos paralelos del mito y del *logos* para llegar a la verdad?

Al responder a este problema, quiero recordar que la posición asumida por Platón trasciende su mismo significado histórico, en cuanto hoy, a consecuencia de la crisis del cientificismo, el «mito» vuelve a imponerse, precisamente desde el punto de vista sistemático y teórico. En efecto, ya desde hace algunas décadas, el hombre contemporáneo se está dando cuenta de que la «ciencia» descubierta con la «revolución científica» está lejos de llegar a verdades últimas de modo incontrovertible y que, en particular, los métodos de la ciencia, aun cuando son indiscutiblemente válidos en su ámbito, no pueden ser asumidos como métodos exclusivos para el acceso a la verdad. Y, por lo tanto, se está cayendo bien en la cuenta de los errores que la filosofía misma ha cometido al asumir como modelo epistemológico precisamente los métodos de las ciencias particulares.

Esto, entre otras cosas, explica en gran medida el gran éxito que vuelve a tener Platón en occidente y el hecho de que se lo requiera mucho por parte de los hombres de la cultura, llegando a ser el preferido de ciertos filósofos modernos y contemporáneos.

Pero para responder al problema que he planteado más arriba y para concluir el discurso sobre este tema, quisiera partir de la cita de un pasaje del mayor exponente de la pintura metafísica, Giorgio De Chirico, en el que se encara precisamente el concepto clave que nos interesa aquí: «Desde hace largo tiempo me he dado ya perfecta cuenta de que yo pienso por imágenes o representaciones. Después de larga reflexión, he constatado que, en el fondo, la imagen es la principal expresión del pensamiento humano, y que los otros factores por medio de los cuales se expresa el pensamiento, como, por ejemplo, las palabras, los gestos y las expresiones, no son más que manifestaciones secundarias que acompañan la imagen».[12]

Prescindamos de la preeminencia que en este pasaje se otorga a la imagen, dado que el que habla es un pintor, y concentrémonos en el concepto del *pensar-por-imágenes*, que subyace al problema de los nexos estructurales entre mito y *logos*: el mito platónico es, precisamente, no un simple «representar imágenes», sino un «pensar *por* imágenes», o sea, *un pensar mediante imágenes*, mientras que el *logos* es un «pensar por conceptos». Tanto el mito cuanto el *logos* son, consiguientemente, un «pensamiento», si bien en formas diferentes, y la meta a la que se dirigen ambos caminos de pensamiento, en su momento culminante, es la verdad.

Ciertamente, el mito tiene sobre el *logos* la ventaja de ser más comunicativo y persuasivo, sobre todo si se lo presenta mediante el instrumento de la gran prosa de Platón. Por tanto, el mito (el buen mito) no actúa nunca a expensas del *logos* (del buen *logos*) sino *siempre y sólo*

12. *L'Opera completa di De Chirico 1908-1924*, presentación y aparatos críticos y filológicos de M. Fagiolo Dell'Arco, Milano1984, 5.

en sinergia con él. El mensaje que Platón pone en boca de Sócrates antes de morir, mientras se dispone a discutir el problema de la muerte y de la inmortalidad, es verdaderamente paradigmático:

> Es la cosa más conveniente de todas para aquel que está a punto de emprender el viaje al otro mundo reflexionar con la razón *(diaskopein)* y meditar a través de los mitos *(mythologein)* acerca de este viaje al otro mundo y decir cómo se imagina que éste será.[13]

Por consiguiente, el filosofar platónico es un investigar mediante la razón, o sea, *un pensar por conceptos* y, al mismo tiempo, un investigar mediante mitos, vale decir, *un pensar por imágenes en simbiosis estructural y armónica.* Podríamos decir con una metáfora que *logos* y mito son como el «sístole» y el «diástole» del corazón del pensamiento platónico.

Recuérdese, además, que esta gran recuperación del mito realizada por Platón en estrecha conexión con la filosofía tuvo una influencia determinante sobre el mismo Aristóteles, que escribió: «el que ama el mito es en cierto sentido filósofo»,[14] en cuanto el mito responde a la necesidad misma de la que nace la filosofía, siendo, en consecuencia, irrenunciable.

En el próximo capítulo presentaré los mitos mayores creados por Platón. Pero ya en este capítulo considero oportuno presentar un caso particular de la mito-*logía* platónica, poco conocido pero importante, a saber, la interpretación platónica de la historia. Los procesos históricos, en efecto, en cuanto tienen que ver con la realidad que deviene, no pueden interpretarse y expresarse con el puro *logos*, sino sólo mediante *logos* e imágenes en sinergia, y, por tanto, en forma de mito-*logía.*

13. *Fedón*, 61e.
14. Aristóteles, *Metafísica*, I 2, 982b 18-19.

La filosofía platónica de la historia como narración
en forma de imágenes y de mitos

El primer estudioso que puso sobre el tapete el problema de la historia en Platón fue Werner Jaeger, que lo expresó de la siguiente manera: «La relación de Platón con la historia: este es el problema decisivo, por paradojal que pueda sonar».[15]

Pero Jaeger sólo supo plantear el problema, sin resolverlo. Fue Konrad Gaiser el que replanteó el tema, desarrollándolo de manera sistemática. Ya en 1961 publicaba el opúsculo sobre Platón y la historia (*Platon und die Geschichte*, Stuttgart-Bad Cannstatt). Pero sobre todo en la segunda parte de su obra sobre las doctrinas no escritas de Platón, del año 1963,[16] trazó un cuadro completo de esta problemática. Dadas las novedades que Gaiser presentaba, yo mismo lo invité a retomar los contenidos de esas páginas y a presentarlos de una manera nueva, con todas las adquisiciones ulteriores que había realizado entretanto. Así nació la obra *La metafisica della storia in Platone*, que yo mismo traduje e introduje, publicada en 1998.[17] Como las páginas de Gaiser constituyen el punto más avanzado de las investigaciones platónicas sobre esta temática, cito aquí los puntos clave, con algunas precisiones de mi parte.

Más arriba hemos visto ya que, para Platón, sólo se puede conocer de manera exacta el ser suprasensible, mientras que *de todo aquello que está sujeto al devenir no es posible otro discurso que el de tipo conjetural*. En particular, la historia, además de no ser dominable en su conjunto por parte de la experiencia humana, se refiere a una realidad que deviene, o sea, a un ser parcial ligado al no-ser que, consecuentemente, y como ya he explicado, no es cognoscible sino en la forma del *mythos*.

Gaiser escribe: «En torno al desarrollo de la historia, Platón habla,

---

15. W. Jaeger, *Humanistische Reden und Vorträge*, Berlin ²1960, 154.

16. *Platons ungeschriebene Lehre* (nota VIII, 14).

17. K. Gaiser, *La metafisica della storia in Platone. Con un saggio sulla teoria dei princìpi e una raccolta in edizione bilingue dei testi platonici sulla storia*, con introducción y traducción de G. Reale, Milano 1988; ²1991.

por lo demás, en la forma gráfica de los mitos, estableciendo así el lazo con la tradición antigua. La razón de esto mismo [...] depende, ante todo, del hecho de que la esfera de la historia en su conjunto sobrepasa la experiencia humana y, en general, del hecho de que la misma, *en cuanto es una esfera que concierne al devenir y al corromperse, no permite un conocimiento verdadero y propio.* Por lo tanto, la representación mítica de los procesos y de los fenómenos históricos corresponde al carácter incompleto del ser que es propio de esta esfera, por oposición a la esfera de las ideas, que es la única que hace posible el conocimiento seguro. Sin embargo, también en la esfera de la historia subsiste un nexo estructural que determina intrínsecamente la relación entre ideas y fenómenos. Pues los principios fundamentales que se pueden conocer con la máxima claridad en la esfera de las ideas operan, además, en el ámbito de la esfera subordinada del acontecimiento histórico y, por eso, *el conocimiento filosófico de los principios resulta determinante también para lo que concierne a la forma y al contenido de la representación mítica*».[18]

Gaiser tiene plena razón, y tanto, que, como ya tuvimos oportunidad de decir, la misma cosmología, o sea, la investigación del mundo físico en general y en sus detalles, se realiza en forma de *mythos*, en el sentido de «narración verosímil».

Además de lo ya dicho, considero necesario, sin embargo, citar un pasaje del *Timeo* que aclara muy bien este punto delicadísimo del pensamiento platónico:

> Por tanto, Sócrates, no te asombres si, después de haber dicho muchas cosas en torno a los dioses y al origen del universo, no logramos presentar razonamientos totalmente coherentes consigo mismos y precisos. Si presentamos, pues, *razonamientos verosímiles* no menos que cualquier otro, debemos contentarnos, acordándonos de que yo, que hablo, y vosotros, que juzgáis, poseemos una naturaleza humana: de tal manera que, *aceptando en torno a estas cosas el mito probable*, conviene que no investiguemos todavía más allá.[19]

---

18. Op. cit., 49s.
19. *Timeo*, 29c-d.

Creo que es útil citar en este punto también algunas exactas observaciones de Gadamer, que hacen comprender bien cómo el mito platónico en tal dimensión no debe confundirse en absoluto (como muchos lo hacen) con la «fábula» sino que, desde el punto de vista del conocimiento y de la verdad, es algo muy distinto: «Precisamente sobre esta estructura del devenir que consiste en estar referido a un orden noético constante se funda la posibilidad de saber algo acerca del "mundo" en cuanto totalidad de un orden. Pues el universo en cuanto totalidad, caracterizado por el devenir, en sí sólo es accesible a la experiencia sensible del ver. Pero, en la medida en que el mismo, en cuanto sujeto al devenir, debe existir a partir de algo que constituye su causa, y en cuanto, dada la belleza del orden cósmico, no hay duda de que el constructor del mundo contempla lo permanente y lo idéntico, se sigue, al final, que lo que percibimos, lejos de ser mero gignómenon, es decir, algo *siempre-diferente*, es el trasunto de algo determinado. Por tanto, es sobre la estructura de trasunto que se funda la posibilidad de saber realmente algo sobre este mundo en devenir».[20]

He citado estos pasajes que implican el cosmos por entero en cuanto *la historia de la polis y del hombre observan una correspondencia exacta con la historia del cosmos*. Pero, antes de hablar de esto, es necesario precisar que, más aún que el mundo de las ideas en general, es justamente la estructura protológica de los principios primeros y supremos con su despliegue en la dimensión del devenir la que, según Platón, explica la historia en todos sus niveles.

---

20. H.-G. Gadamer, "Idee und Wirklichkeit in Platos 'Timaios'" (conferencia dictada ante la Academia de Ciencias de Heidelberg, del 10-11-1973) en: id., *Gesammelte Werke VI: Griechische Philosophie II*, Tübingen 1985, 246. (Cabe mencionar que de esta conferencia de Gadamer existe una versión en italiano, que es la utilizada en la edición original del presente libro: "Idea e realtà nel 'Timeo' di Platone", en: *Studi Platonici*, 2 vols., edición a cargo de G. Moretto, Casale Monferrato 1983-1984, encontrándose esta cita en vol. II, 93. *N. del T.*)

Los dos principios primeros y supremos como ejes de sustentación de la historia

Por tanto, como toda la realidad, también y particularmente la historia se explica en última instancia no tanto por la teoría de las ideas según la interpretación tradicional cuanto por la teoría de los principios primeros y supremos. *Y es precisamente en función de tales principios que Platón presenta los mitos y todas las narraciones que toma de la tradición, dándoles significados totalmente nuevos.*

Ya que la historia es una expresión del ser en su devenir y, en cuanto tal, cognoscible y expresable solamente en la dimensión del mito verosímil, Platón consignó en los escritos todo lo que tenía que decir a tal respecto. Pero –y es justamente esto lo que el lector debe tener muy presente, si quiere comprender el mensaje del filósofo sobre esta temática– todo el material que Platón toma de la tradición, todas las imágenes y todos los mitos que presenta, *adquieren un significado filosófico preciso y consistente sólo si se los relee sobre el trasfondo de la protología de los principios primeros y supremos.*[21]

Quiero recordar que Platón considera el Uno y la Díada indefinida como principios del bien y del mal respectivamente: más precisamente, considera al Uno como principio del orden, de la estructura armónica, de la justa medida de las cosas a todo nivel, y, en cambio, a la Díada indefinida como principio de la multiplicidad y de la diferenciación, como también del desorden y de las deficiencias.[22] Tales principios, como lo he explicado más arriba, no deben comprenderse en absoluto como principios que presuponen una oposición radical y, por tanto, irreconciliable, puesto que cooperan de modo sinérgico.

Naturalmente, al considerar el modo como estos principios operan en la historia, justamente con la interpretación que Gaiser pone en primer plano, sería fácil caer en el error de ver en ellos una forma de dualismo, si no de tipo «maniqueo», de todos modos de tipo

---

21. Véase Gaiser, op. cit., segunda parte, pássim.
22. Véase Reale, *Per una nuova interpretazione* (nota VII, 3), especialmente 622-633.

«gnóstico», creyendo así que tal dualismo es antiplatónico. Y algún estudioso ha caído en este error. Cornelia J. de Vogel escribía: «Por lo que concierne a teoría de los dos principios últimos, por "dualista" que se la pueda presentar en un texto como *Metafísica* A 6, de Aristóteles, o en un texto como el de Sexto Empírico, *Adversus mathematici*, X 270-276, una reflexión más profunda nos muestra claramente que un dualismo real no está en la línea del pensamiento de Platón. Al contrario, debemos darnos cuenta de que el pensamiento de Platón tendía naturalmente en el sentido de colocar el Uno por sobre el sistema íntegro de la realidad y de colocar el indispensable principio indefinido por debajo del Uno, y de que el Uno debía ser asimismo la base del sistema entero».[23]

No obstante, como ya hemos explicado más arriba y es oportuno precisar aquí, los dos principios, aun siendo «autónomos» en el sentido de que el segundo no deriva del primero (como llegará a ser en el ámbito del pensamiento neoplatónico), *no son del mismo rango*. Krämer escribe: «Al Uno-Bien se contrapone un principio opuesto de multiplicidad (principio de la multiplicación y de la gradación) igualmente originario, *pero no colocado a la par ni de igual rango*».[24]

Precisamente a fin de evitar incomprensiones de distinto género introduje, en lugar del término «dualismo» referido a los dos principios, el de «bipolarismo», acogido inmediatamente por la escuela de Tübingen. Ya Paula Philippson, como hemos visto más arriba, hablaba muy correctamente de una estructura «polar» del pensamiento griego en todos sus niveles, pero yo considero aún más incisivo el término «bipolar». Particularmente, Philippson mostraba muy bien cómo tal concepción escapa tanto de la categoría del «monismo» cuanto del «dualismo», en cuanto los opuestos en la estructura bipolar *no se eliminan mutuamente, sino que se implican uno al otro.*[25]

Es preciso recordar, en particular, que en Platón los dos principios, tanto por sí mismos cuanto en sus despliegues a todo nivel, se

23. C. De Vogel, *Ripensando Platone e il Platonismo*, introducción de G. Reale, traducción de E. Peroli, Milano 1990, 308 (< *Rethinking Plato and Platonism*, Leiden 1986).
24. Krämer, *Platone* (nota V, 48) 154.
25. Véase *Origini e forme del mito greco* (nota VII, 35).

condicionan estructuralmente, a tal punto que, como vimos más arriba, *la supresión del primero traería consigo al mismo tiempo la supresión de la consistencia, del significado y de la eficacia del segundo.*

Veremos que, en los procesos de la historia, la dinámica de la cooperación sinérgica de los dos principios tiene un ritmo de alternancia que implica, por cierto, en los diferentes lapsos de tiempo, un cierto prevalecer de uno o del otro, pero, no obstante, también en esta alternancia de recíproca preeminencia, ninguno de los dos principios pierde la propia fuerza y eficacia, en la medida en que, en el prevalecer de uno sobre otro y viceversa, se realiza siempre *una diferente cooperación sinérgica* que, de algún modo, equilibra nuevamente la fuerza predominante y, en todo caso, no deja nunca predominar *in toto* al principio que es antitético del Uno-Bien: más aún, se puede decir muy bien, como veremos, que, de diferentes maneras, *el principio primero del Bien lleva siempre la victoria.*

Historia del cosmos, de la polis y del hombre

Por tanto, la historia se hace posible en virtud de la dinámica de la relación de los dos primeros principios: entre ellos existe una fuerte tensión que cambia periódicamente. Gaiser precisa: «La evolución histórica del tiempo presente se caracteriza por una recíproca *tendencia de las fuerzas opuestas a separarse,* mediante *un aumento de la tensión entre el bien y el mal*».[26]

Platón representa la historia del cosmos de la siguiente manera. Después de haber generado el cosmos, Dios lo guía personalmente por un cierto período de tiempo. Después lo abandona a sí mismo. Por un poco de tiempo, el mundo procede entonces según las leyes divinas, pero de manera decreciente, hasta que prevalecen los impulsos que derivan de la corporeidad. De ese modo, el cosmos se separa progresivamente de su Hacedor, adquiriendo predominancia en él el desorden. Si Dios no volviese a tomar la conducción, el cosmos se disolvería.

26. Gaiser, op. cit., 128.

Leamos el bello texto del *Político*, en el que Platón presenta de modo muy eficaz los dos principios en las imágenes de «Dios-Demiurgo», que opera en función del Bien, y del «antiguo desorden» y del «mar infinito de la desigualdad», que representa el principio antitético (imagen emblemática de la Díada):

> En sus inicios, el mundo seguía más exactamente las enseñanzas del Demiurgo y del Padre, y, al final, lo hacía más débilmente. La causa de esto era lo corpóreo, presente en su composición, que es conforme a la antigua naturaleza suya de un tiempo, y que era partícipe de mucho desorden antes de llegar al orden que tiene ahora. De parte de Aquel que lo ha compuesto, el mundo obtuvo todas las cosas bellas; y del estado anterior, el mundo recibe todas las cosas malas e injustas que suceden en él, trasmitiéndolas a los animales. Por eso, cuando el mundo, siguiendo al timonel, criaba los animales que llevaba en sí, producía pequeños daños y grandes bienes. En cambio, cuando se separa de Él, en el tiempo en que está cerca de la separación, logra realizar todavía muy bien todas las cosas; pero, a medida que pasa el tiempo, nace en el mundo un olvido mayor, y predomina *el estado del antiguo desorden*; en un cierto tiempo degenera, produciendo bienes escasos y mezclándolos *con mucha combinación de contrarios*, llegando el peligro de la disolución de sí mismo y de las cosas que contiene. Por tal motivo, también en este momento, Dios, que ya lo había ordenado, viéndolo en dificultades y tomándolo bajo su cuidado a fin de que, *bajo la tempestad producida por el desorden, no se hunda, disolviéndose, en el mar infinito de la desigualdad*, sentándose nuevamente al timón, pone nuevamente en orden las cosas que se habían estropeado y disuelto en el período precedente, en el que el mundo andaba solo, lo ordena y, enderezándolo, lo hace inmune a la vejez y a la muerte.[27]

No obstante, este evento no se verifica una sola vez, sino *cíclicamente*, según determinados períodos de tiempo.

Entre la historia del cosmos y la de la *polis* y de los hombres existe una precisa *correspondencia analógica*, pues es la misma tensión entre las dos fuerzas opuestas la que opera, y con ritmos análogos.

Gaiser puntualiza lo siguiente: «El hecho de que los diferentes procesos de vida, en la forma en que se desarrollan, *sean similares entre*

---

27. *Político*, 273b-e.

sí y tengan relaciones analógicas resulta directamente necesario en base a los presupuestos de la metafísica platónica. En efecto, todos los procesos de este género se desarrollan en las mismas esferas del ser con los mismos nexos metafísicos: en particular, esto sucede en la misma esfera del alma, que es intermedia entre el mundo ideal y el mundo corpóreo-material. En consecuencia, en todo campo, vale decir, en el cosmos como en la *polis* y en el hombre tomado individualmente, son *los mismos principios* los que determinan la vida. [...] *Los principios en general actúan simétricamente de manera análoga tanto en lo grande cuanto en lo pequeño, en la realidad del espacio como en la del tiempo».*[28]

Ateniéndose a la reconstrucción de Gaiser, las relaciones cronológicas que Platón establecía entre la vida del hombre y la de la *Polis* eran de 100/3000, que corresponden a la relación que subsiste entre día y mes. Probablemente, las relaciones cronológicas entre *polis* y cosmos eran 3000/36000, que corresponden a la relación subsistente entre mes y año: 30/360. La relación entre los tres ciclos resulta, por tanto 100/3000/36000, que probablemente tenía como punto de referencia la relación 1/30/360, o sea, la relación entre día, mes y año.

También en la historia de la *polis* resulta determinante *la tensión dinámica entre los dos principios*, que se despliegan en la «autoridad» y en la «libertad», del modo que sigue.

Las diferentes formas de gobierno dependen precisamente del equilibrio que se instaura en la dinámica tensión entre autoridad y libertad, puesta progresivamente en crisis con el predominio de una de ellas –generándose por tanto el *autoritarismo*–, o bien con el predominio de la otra –generándose así el *igualitarismo demagógico*–. El equilibrio, la proporción y la justa medida entre autoridad y libertad, es el bien del estado; se trata de un reflejo, en el devenir histórico, del Bien-Uno, medida suprema de todas las cosas. *Dios y lo divino son, pues, el principio regulador de la historia.*

Recuérdese todavía que, para Platón, la otra época del mundo (aquella en la que el Demiurgo tenía el timón) era muy distinta de la

28. Gaiser, op. cit., 153.

nuestra, en cuanto el hombre estaba en posesión de todo lo que necesitaba para vivir, estaba en paz con todos, tenía un contacto natural con Dios y con lo divino y no tenía necesidad de conocerlo filosóficamente. En cambio, en nuestra época, el hombre debe buscar a Dios y recuperar la relación con él mediante la filosofía. Y propiamente mediante la filosofía, el hombre puede, con una suerte de «anamnesis», reunirse con Dios y, reencontrándolo, debe procurar imitarlo, en cuanto Dios es la «medida de todas las cosas».

Estructura circular y en espiral de los procesos históricos

Más arriba hemos dicho que las fases de la historia cósmica vuelven a repetirse, teniendo así una estructura cíclica. Lo mismo vale para la historia de la *polis* y de los hombres tomados individualmente. Por lo tanto, la historia del cosmos, de la *polis* y del hombre no es «rectilínea», o sea, no procede en absoluto en un sentido único de manera irreversible, sino que puede compararse más bien con un círculo, en cuanto implica un continuo retorno, en ciclos alternantes, de fases análogas.

Pero sería un error pensar que se trata de un «eterno retorno» como el que se hizo célebre gracias a los estoicos, o sea, pensar que se trata de un tipo de *retorno de lo idéntico* en sentido absoluto, también en los mínimos detalles, como se dice en el siguiente texto:

A través de la conflagración, los mismos resurgen y recomienzan en los mismos, es decir: Anitos y Méletos serán los delatores; Busiris asesinará a los huéspedes; Hércules sostendrá sus esfuerzos.[29]

El proceso cíclico del que habla Platón no es de este tipo, en cuanto para él el «retorno» no es de lo «idéntico», sino de lo «análogo». Gaiser ha puntualizado, examinando todos los textos de Platón sobre el tema, que el proceso histórico implica para Platón un «incremento». Platón unifica de manera eficaz el proceso lineal irreversible y

29. Zenón de Citio, el estoico, fragm. 109 von Arnim.

el circular, introduciendo una concepción con forma de espiral. Por tanto, se tiene una evolución de la historia del cosmos y de los hombres en la cual lo rectilíneo se combina con lo circular de la espiral y que sintetiza, por consiguiente, el repetirse de lo «idéntico» mediado con lo «diferente». Según una acción sinérgica que procede de modo dinámico, los principios del Uno y de la díada, a los que corresponden «identidad» y «diferencia», llevan a cabo precisamente un proceso que es al mismo tiempo *idéntico y diferente*.[30]

Pero esto se comprenderá en particular en la narración del mito de la elección de vida que el hombre debe cumplir cíclicamente, en el cual la necesidad del repetirse se transfigura de manera extraordinaria en la dimensión de la libertad.

---

30. Véase Gaiser, op. cit., tercera parte, *pássim*.

XIV

GRANDES METÁFORAS Y MITOS EMBLEMÁTICOS QUE EXPRESAN EL SIGNIFICADO DE LA VIDA, DEL FILOSOFAR Y DEL DESTINO DEL HOMBRE SEGÚN PLATÓN

LA METÁFORA DEL ALMA AGUJEREADA Y DEL «CARADRIO».
EL MITO DE LA CAVERNA.
LA CONVERSIÓN DE LAS TINIEBLAS A LA LUZ.
EL MITO DE LA ELECCIÓN DE LA VIDA Y DEL DESTINO
Y LA GRAN METÁFORA DEL RIESGO DE CREER

Las metáforas del alma agujereada y del caradrio

En el capítulo precedente tuve ocasión de mostrar, desde más de una perspectiva, la función determinante del *mythos* en Platón. Como ya he destacado, si se corrige y reformula en «justa medida» la tesis de Hirsch según la cual, para las cuestiones que conciernen la vida del hombre, el puro *logos* no alcanza a llegar hasta las conclusiones y que, por tanto, se impone la necesidad del mito, tal tesis acierta en el blanco. En esta esfera, la mito-*logía* acerca al hombre a la verdad mucho más que una logo-*logía*, como se ha visto en la interpretación de la historia.

En efecto, en este ámbito, el mito se torna en expresión incluso de «fe», o, como dice expresamente Platón, de una «esperanza» (*elpís*). Como veremos enseguida, el mito constituye una forma, podemos decir, de *fe razonada*: ante ciertos problemas, el *logos* requiere del complemento del mito, así como el mito necesita de una clarificación y de un sostén por parte del *logos*.

Sin embargo, como ya he indicado más arriba e igualmente en otras de mis obras, también en este caso es preciso puntualizar que el *mythos* del que Platón hace uso en forma sistemática es muy distinto del mito pre-filosófico, o sea, del mito vigente en el momento en que el hombre no había desarrollado aún el *logos*. En la nueva forma platónica, el mito no subordina el *logos* a sí mismo, sino que estimula el *logos*, lo fecunda y, en cierto modo, lo enriquece.

Más aún: como veremos, se trata de un *mythos* que, en el mismo momento en que se lo crea, se lo redimensiona también en sus elementos fantásticos, para utilizar hasta el fondo su poderes alusivos y de encanto mágico.

Veremos de qué manera lo dice Platón con precisión en varios de sus diálogos.

Comienzo con un primer mito, presentado con un complejo juego de metáforas muy bellas, en ciertos aspectos menos conocido que otros, pero de gran importancia y de extraordinaria actualidad: se trata del mito y de las metáforas que pueden ilustrar de modo perfecto también el ser del hombre de hoy, hijo del «consumismo a ultranza», con todas las consecuencias conexas que conocemos.

Platón hace intervenir a Calicles, un personaje creado por su fantasía, expresión del hombre disoluto en extremo, es decir, del tipo de hombre que ha perdido el sentido del valor ontológico y axiológico de la «templanza» griega, de la «moderación» y del «autodominio». Y le da intervención en una espléndida construcción dramatúrgica, precisamente para poner más en claro, con el juego de la antítesis, la imagen del verdadero hombre que encarna de manera perfecta la «justa medida».

Para ser feliz, dice Calicles, el hombre debe vivir según la naturaleza, y no según las leyes: no debe servir a nadie, debe ser el patrón de todos y de todo. No solamente no debe reprimir su propio querer y sus deseos, sino que debe incluso dejarlos crecer lo más posible, hasta que hayan llegado a su culminación, a fin de poder satisfacerlos completamente. La tesis de que la «disolución» es algo torpe debería considerarse como falsa, y habría sido inventada por los que son incapaces de satisfacer sus deseos, no teniendo el poder necesario para hacerlo. La exaltación de la «templanza» y de la «justicia» no sería otra cosa más que la expresión de la *autodefensa de los que carecen de fuerza y virilidad*. Por tanto, la tesis de Calicles es la siguiente:

El desenfreno, la disolución y la libertad, si se encuentran en condiciones y a su favor, constituyen la virtud y la felicidad; todas las otras cosas no son sino oropel, convenciones de los hombres contra la naturaleza, cháchara que no vale absolutamente nada.[1]

Por consiguiente, sólo son verdaderamente felices los que tienen grandes y numerosas necesidades y deseos, y que son capaces de satisfacerlos con todos los medios posibles.

Y he aquí el pasaje en el que, con espléndidos mitos y metáforas, Platón invierte esta tesis de Calicles:

Sócrates – ¡Entonces, no es verdad que quienes no tienen necesidad de nada son felices!

Calicles – ¡En efecto: las piedras y los muertos serían de ese modo los más felices!

Sócrates – Sin embargo, como también sostienes, la vida es terrible. Y no me maravillaría si Eurípides afirmase la verdad cuando dice:

«¿Quién puede saber si vivir no es morir
y si morir no es un vivir?»

En realidad, tal vez también nosotros estemos muertos. De hecho, ya escuché decir a sabios que ahora estamos muertos y que el cuerpo es para nosotros una tumba, y que esta parte del alma en la que se encuentran las pasiones es tal que cede a las seducciones y cambia fácilmente de dirección hacia arriba y hacia abajo. Y un hombre ingenioso, siciliano o, tal vez, itálico, hablando por medio de imágenes, cambiando un poco el sentido del término, llamó «tinaja» esta parte del alma, porque es crédula y fácil de seducir, y llamó insensatos a los no iniciados, y dijo que la parte del alma de estos insensatos en la cual tienen su sede las pasiones, la que no tiene reglas ni sujeciones, es como una «tinaja agujereada», intentando representar de este modo su insaciabilidad. Por el contrario, respecto de lo que dices, Calicles, él procura demostrar cómo de entre los que están en el Hades (así llama él a lo invisible) los más infelices son los no iniciados y cómo se ven obligados a llevar agua en la «tinaja agujereada» por medio de un tamiz, también agujereado. Y según aquel sabio, como afirmaba el que me lo contó, el «tamiz» es el alma: y él comparaba el alma de los tontos con un «tamiz» en cuanto está como agujereada, porque no es capaz de retener nada por su incredulidad y falta de memoria. Estas imágenes son por cierto un poco extrañas, pero expresan bien lo que te quiero demostrar, a fin de persua-

1. *Gorgias*, 492c.

dirte, suponiendo que sea capaz de hacerlo, a cambiar de parecer y a escoger, en lugar de la vida sin templanza y desenfrenada, la vida bien ordenada, que se da por contenta y satisfecha con lo que tiene. Pero ¿lograré de
algún modo, persuadirte y hacerte cambiar de parecer, llevándote a creer
que son más felices los hombres ordenados que los disolutos? ¿O bien,
aunque te narrase muchos mitos similares a éste, con todo, no cambiarías
de parecer?

Calicles – Esta última afirmación tuya es la verdadera, Sócrates.

Sócrates – Pues bien, quiero mencionarte otra imagen proveniente de
la misma escuela que las anteriores. Procura reflexionar sobre uno y otro
tipo de vida, es decir, la del templado y la del disoluto, si te parece poder
compararlas a las condiciones de dos hombres, cada uno de los cuales tiene muchas tinajas, algunas de las cuales están sanas y llenas, algunas de
vino, otras de miel, otras de leche, y muchas otras de otros líquidos, y
que los líquidos contenidos en cada una de estas tinajas son todos precio-
sos y difíciles de encontrar. Pues bien, una vez que las hubo llenado, no
tendría ya necesidad de verter en ellas otro líquido, ni de preocuparse de
ellas, sino que podría estar tranquilo. Imagina, en cambio, que el segundo pueda procurarse líquidos, pero siempre con dificultad, y que, para más
males, tiene las tinajas agujereadas y en mal estado, y que se ve obligado a
llenarlas continuamente día y noche para evitar los mayores sufrimientos.
Entonces, siendo así la vida de cada uno de ellos, ¿dirías que es más feliz la
vida del desenfrenado o la del templado? Diciendo estas cosas ¿te persua-
do o no a admitir que la vida ordenada es mejor que la disoluta?

Calicles – No me persuades, Sócrates. Pues el que las tiene todas llenas no siente ya placer alguno, y se reduce, como decía hace poco, a vivir
como una piedra; después de haberlas llenado, no tiene ya placer ni dolor.
Pero el placer de la vida consiste en lo siguiente: en verter lo más posible
[en las tinajas].

Sócrates – Pero entonces ¿no es necesario acaso que, si se vierte mucho
en ellas, sea también mucho lo que se pierde, y que los agujeros sean grandes para que se produzca la pérdida?

Calicles – Ciertamente.

Sócrates – ¡Tú hablas de una vida como la del caradrio, muy distinta
de la de un muerto o de una piedra![2]

Las metáforas de la «tinaja agujereada» y del «tamiz» son clarísi-
mas en sí mismas. Falta, en cambio, explicar la del «caradrio». Se tra-

2. *Gorgias*, 492e – 494b.

ta de un ave (con las características con las que se la presenta) creada por la imaginación griega (si no por el mismo Platón) y presentada aquí como imagen verdaderamente emblemática, pues se la imagina como sumamente voraz, a tal punto de que sigue comiendo y evacuando sin cesar.

Por tanto, se trata de una imagen del hombre ya totalmente privado del sentido de la «justa medida», del significado de la virtud de la «templanza» y del «autodominio» de la razón sobre todos los instintos.

¿No observa acaso esta imagen del «caradrio» alguna semejanza con ciertos modos de vivir del hombre de hoy, hijo del consumismo sin medida y del querer todas las cosas a ultranza?

El mito de la caverna y su significado

El más famoso mito de Platón es, tal vez, el de la «caverna». Y con justa razón, ya que se trata de un símbolo del filosofar platónico en todas sus significaciones, siendo así la metáfora emblemática de la filosofía y de la tarea propia del verdadero filósofo.[3]

En este mito, Platón imagina hombres que viven en una caverna subterránea que tiene una entrada, ancha como la misma caverna, a través de la cual se sube hacia la luz. Además, imagina que los hombres que habitan en esta caverna se encuentran con las piernas y el cuello atados, de modo tal que están como inmovilizados, no pudiendo darse vuelta. Encontrándose en tal posición, los hombres no pueden sino mirar hacia el fondo de la caverna.

Fuera, delante de la caverna, se encuentra un pequeño muro de la altura de un hombre, y detrás del muro se mueven hombres que llevan sobre sus espaldas estatuas y objetos elaborados con distintos materiales, los que reproducen todos los géneros de realidad que existen. Los hombres que se mueven detrás del muro quedan totalmente ocultos, ya que el muro es de su misma altura, por lo cual sólo sobresalen las estatuas.

3. Véase *República*, VII 514a – 521b.

Los sonidos rebotan en el fondo de la caverna en forma de eco. En consecuencia, las voces de los hombres que están fuera de la caverna y pasan detrás del muro rebotan por eco en el fondo de la caverna.

Los prisioneros, amarrados con terribles cepos que no les permiten darse vuelta, no pueden ver otra cosa que el fondo de la caverna, sobre el cual se proyectan las sombras de las estatuas, y, no habiendo visto nunca otra cosa, no pueden sino creer que esas sombras, que no son tampoco sombras de las realidades concretas sino solamente de las estatuas artificiales, son toda la realidad. Y al escuchar las voces que rebotan por el eco, las asocian a esas sombras y consideran que esas voces son las de las figuras que ven.

He aquí el desarrollo del mito que realiza Platón, haciendo uso de un extraordinario juego de imágenes:

> Considera, ahora, cuál podría ser su liberación de las cadenas y su curación de la insensatez, y si no les sucedería lo siguiente. Supongamos que uno fuese liberado y se lo obligara inmediatamente a ponerse de pie y a dar vuelta el cuello, a caminar y a levantar la vista hacia la luz y, haciendo todo esto, sintiese dolor, siendo incapaz, por el resplandor de la luz, de reconocer las cosas de las que antes veía solamente las sombras y ahora, en cambio, encontrándose más cerca de la realidad y vuelto hacia cosas que tienen más ser, ve de manera más correcta; y, mostrándole cada uno de los objetos que pasan, lo obligasen a responder a la pregunta «¿qué es?». ¿No crees, pues, que él estaría en duda, y que consideraría las cosas que veía antes más verdaderas que las que le muestran ahora?
>
> –¡Mucho más!
>
> –Y si después alguien lo impulsara a mirar la luz misma, ¿no le haría daño a los ojos? ¿Y no procuraría acaso huir, volviéndose hacia atrás, hacia las cosas que puede mirar? ¿Y no consideraría estas cosas verdaderamente más claras que las que le mostraron?
>
> –Así es.
>
> –¿Y si alguien lo arrastrase a la fuerza por la subida áspera y escarpada y no lo dejara antes de haberlo llevado a la luz del sol, no sufriría acaso, sintiendo una fuerte irritación por ser arrastrado y, después de haber llegado a la luz con los ojos cegados por el resplandor, ¿no sería acaso incapaz de ver ni siquiera una de las cosas que se denominan verdaderas?
>
> –Por cierto, al menos al comienzo.
>
> –En cambio, creo que debería habituarse para lograr ver las cosas que están arriba. Y, antes, podrá ver más fácilmente las sombras, y después

de estas, las imágenes de las cosas reflejadas en el agua, y, por último, las cosas mismas. Después de estas, podrá ver fácilmente las cosas que están en el cielo y el mismo cielo por la noche, contemplando la luz de los astros y de la luna, en lugar del sol y la luz del sol durante el día.

–¡Cómo no!

–Por último, creo que podría ver el sol, y no sus imágenes en el agua o en un lugar extraño a él, sino el sol por sí mismo en el lugar que le es propio y considerado como él es.

–Necesariamente.

–Y después de esto, podría extraer de allí las conclusiones, es decir, que es precisamente el sol el que produce las estaciones y los años y que gobierna todas las cosas que hay en la región visible, y que, en cierto modo, es también la causa de todas las cosas que antes veían él y sus compañeros.

–Es evidente que, después de lo anterior, llegaría justamente a esas conclusiones.

–Y entonces, cuando se acordase de la anterior morada, de la sabiduría que allí creía tener y de sus compañeros de prisión, ¿no crees que estará feliz del cambio, y que sentirá compasión de ellos?

–Ciertamente.

–Y si entre ellos existían honores, encomios y premios para el que mostrase tener la vista más aguda en la observación de las cosas que pasaban y recordase mejor cuáles de ellas solían pasar como primeras o últimas o juntas, y demostrase una gran capacidad para adivinar qué cosa estuviese por llegar, ¿crees que este podría sentir ahora deseo de aquello o que envidiaría a los que son homenajeados o que tienen poder entre ellos? ¿O no sucedería, en cambio, lo que dice Homero, prefiriendo este mucho más «vivir sobre la tierra al servicio de otro hombre, sin riquezas» y sufrir cualquier cosa, antes de retornar a tener aquellas opiniones y a vivir de aquel modo?

–Así es. Creo que él padecería cualquier cosa antes que vivir de ese modo.

–Y reflexiona también sobre esto: si él, descendiendo nuevamente a la caverna, volviese a tomar el puesto que tenía anteriormente, ¿no se encontraría con los ojos llenos de tiniebla, llegando de improviso desde la luz del sol?

–Es evidente.

–Y si tuviese que volver a reconocer aquellas sombras, compitiendo con los que habían quedado siempre prisioneros, mientras estuviese con la vista ensombrecida y antes de que sus ojos retornasen al estado normal –y este tiempo de adaptación no sería breve en absoluto–, ¿no haría acaso reír y no se diría de él que, por haber subido afuera, regresó con los ojos estropeados, y que, entonces, no vale la pena subir? Y a quien procurase liberarlos y llevarlos hacia arriba, si acaso pudiesen aferrarlo con sus manos y matarlo, ¿no lo matarían?

—Ciertamente.[4]

En primer lugar, el mito simboliza los diferentes grados de la realidad: el muro representa la divisoria de aguas que divide el mundo sensible del suprasensible. Las sombras en la caverna representan las apariencias sensoriales de las cosas sensibles; las estatuas representan las mismas cosas sensibles. Las realidades verdaderas, que están más allá del muro, simbolizan las ideas. Los astros representan las ideas más elevadas y el sol simboliza la idea del Bien. Y los reflejos de estas realidades particulares que se ven en el agua del otro lado del muro representan los entes matemáticos intermedios, de los cuales he hablado en un capítulo precedente.

En segundo lugar, el mito de la caverna simboliza los grados de la consciencia: la sensible, más acá del muro; la inteligible, del otro lado del muro, con la diferenciación del momento matemático y del dialéctico.

En tercer lugar, representa el aspecto ético-ascético, con la referencia a la «conversión», o sea, al volverse de las tinieblas hacia la luz. Pero como Platón desarrolla después este tema, volveré sobre el mismo en el próximo párrafo.

En cuarto lugar, expresa la concepción ético-política de Platón, de extraordinario alcance: se habla, en efecto, de un «retorno» a la caverna por parte del que había sido liberado de las cadenas para liberar a quienes habían sido sus compañeros de esclavitud. Se trata de la tarea del verdadero político, que el filósofo debe afrontar, con todos los riesgos que ello implica.

El mensaje final del mito de la caverna es, tal vez, el comunicado más potente de Platón en forma de mito: ¡Ay de quien quiera romper las ilusiones en las que los hombres se ponen cómodos! Los hombres, en efecto, no soportan para nada las verdades que vacían sus cómodos sistemas de vida basados sobre las puras apariencias de las

4. *República*, VII 515c – 517a.

cosas que pasan, y tienen los mayores temores ante las verdades que recuerdan las cosas que no pasan y el ser de lo eterno.

Y con una referencia clara y emblemática a Sócrates y a su condena, Platón concluye su mito del modo que hemos visto:

> ¡A quien procurase liberar de sus cadenas a los hombres de la caverna y llevarlos hacia arriba, si acaso pudiesen aferrarlo con sus manos y matarlo, lo matarían![5]

La metáfora de la «conversión» de las tinieblas a la luz

Ya más arriba he hecho mención de la metáfora de la «conversión», introducida al comienzo del pasaje que acabamos de leer, y a la que Platón retorna de inmediato.

La *communis opinio*, al oír hablar de «conversión», piensa inmediatamente en una concepción particular de carácter religioso y la asocia sobre todo al cristianismo. Sin embargo, se trata, en cambio, de una metáfora creada por el mismo Platón, y que el cristianismo hizo propia desde sus orígenes.

Werner Jaeger fue el estudioso que puso en claro este punto: «Si en vez de plantear el problema referente al *fenómeno* de la conversión como tal, indagamos los orígenes del *concepto* cristiano de la conversión, tenemos que considerar a Platón como su autor. El desplazamiento de la palabra a la experiencia cristiana de la fe se opera sobre la base del platonismo de los antiguos cristianos».[6]

Pero ¿en qué sentido la filosofía es para Platón verdaderamente una forma de «conversión»?

Fue nuevamente Jaeger el que brindó la respuesta más clara y precisa a este problema:

Leamos sus mismas palabras: «La esencia de la educación filosófica consiste [...] en una "conversión" [*periagogé*], en el sentido originario, localmente simbólico, de esta palabra. Consiste en volver o

---

5. *República*, VII 517a, con un leve retoque formal.
6. Jaeger, *Paideia* (nota II, 2) 69677.

hacer girar "toda el alma" hacia la luz de la idea del bien, que es el origen de todo. Este proceso se distingue, por una parte, del fenómeno de la fe cristiana, al que más tarde se transfirió este concepto filosófico de la conversión, puesto que este conocer tiene su raíz en un ser objetivo. Y por otra parte, tal como Platón lo concibe, se halla completamente exento del intelectualismo que sin razón alguna se le reprocha. La *Carta séptima* revela que la chispa de este conocimiento sólo prende en el alma que, a fuerza de largos años de afanes, llegue a ser lo más afín posible al objeto, es decir, al bien mismo. El efecto vivo de esta *frónesis* consiste en una virtud que Platón llama filosófica para distinguirla de la cívica, ya que se basa en el conocimiento consciente del eterno principio de todo lo bueno. Las "llamadas virtudes" (la prudencia, la valentía, etc.), que eran la meta de la educación de los "guardianes" se parecen más bien, comparadas con aquella, a las virtudes del cuerpo (la fuerza, la salud, etcétera). No existían desde el primer momento en el alma, sino que surgieron en ella por el hábito y el ejercicio. La virtud filosófica de la *frónesis* es aquella virtud única y amplia que Sócrates investigó a lo largo de toda su vida. Se halla adscrita a la parte más divina del hombre, que se halla siempre presente en él, pero cuyo desarrollo depende de la certera orientación del alma y de su esencial conversión hacia el bien. La cultura filosófica y la virtud filosófica correspondiente a ella representa un grado más alto de cultura y de virtud, porque representa un grado más alto del ser. Si hay un camino de formación espiritual del alma por el cual, mediante la tendencia hacia la sabiduría, se pueda progresar hacia un ser más alto y, por tanto, hacia una más alta perfección, este camino es, según las palabras de Platón en el *Teeteto*, el de la semejanza con Dios».[7]

Pero leamos ahora la bella página de Platón en la que se expresa esta metáfora de la «conversión» como la imagen de quien vuelve hacia atrás la cabeza junto con todo el cuerpo, dejando atrás las tinieblas, y, habiendo dejado las tinieblas a sus espaldas, ve con sus ojos la luz del Bien.

7. Op. cit., 696s.

–Conviene considerar [...] que la educación no es como dicen algunos que hacen profesión de ella. Dicen, en efecto, que, aun no existiendo en el alma el conocimiento, ellos lo implantan en ella, como se implanta la vista en ojos ciegos.

–Lo dicen, efectivamente.

–En cambio, nuestro razonamiento demuestra que a esta facultad, presente en el alma de cada uno, o sea, al órgano con el cual cada uno aprende, *del mismo modo como no sería posible volver el ojo de las tinieblas hacia la luz sino junto con todo el cuerpo, así es preciso apartarlo del devenir junto con toda el alma*, hasta que sea capaz de resistir la contemplación del ser y del fulgor supremo del ser, o sea, a lo que decimos que es el Bien. ¿O no es así?

–Sí.

–Por tanto, de esto puede existir un arte, a saber, *de esta conversión, o sea, de qué modo puede girarse más fácil y eficazmente el alma*. Y no se trata, pues, de implantar la vista, sino de procurársela, como si ya la tuviese pero *no la orientase en la dirección debida* y no mirase a donde debiese.

–Así parece.

–Por tanto, las otras, así llamadas virtudes del alma, puede ser que sean afines a las del cuerpo, o sea que, aun no estando presentes con anterioridad, se le introduzcan después con el hábito y el ejercicio; en cambio, según mi parecer, la de la inteligencia, más que ninguna otra, está asociada a algo más divino, que no pierde nunca su propia potencia sino que se torna útil o favorable, o bien, por el contrario, inútil o dañina *a causa de la conversión*. ¿O no has notado que la pobre alma de los que se denomina malvados, pero que son inteligentes, ve de manera penetrante y distingue agudamente las cosas a las que se dirige, en cuanto no tiene la vista en mal estado, sino constreñida a servir a la maldad, de modo que, cuanto más agudamente ve, tanto mayores son los males que produce?

–Ciertamente.

–Por tanto, dije, si a una naturaleza semejante se le podaran a su alrededor desde la infancia estos que son como pesos de plomo asociados al devenir, los que, adhiriéndose a ella mediante los alimentos, los placeres y las molicies de este género, arrastran hacia abajo la vista del alma, así pues, si, *liberándose de ellos, se convirtiese hacia la verdad, esta misma naturaleza de estos hombres vería agudísimamente también tales cosas, así como ahora ve aquellas a las que, en cambio, se ha vuelto*

–Es natural.[8]

8. *República*, VII 518b – 519b.

Por tanto, el filosofar es para Platón un «convertirse». Pero el término originario cristiano dice fundamentalmente lo mismo: *metanoein*, cambiar de modo de pensar.

En todo caso, el shock metafísico que provocan muchas de las páginas de Platón en quien las lee correctamente (o sea, en quien está dispuesto no a reencontrar en los textos su propia opinión, sino a escucharlas en su alteridad), aun cuando es fuertemente perturbador, es propiamente esta invitación a la «conversión de las tinieblas a la luz», con todo lo que tal conversión implica.

La libre elección del destino por parte del hombre y el mensaje supremo de Platón: «la virtud no tiene dueños»

El mito final de la *República* contiene toda una serie de mensajes, pero uno de ellos se destaca de manera preeminente: el que expresa el acto de la libre elección del propio destino por parte del hombre.

La cuestión que se debate en forma de imágenes es la de la libertad del hombre en la elección de la propia vida, si bien en la compleja correlación entre libertad y necesidad. También se podría decir que el mito de Er representa, mediante imágenes, el acto axiológico de la libre elección de la cual depende precisamente el ser hombres.

Las almas que deben reencarnarse y retornar a vivir sobre la tierra llegan al lugar en el cual tienen su sede la Necesidad y sus hijas, las Moiras: Láquesis, que preside el pasado, Cloto, que es soberana del presente, Átropo, de la cual depende el futuro.

Aquí, un ministro, tomando del regazo de Láquesis los distintos «modelos» posibles de vida, comunica un mensaje extraordinario: no será el *demon* el que elija las almas, sino que serán las mismas almas las que elegirán el *demon*. Pues la virtud no tiene dueños, sino que pertenece sólo a quienes la eligen. La responsabilidad moral es del hombre, no del dios.

El mito contiene ideas revolucionarias para el mundo griego, preparadas, por cierto, por los presocráticos y por Sócrates, pero llevadas precisamente por Platón hasta su vértice.

En primer lugar, se invierte la relación entre el hombre y el *demon* en la cual había creído siempre el griego. El hombre no está sujeto a una fatal necesidad, o sea, no es víctima del destino, sino que es él mismo el que debe creárselo. La felicidad, la *eudaimonía*, depende del hombre, porque es él mismo el que elige «el buen *demon*»: pero, en vez de elegir el buen *demon*, puede elegir el malo.

En segundo lugar, se enuncia incisivamente, como esculpida en una placa de bronce, la gran máxima de que la virtud no tiene dueños, sino que es de quien la elige:

> Palabra de la virgen Láquesis, hija de la Necesidad. Almas caducas, he aquí que habéis llegado al inicio de otro ciclo de vida de tipo mortal, en cuanto se concluye con la muerte. No será el *demon* el que os elegirá, sino vosotros al *demon*. El primer estrato elegirá primero la vida a la cual será destinada necesariamente. La virtud no tiene dueños: cuanto más la honra cada una de vosotras, tanto más virtud poseerá. La responsabilidad, por tanto, es de quien elige. El dios no tiene la culpa.[9]

Las almas reciben en suerte el orden según el cual deberán elegir, una tras otra, de entre los modelos de vida, aquel que desean. Las que resultan sorteadas primeras tienen, pues, un gran número de modelos a disposición, las subsiguientes cada vez menos. Y sin embargo, también las últimas tienen a disposición tantos modelos de vida cuantos son suficientes para realizar una elección adecuada.

Platón hace decir expresamente al ministro de Láquesis:

> También el que llega último, con tal que elija con criterio y viva en coherencia con esta elección, puede esperar tener una vida satisfactoria y para nada indeseable. Por tanto, el que elige primero no subestime la elección ni pierda el ánimo el que termina por último.[10]

El mito hace referencia también, de un modo que sorprendió a no pocos, a una suerte de *anamnesis invertida*.

En efecto, así como el alma, al llegar a la tierra, recuerda mediante la dialéctica (o sea, mediante el procedimiento sinóptico) lo que

9. *República*, X 617d-e.
10. *República*, X 619b.

contempló en la llanura de la verdad, así, en la elección de la nueva vida en el más allá para el retorno al más acá, recuerda lo esencial que aprendió en el más acá.

En especial, el alma recuerda lo que le ha enseñado la experiencia del dolor y del sufrimiento, y, de manera especial, recuerda qué dolores y qué sufrimientos están ligados a ciertas elecciones.

De forma particularmente elocuente, Platón dice que el alma a la que le tocó en suerte ser la primera, sin tener conocimientos adecuados, eligió la que en apariencia parecía ser la mejor de las vidas, mientras que, en realidad, era la peor, o sea, la vida del tirano (con las espantosas consecuencias que implica). El alma a la cual le tocó el último puesto fue la de Ulises, quien, recordando los sufrimientos y fortalecido por el conocimiento que el dolor le había procurado en la vida precedente, eligió la vida más simple.

Recuérdese que Ulises representaba propiamente el símbolo de quien había aprendido a través del sufrimiento, tal como lo dice el comienzo de la *Odisea*:

> Cuéntame, oh Musa, del varón multiforme, que en su largo periplo,
> tras haber arrasado la ciudadela sagrada de Troya,
> de muchos hombres conoció las ciudades y el genio.
> Muchos dolores sufrió por los mares en su espíritu,
> luchando por su vida y por el retorno de sus hombres.[11]

Y más adelante se afirma, aún:

> … el más desafortunado de todos los mortales.[12]

> Nadie padeció, de entre los Aqueos,
> como Ulises penó y se afanó.[13]

---

11. Homero, *Odisea* I vv 1-5. Traducción del texto griego según *Homeri Opera* (Thomas W. Allen), tomo III: *Odysseæ* libros I-XII, Oxford ²1917 (17ª reimpr. 1992), libros XII-XXIV, Oxford 21919 (15ª reimpr. 1990). Para una versión en español puede verse Homero, *Odisea*, introducción de M. Fernández-Galiano, traducción de José M. Pabón, Madrid: Gredos, 1982 (reimpr. 1986) (= *Biblioteca Clásica Gredos* 48).

12. Op. cit., v. 219.

13. Op. cit., IV vv. 106-107.

Y a Ulises mismo se le hace decir:

fácilmente podría tardar todo un año,
sin acabar de contarte los pesares de mi espíritu,
todo lo que sufrí por voluntad de los dioses.[14]

En particular, sin embargo, el alma recuerda si ha hecho filosofía, *el conocimiento de la suprema idea del Bien*, pues, una vez adquirido, *este conocimiento permanece para siempre*, tanto en el más acá cuanto en el más allá, con todos los efectos benéficos que implica el conocimiento del Bien.

El conocimiento del Bien, o sea, el conocimiento que hemos visto como el punto de apoyo de la filosofía platónica, garantiza así al hombre la elección victoriosa, tanto para la vida terrena cuanto para la ultraterrena.

Leamos el pasaje que describe las elecciones que realizan las almas y que concluye con el ejemplo de la elección de Ulises:

–El primer sorteado fue a elegir para sí una vida de tirano, del más grande que había. Ciertamente fue una elección dictada por la ignorancia y la avidez, hecha sin un análisis bien ponderado de todas las circunstancias, tan cierto como que, finalmente, no se dio cuenta de que en esta suerte estaba comprendido el destino de devorar a sus propios hijos y otras desgracias. Cuando, más tarde, tuvo oportunidad de examinarla tranquilamente, no le quedó más que golpearse el pecho lamentando esta elección, efectuada sin tener en cuenta las advertencias del sacerdote. Y *no se echaba la culpa a sí mismo de los males que le acaecían, sino al destino y a los dioses: a todo, en suma, menos a sí mismo.* Y este era uno de los que venía del cielo y que, en la vida precedente, había vivido en un estado bien organizado. Pero él había tenido parte en la virtud no según la filosofía, sino por costumbre.

A decir verdad, no eran minoría los que venían del cielo y quedaban atrapados de este modo, *por el hecho de que no estaban ejercitados en el sufrimiento. En cambio, la mayoría de los que provenían de la tierra, como habían padecido ellos mismos los sufrimientos y los habían visto sufrir a los otros, no hacían una elección precipitada. Por tal motivo, además que por el sorteo, la mayoría de las almas terminaba por intercambiar bienes por males.*

14. Op. cit., XIV vv. 196-198.

Por tanto, si uno, cada vez que llegaba a la vida de este mundo, se dedica a la sana filosofía, y en el sorteo no cae entre los últimos en elegir, podemos aventurarnos a afirmar, de acuerdo a lo relatado, que está en posibilidad no sólo de ser feliz aquí entre nosotros, sino también de hacer el viaje de este mundo al otro y del otro a este no por el camino difícil que pasa bajo la tierra, sino por el llano que atraviesa el cielo.

Según dijo [Er], era un espectáculo digno de verse el de las almas que elegían cada una su propia vida: era una escena a veces piadosa, a veces cómica y a veces maravillosa. La elección dependía en la mayoría de los casos de las alternativas de la vida precedente, de modo que Er contó haber visto el alma que en un tiempo fuera de Orfeo elegir la vida de un cisne, para evitar ser engendrado por una mujer, pues odiaba el género de las mujeres, que le había dado muerte; y también el alma de Támiris escoger la vida de un ruiseñor. Pero asistió también a la elección de un cisne que cambió su vida por la de un hombre, y a la de otros animales que cantan, que se comportaron del mismo modo.

El alma a la que le tocó en suerte el vigésimo puesto –y se trataba de la de Ayax, hijo de Telamonio, que no quería saber ya nada más de nacer hombre, acordándose del juicio de las armas– prefirió la vida de un león.

Después de esta venía el alma de Agamenón, y también esta, por odio a la humanidad, por los sufrimientos que le había infligido, eligió la vida de un águila.

Y el alma de Atalanta, sorteada en las posiciones intermedias, quedando admirada de la gloria que le toca a los atletas, no pudo dejarlo pasar, y eligió esa vida.

Después de esta, Er pudo ver el alma de Epeo, hijo de Panopeo, terminar en el cuerpo de una mujer hábil en los menesteres femeninos, y enseguida la de Tersites, el bufón, revestirse del cuerpo de un mono.

El alma de Ulises, a la que la suerte le había reservado justamente el último de los puestos, *recordando el sufrimiento de la vida precedente* se encaminó a la elección *dejando de lado todo deseo de gloria*; por tanto, dio vueltas por mucho tiempo, buscando la vida de un hombre cualquiera, sin preocupaciones, y la encontró, con dificultad, en un rincón, descuidada por los demás. No bien la divisó, la tomó con gusto, diciendo que tampoco habría hecho otra elección aunque le hubiese tocado en suerte ser la primera.[15]

15. *República*, X 619b – 620d.

Después de la elección de la vida, cada una de las almas se presentaba a Láquesis, que le asignaba el *demon* que se había elegido como compañero de vida y garante de la realización de las elecciones que se habían hecho. Inmediatamente después, Cloto, dando vuelta el huso, hacía irreversible la elección. A su vez, Átropo, hilando, hacía inmutable el destino. Después, pasando bajo el trono de la Necesidad, las almas se encaminaban hacia la llanura del río Lete y, al beber de sus aguas, caían en un olvido total de todo lo sucedido. Sólo el alma de Er, en el mito narrado por Platón, podía conservar la memoria y contar lo que había visto.

Y aquí tenemos el mensaje final del mito:

> He aquí, pues, querido Glaucón, de qué modo se salvó y no se perdió este mito. Y el mismo, a su vez, puede salvarnos a nosotros, si le creemos; de ese modo podremos atravesar indemnes el río Lete y no contaminar de él nuestra alma.[16]

Por tanto, el *mythos* puede salvarnos: en particular, puede recordarnos que sólo podemos salvarnos verdaderamente si adquirimos el conocimiento del Bien y si sabemos aprender de la experiencia del dolor el significado de la vida.

Los mitos escatológicos sobre los destinos de las almas y el mensaje acerca del significado supremo que tiene para el hombre el «riesgo de creer»

Los estudiosos han destacado a menudo que los mitos escatológicos, del *Gorgias* al *Fedón*, de la *República* al *Fedro* y al *Timeo*, presentan fuertes diferencias y, en algunos aspectos, también contradicciones. Pero a tales conclusiones se llega solamente si se leen e interpretan mitos como estos llevándolos al plano del *logos* dialéctico, transformando así la mito-*logía* en logo-*logía*.

Platón presenta una compleja serie de *variaciones sobre un tema*, por decirlo en lenguaje musical, con toda una serie de representa-

---

16. *República*, 621b-c.

ciones y cuadros imaginarios que procuran, de manera alusiva, hacer comprender una única verdad de fondo.

Se trata de una verdad que, según nuestro filósofo, de alguna manera es meta-lógica, pero no anti-lógica; más aún: a su modo, esta verdad está apoyada por el mismo *logos*.

En el *Gorgias*, diálogo en el cual se presenta por vez primera el mito sobre los destinos escatológicos del alma, Platón escribe:

> Escucha, entonces, como se suele decir, un relato muy bello, que pienso que considerarás una fábula, pero que yo considero un discurso verdadero. Como verdad, pues, te presentaré las cosas que estoy por decirte.[17]

Y con estas palabras resume Platón el mensaje final de su primer gran mito escatológico:

> Entre los muchos razonamientos que se hicieron, mientras que todos los demás fueron satisfactoriamente refutados, sólo este ha quedado entero: que es necesario guardarse de cometer injusticia antes que de recibirla, que el hombre debe preocuparse no de aparecer sino de ser bueno, tanto en privado cuanto en público. Y si alguno comete alguna injusticia, se lo debe castigar, y este es el bien que viene en segundo lugar, después del ser justo: convertirse en justo y saldar la pena sufriendo el castigo. Y todo tipo de halago, tanto de sí mismo como de otros, sean pocos o muchos, hay que mantenerlo bien alejado, y debe hacerse uso de la oratoria con fines de justicia, de la misma manera que cualquier otra actividad. Créeme, pues, y sígueme al lugar donde, habiendo llegado, serás feliz, mientras vivas y cuando hayas muerto, tal como nos lo demuestra el razonamiento. Y deja también que alguno te desprecie como un loco, y que te ofenda, si quiere. Sí, por Zeus, deja también que te golpeen con esa bofetada ignominiosa, quedándote impávido, porque, si eres verdaderamente honesto y bueno y ejercitas la virtud, nada terrible podrá sucederte.[18]

En el *Fedón* hace decir a Sócrates que ha narrado un mito análogo al del *Gorgias* de manera amplia y detallada, precisamente mientras está a la espera de la muerte:

17. *Gorgias*, 523a.
18. *Gorgias*, 527b-d.

Es preciso que [el hombre sensato] se haga a sí mismo el encantamiento con estas creencias: y es justamente por esto que yo prolongo mi mito.[19]

Por tanto, el mito se introduce aquí también por su particular fuerza creativa, o sea, por la fuerza que ejerce mediante la magia del encanto.

Y agrega:

> Por estos motivos, debe tener firme confianza respecto de su alma el hombre que durante su vida renunció a los placeres y a los adornos del cuerpo, juzgándolos como extraños y pensando que sólo hacen mal, y procuró, en cambio, los gozos del aprender y, habiendo adornado su alma no con adornos que le son extraños sino con adornos que le son propios, o sea, de templanza, justicia, fortaleza, libertad y verdad, espera de ese modo la hora de su viaje al Hades, dispuesto a ponerse en camino cuando llegue su día.[20]

Las complicaciones que surgen de estos mitos residen sobre todo en la forma cruzada en la que en ellos se habla acerca de los destinos del alma. Por un lado, Platón acepta las creencias órficas de la metempsicosis, según las cuales el alma se reencarna varias veces, hasta llegar a purificarse por entero de la culpa originaria. Por el otro, torna aún más complejas tales creencias: en el *Fedro* se dice que cada alma tiene un ciclo de vida terrena correspondiente a un módulo cronológico de cien años, al cual sigue un premio o un castigo de novecientos años, hasta llegar así al milenio; pero este ciclo se repite diez veces, hasta que, en el año diez mil, el alma vuelve a estar junto a los dioses para recomenzar, en lo sucesivo, con una nueva caída, un ciclo ulterior.

En el *Timeo*, en el que procede a una radical simplificación de las narraciones mitológicas sobre el destino de las almas, Platón no habla más de una culpa originaria del alma, culpa de la cual deriva, por castigo, su encarnación, sino que, como ya he recordado más arriba, presenta al Demiurgo como creador de las almas, que confía a los dio-

19. *Fedón*, 114d.
20. *Fedón*, 114d-115a.

ses creados la tarea de revestirlas de cuerpos mortales. Y, como el Demiurgo obra sólo en función del Bien, el cuerpo cesa de ser sólo una «prisión» y el hombre es considerado como un «conjunto» de alma y cuerpo. Sin embargo, se reafirma la ley de la reencarnación en conexión con la vida buena o mala que se ha llevado en el ciclo precedente.

En todo caso, se reafirma con vigor la divinidad del alma racional del hombre, con la espléndida metáfora de que el hombre es una planta no terrenal, sino celestial:

> Por lo que respecta, después, a la forma de alma más importante que hay en nosotros, es preciso darse cuenta de esto: que el dios nos la ha dado a cada uno de nosotros como un demon. Esta es la forma de alma que decimos habita en la parte superior del cuerpo y que se eleva de la tierra hacia la realidad con la cual tiene afinidad en el cielo, en cuanto nosotros no somos plantas terrenas, sino celestiales.[21]

El sentido último de los mitos escatológicos platónicos es, pues, el siguiente.

El hombre vive sobre la tierra sólo de paso.

En ella se somete al hombre a una prueba y, al pasar hacia el más allá, se pronunciará sobre él un juicio.

En el juicio no contará en absoluto el hecho de haber sido un rey o el último de los súbditos. Sólo contarán la virtud y los vicios de los que el alma se haya revestido. Y las suertes que, a consecuencia del juicio, tocarán a las almas, serán de los tres siguientes tipos:

1) las almas que vivieron según la justicia serán premiadas de diferentes modos, según los diferentes méritos;

2) las almas «que resulten ser insanables por la gravedad de sus culpas, en cuanto hayan cometido muchos y graves sacrilegios o delitos de iniquidad contra las leyes u otras acciones nefandas de este tipo» serán arrojadas «al Tártaro, de donde no regresarán nunca más»;[22]

3) por último, las almas que hayan cometido culpas sanables serán purificadas de los males cometidos mediante dolores y su-

---

21. *Timeo*, 90a.
22. *Fedón*, 113e.

frimientos: «pues de la injusticia no es posible liberarse de otra manera».[23]

Este es el núcleo conceptual que expresan los diferentes mitos. Platón mismo advierte en el *Fedón* que sólo este es el mensaje que se debe considerar verdadero, no las figuras míticas con los que lo ha expresado, en cuanto las mismas intentan expresar, con un complejo y variado juego de imágenes, nada más que este mensaje.

Y lo dice con un texto de alcance extraordinario, que expresa el sentido del creer:

> Ciertamente, sostener que las cosas son verdaderamente así como las he expuesto no se corresponde con un hombre que tenga buen sentido. Pero sostener que esto o alguna cosa semejante a esta debe acontecer con nuestras almas y con sus moradas, desde el momento en que el alma ha resultado ser inmortal, esto me parece que conviene y que vale la pena arriesgarse a creerlo, porque el riesgo es bello.[24]

Después de todo lo que hemos dicho, es evidente que se trata de un «riesgo» que no implica un salto absoluto en el vacío, desde el momento en que con el *logos* se ha demostrado que existe otra forma de ser metasensible y que el alma del hombre tiene afinidad con este tipo de ser. En este sentido, el riesgo es verdaderamente «bello» en sentido helénico, es decir, bueno, dotado de gran valor.[25]

Se trata, según Platón, de aquel riesgo que ha de afrontar el hombre para llegar a ser lo que es en un sentido total.

---

23. *Gorgias*, 525b.
24. *Fedón*, 114d.
25. Véase más arriba, capítulo X, pássim.

XV

REFLEXIONES FINALES.
POSICIONES DE VANGUARDIA
DE PLATÓN
QUE EMERGEN ACTUALMENTE
A UN PRIMER PLANO

ANTICIPACIONES PROFÉTICAS
DE ALGUNOS CONCEPTOS DE LA HERMENÉUTICA,
EXPRESADOS PARTICULARMENTE EN EL *FEDRO*

¿Es la posición de Platón, con su crítica a la escritura, una posición de retaguardia o de vanguardia, que, en ciertos aspectos, anticipa ampliamente los tiempos?

Después de todo lo dicho en los capítulos precedentes, debemos pasar a algunas reflexiones finales, comenzando con la corrección de ciertos juicios, emitidos sobre todo por estudiosos de los medios de comunicación en el mundo antiguo y de la historia de la literatura griega, juicios estos que carecen de sustento, sobre todo desde el punto de vista filosófico.

Eric Turner, en su ensayo "Los libros en la Atenas de los siglos V y IV a.C.", después de haber resumido la crítica de Platón a la escritura contenida en el final del *Fedro*, extraía las siguientes conclusiones: «Es imposible no darse cuenta de que Platón, aun siendo un lector impenitente, está sosteniendo *una batalla de retaguardia* contra el efecto inhibidor que tiene la palabra escrita sobre el pensamiento: Platón se da cuenta de que ha pasado el tiempo en que podía anular el daño provocado por un libro demostrando públicamente la ignorancia culpable del autor. En los treinta primeros años del siglo IV los libros se han establecido firmemente y su tiranía continúa aún».[1]

Pero Turner se equivocaba, tanto al juzgar la posición de Platón como de «retaguardia», cuanto al afirmar que la tiranía del libro continúa. Que hoy el libro y la escritura se encuentran justamente en crisis a causa de la difusión siempre creciente de la cultura de la imagen y de los medios de comunicación mediante los instrumentos tecnológicos cada vez más avanzados, es algo que todos tenemos claro. Es mi intención, pues, demostrar aquí de manera puntual en qué sentido la posición de Platón en su crítica a la escritura y en su defensa de la oralidad dialéctica, lejos de ser de pura retaguardia, se revela, desde ciertos puntos de vista, como de vanguardia.

Pero antes de proceder a la demostración de esta tesis mía, que he madurado a través de un prolongado período de estudios, considero oportuno presentar la difusión indebida que ha tenido de manera indiscriminada el juicio de Turner.

Havelock, como ya he dicho, ignoró los «testimonios sobre sí mismo» contenidos en el final del *Fedro* y en el *excursus* de la *Carta VII*, testimonios que en el ámbito de su tesis constituían una «anomalía» e incluso un conspicuo «hecho contrario». Sin embargo, en una nota, retoma y reafirma aquel juicio, aunque sólo sea marginalmente: «Turner afirma, con razón, que en *Fedro* 274 Platón está "combatiendo en retaguardia". De hecho, su preferencia por los métodos orales no sólo era conservadora, sino también ilógica: la *episteme* platónica, que había de suplantar a la *doxa* […] estaba naciendo gracias a la revolución alfabética».[2]

Pero también estudiosos finos de la literatura griega con notables conocimientos de las tecnologías de comunicación en el mundo antiguo, como Gentili y Cerri, reafirman el juicio de Turner.

Gentili escribe: «Platón había visto con claridad la oposición radical entre este tipo de cultura y el auspiciado por él en su sistema educativo y político, en que la palabra debía representar […] la personificación de un pensamiento, no la envoltura de una sociable opinión.

---

1. Turner, "Los libros en la Atenas…" (nota I, 4), 44 (< 24) Cursiva nuestra.
2. Havelock, *Prefacio* (nota I, 1), 6617.

Pero, por otro lado, no se daba cuenta de que la cultura cuestionada por él iba íntimamente ligada a la tecnología de la comunicación oral. El hecho de que Platón proclamara explícitamente su preferencia por el discurso oral significa sólo, en realidad, que él no podía comprender todas las implicaciones históricas de la diferencia entre las dos tecnologías de la comunicación oral y escrita, en un momento en que estaba teniendo lugar el paso de una a otra. De ahí su contradictoria posición de retaguardia en defensa de la oralidad y contra el uso de la escritura, a la cual sin embargo confiaba él la transmisión de su pensamiento dialéctico».[3]

Cerri, en un buen ensayo crítico sobre el libro de Havelock, reafirma la tesis del siguiente modo: «Platón ve con gran claridad que el enemigo a derrotar es para él la cultura poética, mítica y formularia; en cambio, no se da cuenta –ni habría podido, tal vez, dársela– de la ligazón existente entre esta cultura y la oralidad, así como no se percata de que su nueva verdad, crítica y dialéctica, tiene necesidad de la escritura». Y, en nota, agrega: «Con justicia define Turner la aversión de Platón por la escritura como "acción de retaguardia"».[4]

El alcance «hermenéutico» del diálogo platónico con la estructura dialéctica de «pregunta» y «respuesta»

Como hemos visto más arriba, a su manera, Platón presentó una «defensa» de la escritura contra los detractores de la misma, y se presentó a sí mismo incluso como *maestro del arte de escribir*, indicando las reglas de la escritura sobre la base de la dialéctica. Pero colocó de manera muy precisa el filosofar por encima del escribir.

Sin embargo, se afirma, sin la escritura, Platón no habría podido comunicar esos extraordinarios mensajes que comunicó con sus diálogos escritos.

La primera respuesta a esta objeción es la siguiente: precisamente estos mensajes de los diálogos escritos, en el modo particular y

---

3. Gentili, *Poesía y público* (nota I, 19) 88 (< 54).
4. Cerri, "Il passaggio dalla cultura orale…" (nota I, 15) 124.

en la forma estructural en que se los presenta, resultan, en muchos aspectos, revolucionarios en el ámbito mismo de la escritura, *mediante la extraordinaria «imagen» dialógica que reproducía por escrito el «modelo» de la oralidad,* tanto en la dinámica de su desenvolvimiento cuanto en las notables y frecuentes referencias cruzadas a lo que va más allá de la imagen, y, así, con la referencia al modelo, o sea, a la oralidad misma.

En otros términos: el diálogo platónico anticipa, desde ciertos puntos de vista, la «hermenéutica» moderna.

Ya Gadamer había llamado la atención sobre este punto con observaciones muy mesuradas y pertinentes.[5]

En la situación hermenéutica resulta esencial la «pregunta». Cualquier experiencia cognoscitiva resulta posible sólo mediante el *plantearse preguntas,* o sea, poner en cuestión si las cosas son de un cierto modo o bien de otro. Por tanto, la estructura lógica de la «apertura» propia de la consciencia hermenéutica *coincide con la estructura misma de la pregunta acerca de si la cosa es de un cierto modo o bien de otro.*

¿En qué consiste, entonces, la «pregunta»?

La pregunta indica, justamente a través de su adecuado planteo, *el sentido o la dirección siguiendo la cual se puede encontrar la respuesta.* Por tanto, la pregunta «disloca» el ser haciéndolo objeto de la pregunta en una perspectiva precisa, con lo cual hace tener de ese objeto un «sentido» según el mismo sentido planteado por la pregunta.

He aquí cómo Gadamer pone en evidencia la esencial relevancia hermenéutica de la «pregunta» en los escritos platónicos: «Uno de los grandes descubrimientos que aporta la presentación de Sócrates por Platón es que, contrariamente a la opinión dominante, preguntar es más difícil que contestar. Cuando el compañero del diálogo socrático intenta dar vuelta a la situación con el fin de desplazar las respuestas a las molestas preguntas de Sócrates, y lo hace adoptando a su vez la posición supuestamente ventajosa del que pregunta, es entonces cuando fracasa más estrepitosamente. Por detrás de este motivo comediográfico de los diálogos platónicos no es difícil descubrir la distinción crítica entre habla auténtica y habla inauténti-

---

5. Gadamer, *Verdad y Método* (nota X, 26), particularmente 439-447.

ca. El que en el hablar sólo busca tener razón, no darse cuenta de cómo son las cosas, considerará lógicamente que es más fácil preguntar que dar respuesta, entre otras cosas porque no se corre el peligro de dejar a deber una respuesta a alguna pregunta. Sin embargo, el fracaso del que se pone a preguntar con esta intención viene a demostrar que el que está seguro de saberlo todo no puede preguntar nada. Para poder preguntar hay que querer saber, esto es, saber que no se sabe. Y en el intercambio cuasicómico de preguntas y respuestas, de saber y no saber que muestra Platón, se puede reconocer que para todo conocimiento y discurso que quiera conocer el contenido de la cosas *la pregunta va por delante*. Una conversación que quiera llegar a explicar una cosa tiene que empezar por quebrantar esta cosa a través de una pregunta».[6]

Gadamer cita como ejemplo el *Protágoras*, pero el mismo argumento vale también para el *Gorgias*: se trata de los dos diálogos en los que este tema, y justamente del modo que se destaca en el pasaje que se acaba de leer, se plantea y desarrolla perfectamente, tanto en clave de comedia (en el primer caso) cuanto en clave de tragedia (en el segundo).

Más adelante, Gadamer puntualiza que la pregunta exige una *apertura*, pero al mismo tiempo debe plantearse *de manera determinada, de acuerdo a un horizonte preciso*: «Por eso el planteamiento de una pregunta puede ser a su vez correcto o falso, según que llegue o no al terreno de lo verdaderamente abierto. Decimos que una pregunta está mal planteada cuando no alcanza lo abierto sino que lo desplaza manteniendo falsos presupuestos. En su condición de pregunta muestra una aparente apertura y susceptibilidad de decisión; pero cuando lo que se pregunta no está destacado con claridad, o al menos no lo está suficientemente, frente a los presupuestos que se mantienen en pie, no se llega realmente a lo abierto y en consecuencia no hay nada que decidir».[7]

Si se releen los diálogos platónicos en esta óptica, se verá que son incluso *un modelo de la técnica hermenéutica del preguntar, llevada a cabo y desplegada de manera perfecta*.

6. Op. cit., 439s.
7. Op. cit., 441.

La dialéctica, en su sentido originario, y de todos modos en su nivel básico, consiste precisamente en el arte de preguntar, teniendo firme la pregunta, o sea, su *dirección justa*, su *apertura* y su *delimitación*.

Pero el diálogo procede por preguntas y respuestas. ¿Qué sentido tienen, empero, desde el punto de vista hermenéutico, las respuestas que se encuentran en muchos diálogos platónicos, fuertemente abreviadas y, a veces, monosilábicas?

Esta es la respuesta de Gadamer: El diálogo «[...] tiene necesariamente la estructura de pregunta y respuesta. La primera condición del arte de la conversación es asegurarse de que el interlocutor sigue el paso de uno. Esto nos es bien conocido por las constantes respuestas afirmativas de los interlocutores del diálogo platónico. El lado positivo de esta monotonía es la consecuencia interna con la que prosigue en el diálogo el desarrollo del tema. Llevar una conversación quiere decir ponerse bajo la dirección del tema sobre el que se orientan los interlocutores. Requiere no aplastar al otro con argumentos sino sopesar realmente el peso objetivo de la opinión contraria. En esto es arte de ensayar».[8]

En una entrevista que Gadamer mismo me concedió en septiembre de 1996, precisa aún mejor el sentido de las respuestas abreviadas, consideradas por no pocos lectores hasta como perturbadoras. Decía Gadamer: «En mi óptica, Platón me ha fascinado siempre –y en esto me encuentro muy cerca de usted– por el hecho de que insistía en la *dialéctica de pregunta y respuesta*. Recuerdo una discusión que tuve con un inteligente periodista y colega, que se lamentaba de que los otros personajes de los diálogos platónicos dicen siempre "sí", "no", "tal vez", etc., y nada más. Yo le dije, entonces: sí, estas respuestas a esas preguntas pueden sustituirse, más o menos; pero esta es una técnica de estos diálogos. Una técnica que el nuevo interés que existe por la forma del diálogo comienza también a recuperar. Tal vez sea demasiado difícil individualizar la técnica de esta forma de diálogo en los otros personajes, con alguna excepción, pero, normalmente, *se trata de una técnica de enseñanza oculta por parte de Platón*».[9]

8. Op. cit., 444s.
9. Esta entrevista, publicada por primera vez en la página cultural del periódico

Pero, además de estas precisas puntualizaciones hechas expresamente por Gadamer, yo he identificado otro elemento muy importante de la hermenéutica presente en Platón, a saber, el «círculo hermenéutico», del cual debemos hablar ahora.

La primera formulación histórica embrionaria del «círculo hermenéutico» y de su dinámica

La formulación más completa del «círculo hermenéutico» es la que nos presenta precisamente el mismo Gadamer, que tomó su punto de partida en Schleiermacher y, sobre todo, en Heidegger.

Schleiermacher había fijado ya muy bien el «círculo hermenéutico», que indica la *conexión estructural y dinámica de las partes con el todo y del todo con las partes*. He aquí una precisa afirmación suya: «El patrimonio lingüístico de un autor y la historia de su época se comportan como el todo a partir del cual deben comprenderse sus escritos como el elemento singular, y, a la inversa, este todo debe comprenderse a su vez a partir de lo singular».[10] Y, en particular, afirma: «También dentro de un solo escrito, el elemento puede comprenderse solamente a partir del todo».[11]

Sole 24 hore del 6 de octubre de 1996, ha sido reeditada como *"Appendice XI"* en la vigésima edición de mi obra *Per una nuova interpretazione di Platone* (nota VII, 3) –el texto citado se encuentra en 849–, como también en G. Girgenti (comp.), *La nuova interpretazione di Platone. Un dialogo di Hans-Georg Gadamer con la Scuola di Tubinga e Milano e altri studiosi (Tubinga, 3 settembre 1996)*, introducción de H.-G. Gadamer, prefacio, traducción del alemán al italiano y notas de G. Girgenti, Milano 1998 (el mismo texto, en el volumen de Girgenti, se encuentra en 131s).

10. F. D. E. Schleiermacher, *Ermeneutica*, Introducción, disposición editorial, traducción y aparatos de M. Marassi (= *Testi a fronte* 37), Milano 1996, 331 (esta edición bilingüe contiene textos de las siguientes publicaciones en idioma original: *Hermeneutik nach den Handschriften* [Heinz Kimmerle], Heidelberg 1959, ²1974; "Allgemeine Hermeneutik" [1809/10], edición a cargo de Wolfgang Virmond, en: V. Selge [comp.], *Internationaler Schleiermacher-Kongre< Berlin 1984*, Berlin-New York 1985, t. II., 1268-1310; *Hermeneutik und Kritik: mit besonderer Beziehung auf das Neue Testament* [edición póstuma de manuscritos y anotaciones de lecciones en Berlín 1832-1833, edición a cargo de Friedrich Lücke], Berlin 1838).

11. Op. cit., 335.

Pues bien: nótese la extraordinaria correspondencia con la definición que da Platón del escrito perfecto:

> Todo discurso debe estar compuesto como un ser viviente que tiene un cuerpo, de tal modo que no resulte sin cabezas ni sin pies, sino que tenga las partes del medio y las extremidades escritas de manera conveniente una respecto de la otra y respecto al todo.[12]

El mismo Gadamer me da la razón. En la citada entrevista, él afirma: «Creo que esto es muy natural. Obviamente, mis primeras reflexiones sobre el "círculo hermenéutico" las desarrollé a partir de Heidegger. Pero también entonces me resultaba más o menos evidente que en el *Fedro* hay un anticipo y una aplicación del "círculo hermenéutico", en particular para describir la retórica. Una buena forma de discurso debe *plantear una buena pregunta, debe encontrar el inicio justo, articular la correspondencia de las partes entre sí, y una conclusión correcta.* ¡Este era un principio de la cultura! No se puede excluir la retórica a favor de la sola dialéctica o de la lógica. Recuerdo que uno de los amigos que frecuentaba y a quien había dado un texto sobre Platón, después de haber leído el manuscrito, me dijo: "retórica, retórica, retórica...". Y esto quería decir que la retórica, para él, era una exposición innecesaria. Pero, por el contrario, ella posee una función importantísima: ¡es el comienzo de la cultura! El *Fedro* es el diálogo de Platón que más quiero: es el diálogo en el que, de manera perfecta, se unen la dialéctica y la retórica, la filosofía y el *eros*, la amistad y el arte, con un aura religiosa. No se puede reducir a Platón a la sola lógica o a la sola dialéctica».[13]

Pero aquí me interesa de manera particular justamente el sentido del «círculo hermenéutico» desarrollado por Gadamer partiendo de la formulación de Heidegger, cuyas esporas ya se hallan presentes en Platón.

La formulación de Heidegger es la siguiente: «Este círculo no debe rebajarse al nivel de un *circulus vitiosus*, ni siquiera tolerado. En él

12. *Fedro*, 264c.
13. Reale, op. cit., 850 = Girgenti (comp.), op. cit., 133s.

se alberga una positiva posibilidad de conocer en la forma más original, aunque una posibilidad que sólo es empuñada de un modo genuino cuando la interpretación ha comprendido que su primera, constante y última función es evitar que las ocurrencias y los conceptos populares le impongan en ningún caso el "tener", el "ver" y el "concebir" "previos", para desenvolver éstos partiendo de las cosas mismas, de suerte que quede asegurado el tema científico».[14]

Gadamer desarrolló esta formulación de manera casi perfecta, demostrando que el «círculo hermenéutico» constituye una explicación positiva de la manera en la que se realiza la comprensión interpretativa. El que se dispone a interpretar un texto actualiza siempre un determinado «proyecto» con determinadas «expectativas». En particular, dice Gadamer, «la comprensión de lo que pone en el texto consiste precisamente en la elaboración de este proyecto previo, que por supuesto tiene que ir siendo constantemente revisado en base a lo que vaya resultando conforme se avanza en la penetración del sentido».[15]

Entonces, toda interpretación de un texto no puede sino comenzar de pre-conceptos, de pre-conocimientos, que deben ser reelaborados y reformulados progresivamente en confrontación con el texto. Y el texto siempre se comprende mejor en la medida en que los pre-conceptos y pre-conocimientos se demuestren como no-inconsistentes y nuestras expectativas se adecuen más aún a la cosa.

Sin pre-conocimientos no es posible una comprensión del texto. De todas maneras, queda claro que la consciencia hermenéutica educada es la que está dispuesta a avenirse cada vez más a delimitar sus propios pre-conceptos *para dejar que hable el texto en su alteridad* y, así, entenderlo.

Ciertamente, lo que condiciona negativamente la interpretación de un texto son los pre-juicios de los que no somos conscientes y que, en cuanto tales, «nos vuelven sordos hacia la cosa de que nos habla»[16] el texto.

---

14. M. Heidegger, *El ser y el tiempo*, traducción de J. Gaos, Madrid: Fondo de Cultura Económica, 1971, 171s (< *Sein und Zeit*, Tübingen 1927, 153 [= *Gesamtausgabe* II, Frankfurt 1977, 203]).
15. Gadamer, op. cit., 333.
16. Op. cit., 336.

Escribe Gadamer: «También aquí se plantea el problema de cómo hallar la salida del círculo de las propias posiciones preconcebidas. No se puede en modo alguno presuponer como dato general que lo que se nos dice desde un texto tiene que poder integrarse sin problemas en las propias opiniones y expectativas. Por el contrario, lo que nos es dicho por alguien, en conversación, por carta, a través de un libro o por cualquier otro canal, se encuentra por principio bajo la presuposición opuesta de que aquella es su opinión y no la mía, y que se trata de que yo tome conocimiento de la misma pero no necesariamente de que la comparta. Sin embargo, esta presuposición no representa una condición que facilite la comprensión, sino más bien una nueva dificultad, ya que las opiniones previas que determinan mi comprensión pueden continuar completamente inadvertidas. Y si motivan malentendidos, ¿cómo sería posible llegar siquiera a percibir estos en relación con un texto que no está capacitado para responder ni objetar? ¿Cómo puede protegerse a un texto previamente respecto a los malentendidos?»[17]

Dejemos la respuesta que da la hermenéutica de hoy, mediante los complejos y muy refinados análisis de las técnicas adquiridas en el curso de la edad moderna, y concentrémonos en las formas embrionarias de la cuestión, tal como nos la presenta Platón.

En las páginas finales del *Fedro* se nos dice que sólo la presencia del mismo escritor puede defender los escritos de los malentendidos.

Pero antes de enumerar los límites que esta respuesta puede tener, por cierto, para el hombre de hoy, leamos los dos pasajes en los que Platón presenta la más sorprendente anticipación del «círculo hermenéutico», en la que se sostiene exactamente que la comprensión de los escritos (se entiende: la comprensión adecuada de los escritos) *sólo puede hacerla el que tiene conocimiento previo de las cosas sobre las que habla el escrito.*

El juego dinámico circular de la correcta comprensión, que presupone necesariamente *pre-conocimientos*, no podría expresarse de una manera más vigorosa que como lo hace Platón:

17. Op. cit., 334s.

Quien considerase poder transmitir un arte con la escritura, y quien lo recibiese convencido de que, a partir de esos signos escritos, podrá extraer alguna cosa clara y consistente, debería estar colmado de gran ingenuidad e ignorar verdaderamente el vaticinio de Amón [a saber, que la escritura no da memoria sino solamente capacidad de traer a la memoria, ni sabiduría sino sólo opinión], *si considera que los discursos puestos por escrito son algo más que un medio para traer a la memoria de quien sabe las cosas sobre las cuales versa el escrito.*[18]

Y más adelante reafirma enfáticamente:

Verdaderamente, aun los mejores escritos *no son otra cosa más que medios para ayudar a la memoria de aquellos que saben.*[19]

En un encuentro que tuve con Gadamer en Vaduz, Liechtenstein, en 1986, le dije que yo vería uno de estos pasajes como un lema epigráfico de su obra maestra *Verdad y Método*, como un anticipo, justamente, del «círculo hermenéutico». No sin sorpresa escuché la respuesta de que tenía razón. Y lo mismo me repitió en el ya citado encuentro del 3 de septiembre de 1996 en Tübingen.

¿Está, pues, Platón, en una posición de «retaguardia»? O bien, en el momento crucial del giro cultural histórico, previó, o tuvo, de todos modos, y de manera sorprendente, el presentimiento de algunos problemas de fondo que surgirían en la comunicación de ciertos mensajes mediante la escritura y de lo que habría de suceder en el futuro?

Los diálogos platónicos, estructurados en función de la «situación de ayuda», son una verdadera concreción del círculo hermenéutico

En capítulos precedentes he insistido sobre el hecho de que Platón no niega en absoluto el valor de la escritura. Lo que niega es *su valor entendido en sentido absoluto*. La escritura, para comunicar de manera adecuada sus mensajes, tiene necesidad, sobre todo, de la

18. *Fedro*, 275c-d.
19. *Fedro*, 278a.

«ayuda» del autor. Szlezák demostró que el planteamiento de todos los diálogos está justamente basado en la dinámica de la estructura-de-ayuda, o sea, en la ayuda que el dialéctico va brindando progresivamente a las cosas que se ha dicho precedentemente durante el discurso, superando las dificultades que se presentan, en función de la dialéctica de pregunta y respuesta.

Esta estructura-de-ayuda constituye una concreción de un verdadero «círculo hermenéutico», en varios sentidos. En primer lugar, en el escrito mismo se muestra aquello de lo cual tiene necesidad la interpretación del objeto en discusión para ser entendido cada vez mejor. En segundo lugar, se remite a una ayuda ulterior, que se presentará «en otra oportunidad»: a veces, esa presentación tendrá lugar en otros diálogos. Pero para las cosas que para el filósofo son de «mayor valor», la ayuda se buscará en la dimensión de la oralidad dialéctica.

Los así llamados «pasajes de omisión», vale decir, los pasajes en los que Platón se abstiene de decir propiamente lo que resolvería la cuestión y que, por tanto, esperamos, son el verdadero punto clave de «círculo hermenéutico» platónico.

Creo oportuno referir al problema de los «pasajes de omisión» dos precisiones hechas en 1996 por Szlezák y por Krämer, en discusión con Gadamer, quien tiene dudas sobre este punto.

Szlezák afirma: «Precisamente cuando Platón se ocupa de estas temáticas en el escrito [a saber, de los conceptos últimos y supremos de la dialéctica] se nota que, en un determinado punto, *omite* algo, que hay *pasajes de omisión* que conciernen al núcleo o al vértice de su discurso. No se trata de problemáticas imbricadas, implicadas, asociadas o deducibles del discurso: se trata del punto de apoyo, del núcleo del discurso mismo, y esto es lo que intento decir cuando sostengo que la forma literaria de los diálogos platónicos es totalmente distinta del resto de la literatura filosófica. Platón omite voluntariamente la solución de las cosas de mayor valor precisamente allí donde cualquier otro filósofo la pondría por escrito».[20]

Krämer precisa: «Es bastante evidente que toda buena literatura

---

20. Girgenti (comp.), op. cit., 39.

implica siempre alguna cosa "más", algo que el lector mismo debe imaginar. Pero toda literatura pone por escrito el núcleo de lo que debe narrar. En cambio, en Platón no es así. Platón se pone a un nivel superior, de un modo que no se reconoce en ningún otro autor, ni de la misma época de Platón ni de ninguna otra, incluida la nuestra. En Platón, el núcleo del escrito está implícito, y el problema de la interpretación de los diálogos consiste justamente en esto: explicitar, explicar lo que está implícito. *Explicitación de lo implícito, esta es la tarea de la hermenéutica platónica.* En los diálogos, Platón afirma a menudo: "esto no lo digo por ahora, tal vez lo diré más tarde, o en otro lugar" (vale decir, en las doctrinas no escritas). Esto significa que la tradición directa (los diálogos escritos) remite a la oralidad, cuyos contenidos nos son conocidos, tal vez sólo en parte, gracias a la tradición indirecta».[21]

Queda claro, entonces, en qué consiste el «círculo hermenéutico» en el que es necesario ingresar para entender a Platón: *la lectura de los escritos requiere de los pre-juicios, de los pre-conocimientos que, afortunadamente, nos ofrece la tradición indirecta.*

Pero la dinámica de este «círculo hermenéutico» no se detiene con la ayuda que presta al escrito la oralidad, aunque sólo se conserve parcialmente en la tradición indirecta. En efecto, a su vez, *los mismos escritos brindan ayuda a la tradición indirecta.* Así como la doctrina que nos transmite la tradición indirecta «ayuda» a los escritos platónicos, a la inversa, *los escritos hacen comprensible las doctrinas no escritas.* Esos pre-conocimientos que nos suministra la tradición indirecta deben ser revisados continuamente sobre la base de aquello que resulta de un bien llevado impacto con los textos y, por tanto, en la dinámica precisa del «círculo hermenéutico».

Efectivamente, en no pocas oportunidades acontece que ciertas magras informaciones que no ofrecen más que el esqueleto de las doctrinas orales, recuperan una extraordinaria vitalidad propiamente a consecuencia de este impacto, con la fecunda dinámica circular que del mismo se sigue: *el escrito, auxiliado por lo no escrito, ayuda a su vez esencialmente a la tradición indirecta sobre lo no escrito.*

21. Op. cit., 39s.

Estamos en una posición muy distinta que de «retaguardia». Pues Platón, en aquel momento del giro histórico de la cultura con el pasaje del predominio de la oralidad al de la escritura, había comprendido muy bien que esta última, como medio de comunicación de los mensajes filosóficos, tiene necesidad de una ayuda estructural por parte de aquella oralidad dialéctica de la cual había nacido, según el «círculo hermenéutico» del que hemos hablado. Y ella no es en absoluto la «oralidad poético-mimética» del *epos* (y menos aún la oralidad practicada por los retóricos), sino precisamente la «oralidad dialéctica», con la dinámica del arte del preguntar y del poner a prueba, que la hermenéutica pone en primer plano.

Ciertamente, Platón publicaba *in primis* sus escritos leyéndolos y discutiéndolos al interior de la Academia. Diógenes Laercio nos refiere, según un testimonio de Favorino, qué sucedió con ocasión de la lectura del *Fedón* (en el que, como sabemos, Platón pone en boca de Sócrates sus doctrinas sobre las ideas y sobre la inmortalidad del alma, diciéndonos, por otra parte, que «tal vez», Platón estaba enfermo, por lo cual estuvo ausente): «solamente él [Aristóteles] permaneció hasta el final cuando Platón leyó el diálogo *Acerca del alma*, mientras que todos los demás se fueron».[22] Esta información nos llega transmitida en cuanto produce efecto (es un hecho que hace noticia, como se diría hoy en día). Pero, obviamente, demuestra que la operación de la lectura (seguramente seguida de discusión) era algo que se practicaba. Platón hacía al respecto en la Academia lo que él mismo refiere en el *Parménides* acerca de lo que hizo Zenón: después de la lectura del texto, se planteaban preguntas a partir del principio del mismo, a las que seguían las respuestas y la discusión, y, por tanto, con toda la dinámica de las «ayudas» que se asociaban a ello.[23]

Pero algo de análogo se ha verificado ciertamente también a propósito de los escritos compuestos por Platón *antes de la fundación de la Academia*.

Pues, contrariamente a la convicción que se ha cultivado a menudo con relación a los primeros escritos de Platón, interpretándolos

22. Diógenes Laercio, *Vidas* (nota IV, 6) III, 37 (= Loeb, tomo II, 310).
23. Véase *Parménides*, 127d-e.

como no concluyentes, se debe proceder ahora según la nueva óptica a una relectura de las «aporías» que esos escritos presentan, es decir, *entenderlos hermenéuticamente como «ejercicios introductorios del pensar filosófico»*. En ellos, Platón provoca de manera muy bien calculada la situación de suspensión problemática que permite sopesar lo que se mantiene y lo que se rechaza en los resultados alcanzados, dando también implícitas indicaciones alusivas. Tales escritos debían ser calibrados propiamente según los criterios hermenéuticos que hemos ilustrado más arriba, por lo que suponían ya círculos de destinatarios que tenían características precisas. Erler puntualiza lo siguiente: «[...] el círculo de destinatarios debe constar de lectores que tengan ya un conocimiento previo de doctrinas platónicas fundamentales. Esto vale, en todo caso, si se parte del hecho de que las aporías deben resolverse y de que los diálogos, por así decirlo, plantean tareas. Estos destinatarios, entonces, de alguna manera ya "saben", y para tales hombres Platón acepta textos escritos. Si se conciben, pues, "lagunas" como invitaciones al lector a repensar nuevamente el *logos* con ayuda de la doctrina platónica, acontece precisamente lo que Platón exige igualmente para la relación con los textos. Se debe, así se dice, acudir en ayuda del escrito. El *logos* escrito no está en condiciones de hacerlo por sí mismo. Esta ayuda debe resultar de la discusión oral del texto».[24]

Por tanto, los diálogos, también los «aporéticos», están en condiciones de realizar una tarea que Platón concede a los textos escritos en general. En cierto sentido, ellos tienen un *valor informativo diferenciado*, planteado o desarrollado según el grado de conocimiento de los respectivos destinatarios.[25] Por tanto, en estos círculos de amigos de Platón, los mismos diálogos aporéticos «también fueron publicados» en el sentido que hemos precisado más arriba.[26]

Como es obvio, se puede reprochar a Platón el haber llevado demasiado adelante este criterio de la «ayuda» o «auxilio», incluso con la decisión de no querer poner por escrito las cosas de «mayor valor»,

24. Erler, *Il senso delle Aporie* (nota V, 6), 447s.
25. Véase op. cit., 438-460.
26. Op. cit., 459s.

que son propiamente las que dan el sentido último a lo que él ha confiado a los escritos, a pesar del hecho de que estas cosas podrían resumirse «en poquísimas palabras».[27] Y, seguramente, si los discípulos no se hubiesen diferenciado en esto, tampoco tendríamos a disposición la «ayuda» última.

Pero es precisamente esta actitud de Platón la que constituye un *unicum*, y sólo el giro cultural histórico que se estaba produciendo en ese tiempo nos permite comprenderla correctamente.

Los dos diferentes lenguajes con los que Platón compuso sus escritos

Sobre la base de lo que he dicho hasta aquí es posible plantear y resolver definitivamente el problema que he planteado y llevado adelante a lo largo de todo el volumen, y del cual hasta ahora sólo he presentado la solución en forma fragmentaria. ¿Podemos afirmar verdaderamente que Platón no escribió absolutamente nada sobre las cosas que constituían sus mayores inquietudes, o bien debemos reconocer que, de alguna manera, nos ha brindado también sobre esas cosas algunos mensajes por escrito?

Para responder al problema de manera conveniente parto de un texto de Hegel dirigido contra la interpretación «esotérica» de Platón propuesta por Tennemann en una obra que ya hemos mencionado más arriba.[28] Pero digamos desde ya que, entonces, las «doctrinas no escritas» de Platón se entendían de manera incorrecta, o sea, como mensajes que debían permanecer cubiertos de «secreto», vale decir, como una suerte de metafilosofía para iniciados.[29]

Contra esta interpretación, Hegel escribe: «*Otra* de las dificultades con que aquí tropezamos es, según algunos, la que supone el hecho

---

27. *Carta VII*, 344e.
28. Tennemann, *System der platonischen Philosophie* (nota VII, 39).
29. Las «doctrinas no escritas» de Platón estaban reservadas a la oralidad dialéctica, o sea, a las lecciones dictadas al interior de la Academia: por tanto, eran objeto de su enseñanza, en el sentido en que él mismo lo explica en el testimonio sobre sí mismo del *Fedro*, comentado más arriba.

de que se distinga entre una filosofía exotérica y otra esotérica. Tennemann [...] dice: "Platón hizo uso del derecho que asiste a todo pensador de comunicar solamente aquella parte de sus descubrimientos que consideraba oportuno dar a conocer, y además tan sólo a quienes reconocía la capacidad necesaria para comprenderlos. También Aristóteles tenía una filosofía esotérica y otra exotérica, aunque con la diferencia de que, en éste, la distinción entre ambas era puramente *formal*, mientras que en Platón era, al mismo tiempo, una distinción *material*". ¡Qué simpleza! Parece como si el filósofo se hallase en posesión de sus pensamientos al modo como se halla en posesión de las cosas exteriores; pero la idea filosófica es algo muy distinto, y es ella, por el contrario, la que posee al hombre. Cuando los filósofos se explican acerca de un tema filosófico, necesariamente tienen que atenerse a sus ideas; no pueden guardárselas en el bolsillo. Y, aunque se manifiesten exteriormente acerca de algunas cosas, siempre irá implícito en ello la idea, siempre y cuando que la cosa tenga algún contenido. Para comunicar algo puramente externo no se necesita mucho, pero para transmitir a otro una idea hace falta habilidad, y ésta es siempre algo esotérico; por eso los filósofos no son ni pueden ser nunca simplemente exotéricos».[30]

Hegel tiene toda la razón, y acierta el problema en su núcleo vivo, a pesar de estar muy lejos de tener consciencia de la situación de aquel momento histórico, del todo excepcional. Platón hizo propiamente lo que él dice en este pasaje: *en todos sus discursos está siempre contenida la idea central, por pequeño que sea el asunto del que trata, precisamente porque él no sólo poseía esa idea, sino que estaba poseído por ella.* En efecto, un artista de excepción como Platón disponía de instrumentos que le permitían utilizar, más allá de los criterios de la comunicación normal, también algunos criterios totalmente especiales, con toda una gama de matices de lenguaje que le permitían decir-y-no-decir, o sea, hablar sólo o principalmente a quien estaba

---

30. Hegel, *Lecciones sobre la historia de la filosofía* II (nota VII, 36), 144. El pasaje de Tennemann citado por Hegel está tomado de id., *Geschichte der Philosophie*, vol. II, Leipzig 1799, 220, donde Tennemann resume las tesis contenidas en su obra *System der platonischen Philosophie* (nota VII, 39).

en condiciones de entender *sobre la base de los conocimientos adquiridos por otra vía*, tal como hemos visto más arriba.

En consecuencia, en sus escritos, Platón hace uso de dos lenguajes diferentes:

a) uno explícito y claro, para todas aquellas cosas que podían comunicarse también a la mayoría;

b) otro, en cambio, alusivo, con una amplia explotación del juego irónico, que dejaba entender solamente por alusiones, reservado para sus discípulos, que conocían sus «doctrinas no escritas».

Y la alusión es propia de un lenguaje que *apunta de manera bien calculada a otra cosa*: y es precisamente esa «otra cosa» lo que se nos dice con un leguaje particular, que sólo entendemos a la luz de los testimonios indirectos.

Estos «pasajes de omisión» de los que hemos hablado más arriba son los momentos-clave de este lenguaje alusivo.

Más allá de todos los que ya hemos recordado en los capítulos precedentes (con su cima en el juego que hace Platón en la *República* de no pagar la cuenta con la definición del bien, sino sólo los «intereses», o sea, con la presentación del «hijo» en vez del «padre»[31]), recordemos aquí algún otro ejemplo emblemático.

En el *Protágoras*, Platón llega a la conclusión de que la virtud es una capacidad de «medir» para evitar el exceso o el defecto, y que tal capacidad de medir debe ser una «ciencia». Pero no dice en qué consiste tal *ciencia de la medida*, sino que remite a otra oportunidad, escribiendo:

Cuál es esa ciencia y cuál ese arte, esto lo veremos en otra oportunidad.[32]

El mismo problema reaparece en el *Político*; pero también en este caso se difiere para otra oportunidad la definición de la medida suprema, y, «por lo que atañe a las cosas que interesan ahora»,[33] se declara

31. *República*, VI 506d – 507a.
32. *Protágoras*, 357b.
33. *Político*, 284d.; véase Reale, op. cit., especialmente 411ss.

suficiente la ilustración del «justo medio» en relación analógica con las artes.[34]

Y en el *Filebo* vimos cómo la «medida» se presenta en el vértice de la tabla de los valores, con un muy hábil juego irónico del *revelar ocultando*.[35] Pero vimos también cómo precisamente esta temática central es la de la definición del Bien, que es el Uno como *medida suprema de todas las cosas*, definición que debía quedar reservada de manera explícita a la oralidad dialéctica, pero que se comunicaba a los discípulos también con una tupida red de notables referencias cruzadas contenidas en los escritos.

Por último, recordemos también que Platón propuso una trilogía en la que es protagonista el Extranjero de Elea: el *Sofista*, el *Político* y el *Filósofo*.

¿Cómo es que no mantuvo la promesa, escribiendo solamente los primeros dos diálogos?, se nos pregunta.

La respuesta, según mi parecer, ya queda clara: el *Filósofo* es un título de omisión que *corresponde exactamente a la función de los pasajes de omisión*, o sea, un reenvío a la dimensión de la oralidad.

De hecho, la trilogía prometida por Platón fue realizada: *Sofista* y *Político* fueron escritos sobre papel; el *Filósofo* es el que Platón *escribió no sobre rollos de papel, sino sobre las almas de los hombres*, con el criterio explicado en el testimonio sobre sí mismo del final del *Fedro*: lo que caracteriza al filósofo es precisamente escribir en las almas, y la definición de la naturaleza del filósofo no puede ser «escrita» sino en la dimensión de la oralidad dialéctica. *Escribir sobre rollos de papel el diálogo sobre el filósofo, que no debe escribir sobre rollos de papel las cosas que para él son de mayor valor, habría sido, obviamente, algo absurdo.*

He brindado una detallada documentación de esta exégesis mía en otra obra, a la que remito al lector interesado.[36]

---

34. Véase *Político*, 284a-e.
35. Véase Reale, op. cit., especialmente 445-453.
36. Véase Reale, op. cit., especialmente 416-434.

Antes de concluir el discurso considero oportuno llamar nuevamente la atención sobre un último problema.

Ciertamente puede decirse que, en virtud de las «doctrinas no escritas» las doctrinas expresadas por Platón en sus escritos adquieren una unidad y una coherencia notables. En particular, se eliminan del juego todas las interpretaciones de carácter problematicista y escepticista.

Leibniz decía: «Si alguien redujese a Platón a un sistema, prestaría un gran servicio al género humano».[37] Por cierto, de los diálogos releídos a la luz de las doctrinas no escritas emerge un «sistema» platónico.

Pero es preciso entenderse bien acerca del significado que se da al término «sistema», el cual, desgraciadamente, cubre un área semántica que abarca sentidos opuestos.

En particular, se excluye propiamente el significado hegeliano que ve en el sistema aquella perfección conceptual que constituye el conocimiento del Absoluto, y contra el que Gadamer polemiza con razón.

Krämer precisa que el proyecto platónico «era mantenido más bien en forma elástica y flexible, y estaba fundamentalmente abierto a ampliaciones, tanto en su conjunto cuanto en sus detalles. Por tanto, se puede hablar de una instancia no dogmática pero heurística, que en algunos detalles ha quedado al nivel de esbozo, y, por tanto, de un sistema abierto».[38]

Gaiser reafirma: «El sistema platónico [...], si se lo comprende correctamente, no excluye, sino que antes bien implica un constante desarrollo ulterior: aun si la concepción fundamental, en forma semejante a un núcleo de cristalización, permaneció por mucho tiempo sin cambios, siempre era posible integrar nuevos conocimientos particulares en el sistema en su conjunto».[39]

---

37. G. W. Leibniz, *Carta XI a Rémond*, en: id., *Die philosophischen Schriften*, comp. por C. J. Gerhardt, vol. III, Hildesheim etc. 1978 (= Berlin 1887), 637.

38. Krämer, *Platone* (nota V, 48), 177s.

39. Gaiser, *La metafisica della storia* (nota XII, 17), 192s.

Yo creo que se puede expresar de la manera más simple la dimensión del «sistema» en referencia a Platón como *un pensar que tiene una «unitariedad» y, por tanto, una coherencia en su conjunto.* Bergson decía: «Un filósofo digno de este nombre nunca ha dicho más que una sola cosa».[40]

Y esta «sola cosa» sobre la que se funda el pensamiento platónico es la idea del Bien, como lo incondicionado, principio supremo, medida de todas las cosas. Todos los escritos giran de diferentes modos precisamente en torno a esta idea central, tal como hemos visto; y el título que Platón daba a sus lecciones sobre las doctrinas no escritas era precisamente *En torno al Bien.*

Como hemos visto, él estaba convencido de que la tarea suprema del filósofo debía ser precisamente la de llevar al conocimiento del Bien, afrontando todas las fatigas que esto implica, y de que a quien no sea capaz de hacerlo le tocará en suerte lo siguiente:

> Durmiendo y soñando en esta vida, antes de poder despertarse aquí, terminará su sueño descendiendo al Hades.[41]

Sólo con el conocimiento del Bien es posible despertar del sueño y llegar a aquel lugar

> donde el que llega encontrará reposo del camino y fin del viaje.[42]

40. H. Bergson, *La pensée et le mouvant*, Paris [4]1934, 141 (> *El pensamiento y lo moviente*, traducción de Heliodoro García García [= Colección Austral 1615], Madrid: Espasa - Calpe, 1976).
41. *República*, VII 534c-d.
42. *República*, VII 532e.

Un lema de Esquilo que expresa emblemáticamente
el modo en que Platón comunicó sus mensajes

Gaiser decía que, en el leer los diálogos platónicos en general, uno debe esforzarse de captar la verdad «de un modo no diferente de como uno se esfuerza en entender las sentencias de los oráculos. A los diálogos platónicos puede aplicarse lo que dijo Heráclito acerca del dios de Delfos: "No afirma ni esconde, sino que deja entender por alusiones"».[43]

Szlezák corrige esta afirmación de Gaiser de la siguiente manera: «Platón no escribe como el oráculo de Delfos, el que, como leemos en un fragmento de Heráclito, "ni afirma, ni calla, sino que alude" (fragm. 93 Diels-Kranz), de tal manera que todo lo que es esencial está contenido en el texto del oráculo, aunque sólo sea por mediación indirecta. Este modo de una mediación "délfica" se puede encontrar ocasionalmente también en Platón, pero esta *no* constituye la estructura de sus diálogos. Según nuestra interpretación, los escritos de Platón no son oscuros a la manera de los oráculos, sino, por lo que concierne a las tesis más importantes, son claros y bien definidos, y también bien definidos en los "pasajes de omisión", que nos dicen sin ambivalencias y sin enigmas que los aspectos más importantes del argumento en cuestión no pueden tratarse en ese momento».[44]

En realidad, no pocas veces Platón «dice» y al mismo tiempo «no dice», precisamente como hacía el oráculo de Delfos, y habla por medio de alusiones, que *se aclaran sólo a quien tiene conocimiento previo adquirido por otra vía*.

Pero hay un lema que, según mi parecer, resulta ser no sólo más adecuado para expresar el lenguaje con el cual Platón transmite sus mensajes, sino directamente emblemático: es el que Esquilo pone en labios del personaje con el que inicia su *Agamenón*:

De buena gana
hablo a los que saben, y de los que no saben me escondo.[45]

43. Gaiser, *Platone* (nota VI, 36), 89.
44. Girgenti, op. cit., 30.
45. Esquilo, *Agamenón*, vv. 29-30. Traducción sobre la base de la edición del tex-

En efecto, en el *Fedro*, Platón nos ha dicho claramente que los libros hablan solamente al que ya sabe las cosas que están contenidas en ellos.

Por otra parte, ¿cómo podrían entenderse, sino con conocimientos obtenidos previamente por otra vía, mensajes últimos como los del *Fedón*, en los que se dice que el filósofo debe ir más allá de la teoría de las ideas, o el sentido del *eros* como nostalgia del Uno en el *Banquete*, o mensajes como los que contiene el *Filebo*, donde, con un espléndido juego dramatúrgico, Platón finge esconder y al mismo tiempo revela, o sea, dice que el bien se ha «escondido» en lo Bello, precisamente en lo Bello que, sin embargo, es por naturaleza revelador del mismo Bien?

¿Y cómo podremos entender la exclamación emblemática «¡*Apolo!*» como indicación de la cumbre alcanzada en la descripción del Bien en la *República*, si no supiésemos que Apolo era un símbolo del Uno y que el Bien, para Platón, coincidía con el Uno metafísico?

En verdad, textos como estos y todos los otros que se asemejan a ellos, acerca de los que hemos hablado más arriba, *hablan a aquellos que saben y callan ante aquellos que no saben.*

En conclusión, si los libros no pueden ser sino *medios para traer ciertas cosas a la memoria de quienes ya saben*, no queda sino entrar en ese «círculo hermenéutico», según la dinámica que he ilustrado, si es que se quiere entender a Platón, en particular en aquel momento culminante del impacto de la cultura de la escritura con la cultura de la oralidad, que, en muchos aspectos, constituye un *unicum* en la historia de los hombres.

---

to griego mencionada en la nota V, 3. Véase allí también la referencia a una versión en español.